Schriften zum Baurecht

Herausgegeben von

Prof. Dr. Christoph Degenhart, Universität Leipzig

Prof. Dr. Wolfgang Durner, Universität Bonn

Prof. Dr. Annette Guckelberger, Universität des Saarlandes

Prof. Dr. Martin Kment, Universität Augsburg

Prof. Dr. Werner Langen, Kapellmann Rechtsanwälte

Prof. Dr. Thomas Mann,
Georg-August-Universität Göttingen

Prof. Dr. Gerd Motzke, Universität Augsburg

Prof. Dr. Stefan Muckel, Universität zu Köln

Prof. Dr. Wolfgang Voit, Philipps-Universität Marburg

Prof. Dr. Heinrich Amadeus Wolff,
Europa-Universität Viadrina Frankfurt (Oder)

Prof. Dr. Dr. h.c. (NUM) Jan Ziekow,
Deutsches Forschungsinstitut für öffentliche Verwaltung,
Speyer

Band 28

Isabell Richter-Göbel

Die Teilkündigung gemäß § 648a Abs. 2 BGB im Lichte neuerer Rechtsdogmatik

Eine kritische Auseinandersetzung

Nomos

Onlineversion
Nomos eLibrary

Die Deutsche Nationalbibliothek verzeichnet diese Publikation in der Deutschen Nationalbibliografie; detaillierte bibliografische Daten sind im Internet über http://dnb.d-nb.de abrufbar.

Zugl.: Köln, Univ., Diss., 2024

ISBN 978-3-7560-0911-4 (Print)
ISBN 978-3-7489-1660-4 (ePDF)

1. Auflage 2024

Vorwort

Die vorliegende Arbeit wurde im März 2024 von der Rechtswissenschaftlichen Fakultät der Universität zu Köln als Dissertation angenommen und entspricht inhaltlich dem Stand der Einreichung von Ende Juni 2023.

Den zahlreichen Personen, die mich auf diesem Weg begleitet und unterstützt haben, möchte ich an dieser Stelle ganz herzlich danken.

Ein besonderer Dank gilt zunächst Frau Prof. Dr. Dr. h.c. Barbara Dauner-Lieb und Herrn Prof. Dr. Werner Langen, die die Umsetzung dieses Projekts bis zuletzt unterstützt und gefördert haben. Insbesondere bei Herrn Prof. Dr. Werner Langen möchte ich mich für seinen fachlichen Rat und seine fortwährend motivierenden Worte bedanken.

Von ganzem Herzen danke ich zudem meiner Familie, vor allem meinen Großeltern, Brigitte Elberfeld und Gustav Seiler, sowie meinen Eltern, Simone und Dr. Wolfgang Göbel, auf deren uneingeschränkte Unterstützung ich immer zählen konnte und ohne die viele Türen verschlossen geblieben wären.

Mein weiterer Dank gilt Franziska Ellmauer für die gemeinsame Promotionszeit voller Zuspruch und gegenseitiger Motivation. Ebenso bedanken möchte ich mich bei meinen anderen Freundinnen und Freunden, die mich während der Anfertigung der Arbeit auf vielfältige Art und Weise unterstützt haben. Insbesondere Anne Sophie Blasch sowie Laura Keßler danke ich für ihre konstruktive Kritik und liebevollen Worte.

Zuletzt danke ich Maximilian Zur, der mir während der Anfertigung dieser Arbeit stets zur Seite stand und mir immer wieder den Rücken freigehalten hat.

Köln, im Juli 2024   *Isabell Richter-Göbel*

Inhaltsverzeichnis

§ 1. Einleitung

Bauen ist ein Vorgang, der bisweilen Jahre in Anspruch nehmen kann. In dieser Zeitspanne kann es immer wieder zu Störungen von Seiten einer Partei kommen, die die andere Partei dazu veranlassen, sich von dem Bauvertrag lösen zu wollen. Die Kündigung aus wichtigem Grund, insbesondere von Bauverträgen, ist in der Praxis nicht mehr hinwegzudenken.[1] Vor diesem Hintergrund verwundert es, dass erst zum 1. Januar 2018 im Wege der Reform des Bauvertragsrechts[2] ein allgemeines Kündigungsrecht aus wichtigem Grund in das Werkvertragsrecht des BGB implementiert wurde. Das Verhältnis der Vertragsparteien stellt sich in der Situation der Geltendmachung eines Kündigungsrechts aus wichtigem Grund regelmäßig emotionsgeladen dar und ist von Konfrontation geprägt, sodass oftmals der Zweck des Projekts und die damit verfolgten wirtschaftlichen Ziele in Zweifel gezogen werden.[3] Angesichts der finanziellen Dispositionen des Bestellers und dem Umfang der Werkleistung kann dieser zur Minimierung ohnehin schon eingetretener Schäden ein Interesse daran haben, nur einen Teil der Werkleistung zu kündigen. Die Beendigung des gesamten Werkvertrages entspricht den Interessen des Bestellers dann nur bedingt. Wenn aufgrund der Differenzen zwischen den Parteien insoweit eine einvernehmliche Vertragsbeendigung ausscheidet, kann nur eine Teilkündigung helfen. Diese Möglichkeit hat der Gesetzgeber im Zuge der Reform in § 648a Abs. 2 BGB unter der Voraussetzung kodifiziert, dass das von der Kündigung betroffene Regelungsobjekt einen abgrenzbaren Teil des geschuldeten Werks darstellt. Anlässlich der nach fünf Jahren seit Inkrafttreten des Bauvertragsrechts anstehenden Evaluation durch den Gesetzgeber[4] soll die Regelung des § 648a Abs. 2 BGB nochmals vertieft in den Blick genommen werden.

Der Begriff der Teilkündigung erscheint auf den ersten Blick eindeutig zu sein und keine weiteren Schwierigkeiten zu verursachen, allerdings wird bei

---

1 *Vygen/Joussen*, Bauvertragsrecht nach VOB und BGB, Kap. 11 Rn. 2692.
2 Gesetz zur Reform des Bauvertragsrechts, zur Änderung der kaufrechtlichen Mängelhaftung, zur Stärkung des zivilprozessualen Rechtsschutzes und zum maschinellen Siegel im Grundbuch- und Schiffsregisterverfahren BGBl. I 2017 S. 969.
3 *Kirberger*, BauR 2011, 311 (312).
4 BT-Drs. 18/8486, 36; Bestätigung der Evaluation für das Jahr 2023 durch die Bundesregierung BT-Drs. 19/12411.

genauerer Betrachtung deutlich, dass letztlich jede Kündigung nur einen Teil der Gesamtleistung erfasst.[5] Unter den Begriff der Teilkündigung fallen daher nur die Fälle, in denen der Kündigende nicht den gesamten Werkvertrag abschließend beenden, sondern diesen grundsätzlich fortsetzen will, allerdings unter der Prämisse, dass der Gesamtumfang der beauftragten Leistung um den gekündigten Teil reduziert wird.[6] Dabei offenbaren sich Schwierigkeiten rechtlicher sowie tatsächlicher Natur. So stellt sich beispielsweise die Frage, wann ein Teil abgrenzbar ist oder wie das Verhältnis einer Teilkündigung zu der Kündigung des gesamten Vertrages und der Voraussetzung des wichtigen Grundes zu bewerten ist. Neben diesen spezifischen Problemfeldern einer Teilkündigung hat auch der generalklauselartig gefasste wichtige Grund gemäß § 648a Abs. 1 BGB Auswirkungen auf die Bestimmung des Anwendungsbereichs. Unklar ist daher, in welchen Fallkonstellationen eine Kündigung des gesamten Vertrags oder eine Teilkündigung überhaupt in Betracht kommen.

Ziel dieser Arbeit ist vor diesem Hintergrund die Teilkündigung gemäß § 648a Abs. 2 BGB auf ihre Voraussetzungen und Rechtsfolgen zu überprüfen und ihre dogmatische Einordnung in das BGB zu analysieren. Zudem werden Chancen und Risiken im Hinblick auf die Anwendung des Rechtsinstituts aufgezeigt. Diese sollten bei der Vertragsgestaltung entsprechende Berücksichtigung finden. Die Ausführungen orientieren sich aufgrund der Praxisrelevanz vorwiegend am Bauvertrag.

Dazu werden zunächst die dogmatischen Grundlagen der Kündigung des gesamten Vertrags und sodann der Teilkündigung dargelegt. (§ 2) Dabei wird insbesondere auf das vor der Reform bestehende Regelungsdefizit sowohl hinsichtlich der Kündigung des gesamten Vertrags als auch der Teilkündigung eingegangen und der Begriff und das Bedürfnis nach der Teilkündigung herausgearbeitet. Gleichzeitig wird die Einbettung der Kündigung aus wichtigem Grund in das allgemeine Werkvertragsrecht und dessen Auswirkungen thematisiert. Sodann werden die Voraussetzungen einer Teilkündigung aus wichtigem Grund nach § 648a Abs. 2 BGB beleuchtet. (§ 3) Innerhalb dessen wird vor allem die Voraussetzung des abgrenzbaren Teils des geschuldeten Werks analysiert und wie sich diese dogmatisch in das BGB einfügt. Daneben geht es um die Frage, wie sich das Verhältnis der Teilkündigung zur Kündigung des gesamten Vertrages sowie zur Voraussetzung des wichtigen Grundes darstellt. Darüber hinaus wird auf

---

5 *Kirberger*, BauR 2011, 343.
6 *Kirberger*, BauR 2011, 343.

einzelne mögliche Kündigungsgründe ein Blick geworfen. Danach wird auf die Rechtsfolgen einer Teilkündigung aus wichtigem Grund eingegangen. (§ 4) Dabei wird zwischen den Rechtsfolgen einer wirksamen Teilkündigung aus wichtigem Grund und den Folgen einer unwirksamen Teilkündigung aus wichtigem Grund differenziert. Darauffolgend soll die Kündigung aus wichtigem Grund zu anderen Rechten abgegrenzt werden. (§ 5) Im Rahmen dessen wird vor allem auf die Frage eingegangen, ob die Teilkündigung auch bei anderen Kündigungstatbeständen im Werkvertragsrecht in Betracht kommt und wie sich das Verhältnis von einer (Teil-)Kündigung nach § 648a BGB zur Störung der Geschäftsgrundlage gemäß § 313 BGB darstellt. Abschließend wird ein Fazit zu der hier zu behandelnden Thematik gezogen. (§ 6)

§ 2. Dogmatische Grundlagen der Teilkündigung aus wichtigem Grund beim Werkvertrag

A. Grundlagen der Kündigung gemäß § 648a Abs. 1 BGB

Bevor man sich mit der Teilkündigung aus wichtigem Grund gemäß § 648a Abs. 2 BGB näher beschäftigt, ist zunächst erforderlich, die Grundlagen der Kündigung des gesamten Vertrages aus wichtigem Grund gemäß § 648a Abs. 1 BGB (Vollkündigung) aufzuzeigen. Denn die Möglichkeit der Teilkündigung lehnt sich im Ausgangspunkt an die einer Vollkündigung an.

I. Überblick über die Kündigung aus wichtigem Grund als Gestaltungsrecht

Die Kündigung stellt ein einseitig gestaltendes Rechtsgeschäft dar und setzt daher eine Kündigungserklärung voraus.[7] Als einseitige empfangsbedürftige Willenserklärung wirkt diese vom Zeitpunkt ihres Zugangs und beendet den Vertrag vor der Fertigstellung der gesamten Leistung für die Zukunft.[8] Der bisherige Leistungsaustausch bleibt somit von der Beendigung des Vertrages unberührt.[9] Zudem ist die Kündigung als Gestaltungsrecht grundsätzlich bedingungs- sowie befristungsfeindlich.

Die Kündigung ist ein Instrument zur Beendigung von Schuldverhältnissen, zuvorderst von Dauerschuldverhältnissen. Charakteristisch für ein Dauerschuldverhältnis ist, dass über einen längeren Zeitraum hinweg ständig neue Leistungs-, Neben- und Schutzpflichten entstehen und die Beendigung durch Zeitablauf oder durch Kündigung erfolgt.[10] Bei der Kündigung eines Dauerschuldverhältnisses wird zwischen der ordentlichen fristgebundenen Kündigung und der Kündigung aus wichtigem Grund differenziert. Das Kündigungsrecht aus wichtigem Grund ist dabei eine Ausprägung des Grundsatzes der Privatautonomie, welcher gebietet, dass keine unzumutba-

---

7   *Larenz*, Schuldrecht I S. 252; *Molitor*, Die Kündigung S. 1 f.
8   Enneccerus/*Lehmann*, § 24 II; B/R/H/P/*Lorenz*, § 314 BGB Rn. 25.
9   *Larenz*, Schuldrecht I S. 385.
10 *Oetker*, Das Dauerschuldverhältnis und seine Beendigung S. 134 ff.; *Schneider*, Dauerschuldverhältnis S. 31.

ren Auswirkungen durch eine langfristige vertragliche Bindung entstehen.[11] Auch dem Werkvertragsrecht ist das Rechtsinstitut der Kündigung nicht per se fremd und jenes sieht die im Folgenden noch darzustellenden einzelnen Kündigungsrechte vor.[12] Die Kündigung beim Werkvertrag kann zwar jederzeit während der Abwicklung oder Ausführung des Werks erfolgen, aber zeitlich begrenzt nur bis zur Vollendung der vertraglich vereinbarten Leistung, wie sich aus § 648 BGB S. 1 und § 648a Abs. 1 S. 2 BGB ergibt.[13] Wenn also die Werkleistung des Unternehmers bereits abgenommen wurde, scheidet eine Kündigung aus.[14]

II. Entstehungsgeschichte des § 648a BGB

1. Bereits vorgesehene Beendigungsmechanismen des Werkvertragsrechts

Das Werkvertragsrecht des BGB sieht zum einen Kündigungsrechte des Unternehmers und zum anderen solche des Bestellers vor und trennt strikt zwischen diesen.

Ein Kündigungsrecht des Unternehmers ist seit jeher in § 643 BGB für den Fall normiert, dass der Besteller eine Handlung, die bei der Herstellung des Werks erforderlich ist, nicht vornimmt und dadurch in Verzug der Annahme gerät. Nachträglich wurde ein Kündigungsrecht des Unternehmers bei unterlassener Sicherheitsleistung des Bestellers gemäß § 648a BGB aF (§ 650f Abs. 5 BGB nF) eingeführt. Die bisher normierten Kündigungsrechte des Unternehmers setzten also stets eine Vertragspflichtverletzung des Bestellers voraus.[15] Daher ist zur Ausübung dieser Kündigungsrechte eine Fristsetzung erforderlich, um dem Besteller noch die Abwendung der Kündigung durch vertragsgemäßes Verhalten zu ermöglichen.[16]

Für den Besteller wurden Kündigungsrechte bei verspäteter Herstellung durch den Unternehmer in § 636 BGB aF, bei Überschreitung des Kostenanschlages in § 650 BGB aF (§ 649 BGB nF) und ein Wandlungsrecht in § 634 BGB aF geregelt.

---

11 MüKoBGB/*Busche,* § 648a BGB Rn. 14.
12 Siehe dazu noch § 2 A II 1.
13 *Vygen/Joussen,* Bauvertragsrecht nach VOB und BGB, Kap. 11.1 Rn. 2693.
14 *Vygen/Joussen,* Bauvertragsrecht nach VOB und BGB, Kap. 11.1 Rn. 2693.
15 *Pioch,* JA 2016, 414 (416).
16 *Pioch,* JA 2016, 414 (415).

Daneben gewährte § 649 BGB aF (§ 648 BGB nF) einzig dem Besteller das nach wie vor bestehende freie Kündigungsrecht. Dieses kann der Besteller jederzeit und ohne Anlass ausüben. Der historische Gesetzgeber führte aus, dass ein einseitiges und willkürliches Lösungsrecht von dem Werkvertrag nach dem damals geltenden Recht zwar gemeinrechtlich umstritten war, allerdings das freie Verfügungsrecht des Bestellers über seine Sachen und der Umstand, dass dem Unternehmer nach dem Vertrag ein Recht auf die Ausführung des Werkes überhaupt nicht zustehe, für ein solches Recht sprechen würden.[17] Die Aufnahme des freien Kündigungsrechts in den Entwurf wurde letztlich damit begründet, dass die Arbeit nur im Interesse des Bestellers erfolge und er, solange das Werk noch nicht vollendet sei, die Herstellung desselben inhibieren könne. Diese Rechtslage entspreche der modernen Rechtsentwicklung und den Eigentümlichkeiten des Werkvertrages, da diese den Interessen des Bestellers, welcher in erster Linie die Ausführung des Werks erstrebe, Rechnung trage und auch mögliche Veränderungen in den persönlichen Verhältnissen des Bestellers berücksichtige. Den Interessen des Unternehmers werde dadurch genüge getan, dass dieser seinen Anspruch auf die Gegenleistung behalte und vollständig schadlos gehalten werde. Das freie Kündigungsrecht des Bestellers ist mithin den Besonderheiten des Werkvertrags geschuldet und ist im Sinne eines ressourcensparenden Umgangs notwendig, da ein speziell für den Besteller hergestelltes Werk anderweitig kaum verwertbar ist.[18]

Ein allgemeines Kündigungsrecht aus wichtigem Grund war hingegen vor der Reform weder für den Besteller noch für den Unternehmer gesetzlich vorgesehen. Das BGB sah ein solches Kündigungsrecht zunächst nur für Dauerschuldverhältnisse wie die Miete, Pacht, Gesellschaft oder den Dienstvertrag vor. Im Übrigen verwies das Gesetz auf den Rücktritt, welcher eine vollständige Rückabwicklung des Vertrages bewirkt.

---

17 *Mugdan*, Motive II, § 578 BGB S. 281 (§ 578 BGB entspricht der heutigen Fassung von § 648 BGB).
18 *Voit*, BauR 2002, 1776 (1777).

2. Die Kündigung eines Werkvertrages aus wichtigem Grund

a. Erfordernis einer Kündigung aus wichtigem Grund

Bei einem Werkvertrag wird der Unternehmer nach § 631 Abs. 1 BGB zur Herstellung des versprochenen Werks verpflichtet, während der Besteller zur Entrichtung der vereinbarten Vergütung verpflichtet ist. Der Werkvertrag ist mithin erfolgsbezogen. Die Erfüllung gemäß § 362 Abs 1 BGB tritt erst mit Abschluss der letzten zur Werkherstellung erforderlichen Handlung seitens des Unternehmers und der Abnahme durch den Besteller ein. Dies unterscheidet den Werkvertrag von einem Dienstvertrag, bei dem lediglich die Erbringung der vereinbarten Tätigkeit geschuldet ist.[19] Der Werkvertrag ist im Ausgangspunkt daher als punktueller Austauschvertrag konzipiert. Das bisherige Werkvertragsrecht des BGB war nur auf kleinere Werkverträge von kurzer Dauer, insbesondere handwerklicher Natur, ausgerichtet.[20] Für einen solchen sind die bestehenden Regelungen, insbesondere die vorgesehenen Beendigungsmechanismen, regelmäßig ausreichend.

Allerdings kann die Herstellung des Werks einen längeren Zeitraum in Anspruch nehmen, was anhand des Beispiels eines Bauvertrags deutlich wird. Zwischen Baubeginn und Fertigstellung liegen regelmäßig Monate oder Jahre, in denen der Unternehmer nach der gesetzlichen Systematik vorleistungspflichtig ist. Das folgt daraus, dass die Vergütung erst mit Abnahme fällig wird und die Abnahme gemäß § 640 Abs. 1 S. 1 BGB bei Fertigstellung des Werks erfolgt. Die bis zur Werkherstellung erforderlichen Arbeiten sind dabei keine vom werkvertraglichen Schuldverhältnis losgelösten Handlungen, sondern gehören zum Pflichtenkatalog des Unternehmers, auch wenn am Ende nur das vollendete Werk geschuldet ist.[21] Der Werkvertrag weist dann eine Parallele zu einem Dauerschuldverhältnis auf, ist aber mangels ständiger Pflichtenanspannung nicht als ein solches zu qualifizieren.[22] Komplexe Werkverträge wie der Bauvertrag werden aufgrund der mitunter langen Zeitspanne aber als Langzeitverträge bezeichnet.[23] Welche Bedeutung die Werkverträge mit Langzeitcharakter haben, zeigt sich daran,

---

19 Ausführlich dazu L/B/D-L/*Dauner-Lieb*, Vor § 631 BGB Rn. 40 ff.
20 *Nicklisch*, JZ 1984, 757 (759).
21 *Oetker/Maultzsch*, Vertragliche Schuldverhältnisse, § 8 Rn. 259.
22 *Oetker*, Das Dauerschuldverhältnis und seine Beendigung S. 156 ff.
23 *Nicklisch*, JZ 1984, 757 (761); *Nicklisch*, NJW 1985, 2361 (2362); *Oetker*, Das Dauerschuldverhältnis und seine Beendigung S. 158; NK-BGB/*Jung*, § 314 BGB Rn. 17; BeckOGK/*Martens*, § 314 BGB Rn. 21 (Stand: 15.04.2023).

dass beinahe alle der zum Rechtsstreit hinführenden Verträge aus dem Bausektor stammen.[24] Diese stehen zwischen dem einmaligen punktuellen Austauschvertrag und einem Dauerschuldverhältnis.[25] Die vollständige Rückabwicklung im Wege des Rücktritts beziehungsweise des ehemaligen Wandlungsrechts entspricht bei solchen Langzeitverträgen nicht den Interessen der Parteien.[26] Insofern besteht das Bedürfnis, den Werkvertrag lediglich für die Zukunft zu beenden. Auch ist das Regelungsinstrument der Kündigung dem Werkvertrag per se nicht fremd.[27]

Aus der dargelegten Einordnungsunschärfe hinsichtlich des konkreten Vertragstypus des Werkvertrages ergibt sich darüber hinaus auch ein Bedürfnis der Vertragsparteien, den Werkvertrag aus wichtigem Grund zu kündigen. Aufgrund der langen Dauer dieser Verträge und der individuellen Herstellung sind der vertraglichen Planung Grenzen gesetzt. Insofern können nicht alle denkbaren Szenarien und Risiken im Voraus erkannt und einer vertraglichen Regelung zugeführt werden. Daher hat die vertragliche Vereinbarung in gewissem Umfang nur Rahmencharakter.[28] Die Folge dieser Vertragsstruktur ist, dass eine gesteigerte Störanfälligkeit sowie ein erhöhtes Konfliktpotential zwischen den Parteien besteht.[29] Daher sind solche Verträge durch den Kooperationscharakter geprägt.[30] Aus diesem Kooperationsverhältnis ergeben sich Obliegenheiten und Pflichten zur Mitwirkung und Information.[31] Die Kooperationspflicht soll gewährleisten, dass entstandene Meinungsverschiedenheiten oder Konflikte nach Möglichkeit einvernehmlich gelöst werden.[32] Daraus ergibt sich eine erhöhte Pflicht zur Kommunikation sowie zu Verhandlungen und eine engere Verbundenheit der Parteien als bei reinen Austauschverträgen. Der auf eine gewisse Dauer angelegte Werkvertrag ist daher durch gegenseitiges Vertrauen geprägt.[33] Wenn das Vertrauensverhältnis nachhaltig zerstört ist, müssen beide Parteien die Möglichkeit haben, sich allein aus diesem Grund vom Vertrag lösen zu können.

---

24 Siehe schon *Nicklisch*, JZ 1984, 757 (758).
25 *Nicklisch*, JZ 1984, 757 (761).
26 *Vygen/Joussen*, Bauvertragsrecht nach VOB und BGB, Kap. 11.2 Rn. 2702.
27 Siehe zu den bestehenden Kündigungsmöglichkeiten bereits § 2 A I.
28 *Nicklisch*, JZ 1984, 757 (762).
29 *Nicklisch*, JZ 1984, 757 (763).
30 *Nicklisch*, JZ 1984, 757 (763).
31 BGHZ 133, 44 (47); BGHZ 143, 89 (93); *Fuchs*, Kooperationspflichten der Bauvertragsparteien S. 390.
32 BGHZ 143, 89 (93).
33 *Weyers*, AcP 182 (1982), 60 (167).

Das nur dem Besteller nach § 649 S. 1 BGB aF (§ 648 BGB nF) zustehende freie Kündigungsrecht wird dieser Sachlage nicht gerecht. Denn bei Vorliegen eines wichtigen Grundes hat der Unternehmer keinen Anspruch auf die volle Vergütung abzüglich ersparter Aufwendungen gemäß § 649 S. 2 BGB aF (§ 648 S. 2 BGB nF).[34] Der Besteller muss den Vertrag ohne jegliche Sanktionen beenden können, wenn der Unternehmer Anlass zu einer Kündigung gegeben hat und dadurch das Vertrauensverhältnis zerstört ist.[35] Angesichts dessen kommt es bei einer Kündigung aus wichtigem Grund bei einem Werkvertrag nicht wie bei der Kündigung eines Dauerschuldverhältnis darauf an, ob dem Kündigenden ein Abwarten bis zur fristgebundenen ordentlichen Kündigung zugemutet werden kann, sondern ob es sachgerecht ist, ihn nicht mit der für ihn nachteiligen Vergütungsfolge nach § 649 S. 2 BGB aF (§ 648 S. 2 BGB nF) zu belegen.[36] Dem Unternehmer wiederum wird durch die Kündigung aus wichtigem Grund eine weitere Möglichkeit gegeben, sich neben den zuvor dargestellten Kündigungsgründen von dem Vertrag vorzeitig zu lösen. Auch ihm muss eine vorzeitige Beendigung des Vertrages möglich sein, wenn das Vertrauensverhältnis zerstört ist.[37] Die Beendigung von diesen auf Dauer angelegten Verträgen bei einer Zerstörung des Vertrauensverhältnisses wurde von den bisherigen Regelungen im Werkvertragsrecht unzureichend erfasst.

Das Bedürfnis nach einer Kündigung aus wichtigem Grund ist daher nicht nur bei Dauerschuldverhältnissen gegeben, sondern auch bei länger angelegten Werkverträgen wie dem Bauvertrag. Angesichts der Interessenlage bestand auch vor Erlass einer entsprechenden Norm im Ergebnis Einigkeit, eine Kündigung aus wichtigem Grund zuzulassen. Unklarheiten bestanden jedoch hinsichtlich der dogmatischen Grundlage.

b. Herleitung der Rechtsgrundlage einer Kündigung aus wichtigem Grund nach altem Recht

Vor diesem Hintergrund werden im Folgenden zunächst die gängigen Begründungsansätze einer dogmatischen Grundlage für die Kündigung aus

---

34 Siehe nur BGHZ 31, 224.
35 *Pioch*, JA 2016, 414 (416).
36 *Oetker/Maultzsch*, Vertragliche Schuldverhältnisse, § 8 Rn. 267.
37 *Weyers*, AcP 182 (1982), 60 (67).

wichtigem Grund vor der Schuldrechtsmodernisierung[38] überblicksartig dargestellt. Die dargestellten Ansichten beanspruchten nach der Schuldrechtsmodernisierung entsprechend bis zur Reform des Bauvertragsrecht weiterhin Gültigkeit.

aa. Ableitung aus bestehenden Kündigungsrechten im Werkvertragsrecht

Die Kündigung aus wichtigem Grund wurde teilweise aus den bestehenden Kündigungsrechten im Werkvertragsrecht abgeleitet.

Auch wenn das Verhältnis einer freien Kündigung gemäß § 649 BGB aF zu einer Kündigung aus wichtigem Grund in der höchstrichterlichen Rechtsprechung nicht immer deutlich zum Ausdruck kam, dürfte die Rechtsprechung am ehesten dahin zu verstehen gewesen sein, dass eine Kündigung aus wichtigem Grund durch den Besteller einen Unterfall der freien Kündigung nach § 649 BGB aF darstellte, aus dem ein umfassendes Kündigungsrecht für den Besteller hergeleitet wurde.[39] Dabei sollte der Vergütungsanspruch des Unternehmers gemäß § 649 S. 2 BGB aF im Wege einer teleologischen Reduktion der Vorschrift entfallen.[40]

Für den Unternehmer hingegen sollte ein Kündigungsrecht aus wichtigem Grund aus § 643 BGB abgeleitet werden.[41] Wenn der Unternehmer schon wegen des Unterlassens einer Mitwirkungshandlung den Vertrag beenden könne, dann müsse dies erst recht gelten, wenn der Besteller den wichtigen Grund zur Kündigung verursacht habe. Eine Fristsetzung war in einem solchen Fall entbehrlich.[42]

Die Lösung, ein Kündigungsrecht des Bestellers aus wichtigem Grund aus § 649 BGB aF herzuleiten, hatte den Vorteil, dass sich der Beendigungstatbestand selbst auf das Gesetz stützen ließ.[43] Zudem konnten Fälle dog-

---

38 Gesetz zur Modernisierung des Schuldrechts BGBl. I S. 3138.
39 RGZ 169, 203 (208); BGHZ 31, 224 = NJW 1960, 431 (432); so auch nach neuerem Recht Stellungnahme des Instituts für Baurecht Freiburg e.V. zum Referentenentwurf eines Gesetzes zur Reform des Bauvertragsrechts und zur Änderung der kaufrechtlichen Mängelhaftung, Rn. 56; ebenfalls *Voit*, BauR 2002, 1776 (1787); *Lang*, BauR 2006, 1956; kritisch insb. *Schmidt*, NJW 1995, 1313.
40 BGH NJW 1999, 3554 (3556); BGH NJW 1993, 1972 (1973); *Voit*, BauR 2002, 1776 (1778).
41 Staudinger/*Peters*, Neubearb. 2000, § 643 BGB Rn. 21; so für das neuere Recht nach der Schuldrechtsmodernisierung B/R/H/P/*Voit*, § 643 BGB Rn. 9.
42 Staudinger/*Peters*, Neubearb. 2000, § 643 BGB Rn. 21.
43 *Hebel*, BauR 2011, 330 (332).

matisch sauber gelöst werden, in denen eine Kündigung aus wichtigem Grund des Bestellers in Ermangelung eines wichtigen Grundes in eine freie Kündigung gemäß § 649 S. 1 BGB aF ausgelegt werden sollte.[44] Auch die Herleitung der Kündigungsmöglichkeit des Unternehmers in Analogie zu § 643 BGB ermöglichte es, nah am Gesetz und dessen Wertungen zu arbeiten.[45] Die Anwendung des § 649 S. 1 BGB aF auf die Kündigung aus wichtigem Grund des Bestellers hatte jedoch zur Folge, dass der Regelungsgehalt nicht mehr derjenige war, den der historische Gesetzgeber vorgesehen hatte.[46] Denn der verbleibende Vergütungsanspruch diente als Ausgleich für das freie Kündigungsrecht und konnte daher nur als einheitliche Regelung verstanden werden.[47] Mit der Verankerung der Kündigung aus wichtigem Grund in § 649 BGB aF und dem gleichzeitigen Entfallen des Vergütungsanspruchs wurde das dort enthaltene Kündigungsrecht nur vordergründig und zu Lasten der Entsprechung des Sinngehaltes dieser Vorschrift ausgenutzt.[48] Die Kündigung aus wichtigem Grund war auch ohne gesetzliche Regelung vielmehr wie auch in anderen Vertragsverhältnissen als ein besonderer Rechtsbehelf der Parteien anzusehen, der neben die gesetzlich vorgesehenen Beendigungsmöglichkeiten eines Vertrages trat oder sie ersetzte.[49]

bb. Entsprechende Anwendung der Grundsätze der Kündigung aus wichtigem Grund von Dauerschuldverhältnissen

Weiterhin wurde von Teilen der Rechtsprechung und der Literatur eine entsprechende Anwendung der Grundsätze der Kündigung aus wichtigem Grund von Dauerschuldverhältnissen für das Werkvertragsrecht befürwortet.[50]

Rechtsprechung und Lehre entwickelten in Bezug auf in Vollzug gesetzte Dauerschuldverhältnisse den Grundsatz, dass die Kündigung das gesetzli-

---

44 *Voit*, BauR 2002, 1776 (1786 f.).
45 *Hebel*, BauR 2011, 330 (332).
46 Siehe dazu bereits § 2 A I.
47 *Schmidt*, NJW 1995, 1313 (1314); so auch fürs neuere Recht nach der Schuldrechtsmodernisierung *Boldt*, NZBau 2002, 655 (657).
48 *Schmidt*, NJW 1995, 1313 (1314).
49 So auch *Schmidt*, NJW 1995, 1313 (1314).
50 BGH NJW 1993, 1972; BGH NJW 2000, 2988 (2990); *Schmidt*, NJW 1995, 1313 (1314); *Leineweber*, Handbuch des Bauvertragsrechts Rn. 164.

che Rücktrittsrecht ersetzen sollte.[51] Die Rechtsprechung leitete ein solches Kündigungsrecht teilweise aus einer Gesamtanalogie zu den im besonderen Teil des BGB enthaltenen Kündigungsmöglichkeiten nach §§ 626, 723 BGB[52], teils aus § 242 BGB[53] oder einem allgemeinen Rechtssatz ab.[54] Somit konnten alle Dauerschuldverhältnisse aus wichtigem Grund gekündigt werden, ohne dass Kündigungsgründe oder Kündigungsfolgen näher kodifiziert waren.

Der Werkvertrag ist zwar nicht als Dauerschuldverhältnis im eigentlichen Sinne zu qualifizieren, da er lediglich auf einen einmaligen Leistungsaustausch gerichtet ist.[55] Anders ist dies lediglich bei Werkverträgen, die vertraglich als Dauerschuldverhältnisse ausgestaltet sind wie beispielsweise längerfristige Wartungsverträge.[56] Jedoch ist auch für einen Werkvertrag charakteristisch, dass der Besteller und der Unternehmer wie bei einem auf Dauer angelegten Schuldverhältnis auf eine vertrauensvolle Zusammenarbeit angewiesen sind, wenn sie ihr Vorhaben erfolgreich umsetzen wollen.[57] Daher ist die Interessenlage mit der eines Dauerschuldverhältnisses zumindest vergleichbar.

cc. Lösung über das Rechtsinstitut der positiven Forderungsverletzung

Zudem wurde eine Kündigung aus wichtigem Grund aus den ebenfalls nicht kodifizierten Grundsätzen über die positive Forderungsverletzung hergeleitet.[58] Diese wurde im Wege des Richterrechtes in Analogie zu den §§ 280, 286, 325, 326 BGB aF begründet und später gewohnheitsrechtlich anerkannt.[59] Die positive Forderungsverletzung gewährte primär einen An-

---

51 BGHZ 50, 312 = NJW 1969, 37; BGH NJW 1981, 1264 (1265); *Larenz*, Schuldrecht I S. 341; MüKoBGB/*Gaier*, § 314 BGB Rn. 1.
52 BGHZ 9, 157 = NJW 1953, 780 (781); BGHZ 50, 312 = NJW 1969, 37.
53 BGHZ 41, 104 = NJW 1964, 1129 (1130); BGHZ 82, 354 = NJW 1982, 820 (821); BGHZ 133, 316 = NJW 1997, 1702 (1703).
54 RGZ 140, 264 (275).
55 Siehe dazu bereits § 2 A II 2 a.
56 OLG Hamm NJW-RR 1998, 380 (381); *Diehr*, ZfBR 2014, 107 (115).
57 *Pioch*, JA 2016, 414 (416).
58 BGH BauR 1996, 704; Staudinger/*Peters*, Neubearb. 2000, § 649 BGB Rn. 31 bei einer Kündigung durch den Besteller; BGB-RGRK/*Glanzmann*, § 649 BGB Rn. 17; *Weyers*, AcP 182 (1982), 60 (167); ausführlich zu den unterschiedlichen Nuancen *Wiegreffe*, Die Kündigung eines Werkvertrages aus wichtigem Grund S. 39 ff.
59 BGHZ 11, 80 (83); *Brox/Walker*, Schuldrecht AT, § 24 Rn. 3.

spruch auf Schadensersatz in den Fällen einer schuldhaften Leistungsstörung, die weder in der Unmöglichkeit noch in einem Verzug bestand oder von den gesetzlichen Gewährleistungsvorschriften erfasst wurde.[60] War jedoch durch eine Vertragsverletzung die für die Fortführung des Vertrages notwendige Vertrauensgrundlage zerstört, konnte der geschädigte Vertragspartner in Anlehnung an die §§ 325, 326 BGB aF anstelle des Schadensersatzanspruches auch vom Vertrag zurücktreten, wobei vornehmlich im Falle eines Dauerschuldverhältnisses die Kündigung aus wichtigem Grund an die Stelle des Rücktritts trat.[61] Die Kündigung sollte allerdings auch für den Bauvertrag als ein dauerschuldähnliches Vertragsverhältnis den geeigneten Rechtsbehelf darstellen, da die diese zu angemesseneren Ergebnissen als der Rücktritt führte.[62] Nach dieser Auffassung konnten folglich Werkverträge, die auf eine längere Zusammenarbeit angelegt waren, wegen positiver Forderungsverletzung aus wichtigem Grund gekündigt werden.[63] Allerdings setzte die zur Kündigung berechtigende Pflichtverletzung nach dieser Ansicht im Einklang mit dem originären Verständnis der positiven Forderungsverletzung ein Verschulden des Kündigungsempfängers voraus. Mithin konnte nur ein schuldhaft, den Vertragszweck gefährdendes Verhalten zur Kündigung berechtigen.[64]

c. Die Kündigung aus wichtigem Grund nach der
   Schuldrechtsmodernisierung

aa. Kein Ausschluss der Kündigung aus wichtigem Grund durch
    Einführung des § 314 BGB

Infolge der Implementierung einer gesetzlichen Regelung der Kündigung aus wichtigem Grund von Dauerschuldverhältnissen in § 314 BGB zum

---

60 *Brox/Walker*, Schuldrecht AT, § 24 Rn. 3; *Leineweber*, Handbuch des Bauvertragsrechts Rn. 518, 520. Diese Regelungslücke wurde nach der Schuldrechtsreform durch die heutigen §§ 280, 282 BGB geschlossen.
61 BGH NJW 1986, 124 (125); BGB-RGRK/*Glanzmann*, § 649 BGB Rn. 20; *Köpcke*, Positive Vertragsverletzung S. 140.
62 BGH NJW 1969, 233 (234).
63 BGH NJW-RR 1996, 1108.
64 Staudinger/*Peters*, Neubearb. 2000, § 649 BGB Rn. 31; BGB-RGRK/*Glanzmann*, § 649 BGB Rn. 17, so auch für das neuere Recht über den Schadensersatzanspruch gemäß §§ 280 Abs. 1 und 3, 282, 241 Abs. 2 BGB *Wiegreffe*, Die Kündigung eines Werkvertrages aus wichtigem Grund S. 172.

1. Januar 2002 im Rahmen der Schuldrechtsmodernisierung[65] wurde die Frage aufgeworfen, ob eine Kündigung aus wichtigem Grund im Werkvertragsrecht noch Bestand hatte.[66] Der Hintergrund dessen war der Umstand, dass der Gesetzgeber mit § 314 BGB ausdrücklich nur die Kündigung von Dauerschuldverhältnissen aus wichtigem Grund regelte. Der Gesetzgeber definierte den Begriff des Dauerschuldverhältnisses nicht, um Abgrenzungsschwierigkeiten und die Beeinträchtigung künftiger Entwicklungen zu vermeiden.[67] Dauerschuldverhältnisse würden sich jedoch von den auf eine einmalige Leistung gerichteten Schuldverhältnissen dadurch unterscheiden, dass aus ihnen während ihrer Laufzeit ständig neue Leistungs- und Schutzpflichten entstünden, sodass dem Zeitelement eine wesentliche Bedeutung zukäme.[68] Damit wurde die bisherige Charakteristik des Dauerschuldverhältnisses nicht verändert, sodass sich der Werkvertrag nach wie vor nicht unter den Begriff des Dauerschuldverhältnisses subsumieren ließ.[69] Daraus konnte gefolgert werden, dass eine Kündigung aus wichtigem Grund beim Werkvertrag fortan ausscheiden sollte.[70]

Für die Beantwortung der Frage, ob sich durch die Einführung des § 314 BGB ein Ausschluss für die Kündigung aus wichtigem Grunde beim Werkvertrag ableiten ließ, ist zunächst der Hintergrund der Einführung des § 314 BGB von Bedeutung. Der Gesetzgeber führte aus, dass bei auf Dauer oder jedenfalls für einen längeren Zeitraum angelegten und allgemein als Dauerschuldverhältnisse bezeichneten Rechtsbeziehungen das Bedürfnis bestehe, unter gewissen Voraussetzungen eine vorzeitige Auflösung des Vertrages zu ermöglichen.[71] Dieser Rechtsgrundsatz sei im Kern zwingendes Recht. Nach Ansicht des Gesetzgebers stellte das Fehlen einer gesetzlichen Regelung für die Rechtspraxis angesichts der bestehenden Rechtsprechung zwar kein nennenswertes Defizit dar, jedoch sah er es als unbefriedigend an, das Recht der Kündigung aus wichtigem Grund bei einer allgemeinen Überarbeitung und Änderung des Leistungsstörungsrechts nicht in das Gesetz aufzunehmen und entschied sich daher für die Einführung des § 314 BGB.[72]

---

65 Gesetz zur Modernisierung des Schuldrechts BGBl. I S. 3138.
66 *Peters*, ZfBR 2002, 108.
67 BT-Drs. 14/6040, 177.
68 BT-Drs. 14/6040, 176 f.
69 Siehe dazu bereits § 2 A II 2 a.
70 So *Boldt*, NZBau 2002, 655 (657).
71 BT-Drs. 14/6040, 176.
72 BT-Drs. 14/6040, 177.

Dass der Gesetzgeber lediglich die Kündigung von Dauerschuldverhältnissen regelte, sprach indes nicht gegen die Zulässigkeit einer Kündigung aus wichtigem Grund im Werkvertragsrecht.[73] Denn wie die Gesetzesbegründung zeigt, hatte sich der Gesetzgeber mit der Kündigung aus wichtigem Grund beim Werkvertrag nicht beschäftigt und auch die dazu ergangene Rechtsprechung war nicht Gegenstand des Gesetzgebungsverfahrens.[74] Hinzukommend ist den Gesetzesmaterialien nicht zu entnehmen, dass die Kündigung aus wichtigem Grund im Werkvertragsrecht abweichend von der bisherigen Praxis ausgeschlossen werden sollte.[75] Die Intention des Gesetzgebers bestand einzig darin, einen bisher allgemein anerkannten Rechtsgrundsatz zu kodifizieren und nicht darin, die Kündigung aus wichtigem Grund auf Dauerschuldverhältnisse zu beschränken. Damit ließ sich ein Ausschluss der Kündigung aus wichtigem Grund im Werkvertragsrecht durch die Einführung des § 314 BGB nicht begründen.

bb. Der Rücktritt vom gesamten Vertrag als unzureichender Rechtsbehelf

Gegen die Möglichkeit einer Kündigung aus wichtigem Grund im Werkvertragsrecht schien weiterhin zu sprechen, dass eine gesetzliche Regelung zur Kündigung aus wichtigem Grund eines Werkvertrages im Rahmen der Schuldrechtsmodernisierung nicht eingeführt wurde, obwohl dem Gesetzgeber die bestehende Regelungslücke bekannt war.[76] Hingegen wurden weite Bereiche vom Rücktrittsrecht erfasst, die bislang über die Kündigung aus wichtigem Grund gelöst wurden.[77] So ist ein Rücktritt nach § 323 Abs. 1 BGB seit der Schuldrechtsmodernisierung nicht nur bei einer Verzögerung der Leistung, sondern auch im Falle einer Schlechtleistung möglich. Daneben besteht ein Rücktrittsrecht nach § 324 BGB, wenn der Schuldner eine Pflicht nach § 241 Abs. 1 BGB verletzt und dem Gläubiger ein Festhalten am Vertrag nicht mehr zuzumuten ist. Der Gesetzgeber hat mit den Regelungen in §§ 323, 324 BGB für alle Pflichtverletzungen ein einheitliches Rücktrittsrecht eingeführt. Dies verleitete zu der Annahme, dass die

73 *Hebel*, BauR 2011, 330 (333).
74 Siehe BT-Drs. 14/6040, 176 ff; so auch *Locher/Locher*, Das private Baurecht Rn. 127; *Valerius/Gstöttner*, NZBau 2008, 486 (487).
75 So auch *Hebel*, BauR 2011, 330 (333).
76 So *Boldt*, NZBau 2002, 655 (656).
77 *Hebel*, BauR 2011, 330 (333); *Voit*, BauR 2002, 1776 (1779).

bisherige Regelungslücke geschlossen worden war mit der Folge, dass das Rücktrittsrecht an die Stelle der Kündigung aus wichtigem Grund trat.[78] Eine genauere Betrachtung zeigt allerdings, dass der Rücktritt nach wie vor keinen adäquaten Ersatz für die Kündigung aus wichtigem Grund darstellt.

Der Rücktritt führt im Unterschied zu einer Kündigung nicht zu einer Spaltung des Vertrages hinsichtlich bereits erbrachter Leistungen, die durch die Kündigung unangetastet bleiben, und künftigen noch ausstehenden Leistungen.[79] Vielmehr macht der Rücktritt einen wirksam zustande gekommenen Vertrag rückgängig und wandelt das gesamte Schuldverhältnis in ein Rückgewährschuldverhältnis um, sodass die gegenseitig erbrachten Leistungen nach Maßgabe der §§ 346 ff. BGB zurückzugewähren sind.[80] Dabei hat der Gesetzgeber dem Umstand, dass eine vollständige Rückabwicklung je nach Vertragstyp nicht interessengerecht ist, durch die Anordnung von Wertersatzansprüchen nach § 346 Abs. 2 BGB Rechnung getragen. Die Regelung des § 346 Abs. 2 S. 2 BGB, wonach für die Berechnung des Wertersatzes die Gegenleistung des Vertrages zugrunde zu legen ist, führt zunächst zu einer Annäherung hinsichtlich der Rechtsfolgen einer Kündigung, bei welcher ebenfalls die bereits erbrachten Leistungen zu vergüten sind.[81] Im Folgenden sollen jedoch die Schwächen bei einer Ersetzung der Kündigung aus wichtigem Grund durch das Rücktrittsrecht aufgezeigt werden.

(1) Keine Gewährleistung für nicht zurückzugewährende Leistungen

Ein entscheidender Unterschied von Rücktritt und Kündigung zeigt sich in Bezug auf die Gewährleistungsansprüche. Da ein Rücktritt zur Rückabwicklung des Vertrages und infolgedessen zu einem Rückgewährschuldverhältnis führt, kommen Gewährleistungsansprüche hinsichtlich der nicht zurückzugewährenden Leistungen nicht in Betracht.[82] Die Leistung ist nicht zurückzugewähren oder herauszugeben, wenn die Rückgewähr oder die Herausgabe nach der Natur des Erlangten gemäß § 346 Abs. 2 Nr. 1

---

78 *Böttcher*, ZfBR 2003, 213 (219); *Kraus*, BauR 2002, 524 (527); *Peters*, NZBau 2002, 113 (117); *Sienz*, BauR 2002, 181 (193).

79 Siehe dazu bereits § 2 A II 2 a.

80 *Brox/Walker*, Schuldrecht AT, § 18 Rn. 2; NK-BGB/*Hager*, § 346 BGB Rn. 14.

81 *Voit*, BauR 2002, 1776 (1779).

82 *Böttcher*, ZfBR 2003, 213 (215); *Peters*, ZfBR 2002, 108 (109); *Voit*, BauR 2002, 1776 (1780); *Valerius/Gstöttner*, NZBau 2008, 486 (487).

BGB ausgeschlossen ist, der Schuldner den empfangenen Gegenstand nach § 346 Abs. 2 Nr. 2 BGB verbraucht, veräußert, belastet, verarbeitet oder umgestaltet hat oder sich der empfangene Gegenstand gemäß § 346 Abs. 2 Nr. 3 BGB verschlechtert hat oder untergegangen ist, wobei die durch die bestimmungsgemäße Ingebrauchnahme entstandene Verschlechterung außer Betracht bleibt. Anstelle der Rückgewähr oder Herausgabe hat der Schuldner nach Maßgabe des § 346 Abs. 2 S. 2 BGB Wertersatz zu leisten. Zwar wird bei der Bemessung des Wertersatzanspruchs die Mangelhaftigkeit der nicht zurückzugewährenden Leistung berücksichtigt und kann grundsätzlich auch nachträglich angepasst werden, allerdings scheidet eine solche Berücksichtigung aus, wenn der Wertersatzanspruch beispielsweise bereits gerichtlich festgestellt wurde und sich erst im Folgenden Mängel zeigen.[83] Der Ausschluss von Gewährleistungsrechten für die bereits erbrachten Leistungen führt dann nicht zu interessengerechten Lösungen für beide Parteien. Dem Besteller steht dann weder das Recht auf Nacherfüllung noch das Recht der Selbstvornahme nach § 637 BGB zu, wodurch diesem das Risiko einer Fehlbewertung der Mängelbeseitigungskosten auferlegt werden würde.[84] Der Unternehmer verliert hingegen sein Recht zur zweiten Andienung. Er kann somit nicht nach einer für ihn oftmals verhältnismäßig günstigen Nachbesserung die volle Vergütung verlangen, sondern erhält nur den an die Mängel angepassten Vergütungsanspruch.[85] Damit ist für die Fälle der nicht zurückzugewährenden Leistung die Kündigung aus wichtigem Grund der interessengerechtere Rechtsbehelf, da die Gewährleistungsansprüche erhalten bleiben.

(2) Probleme bei zurückzugewährenden Leistungen

Daneben ergeben sich Probleme bei zurückzugewährenden Leistungen. Der Gesetzgeber hat lediglich für die Fälle der § 346 Abs. 2 S. 1 Nr. 1 bis 3 BGB statt der Rückgewähr oder Herausgabe Wertersatzansprüche vorgesehen. Im Übrigen kommt ein Wertersatzanspruch anstelle der Rückgewähr beziehungsweise Herausgabe nicht in Betracht. Mithin würde es zu der ursprünglich vom Rücktritt vorgesehenen Rückabwicklung der Leistungen

---

83 *Voit*, BauR 2002, 1776 (1780); *Peters*, NZBau 2002, 113 (117) weist hingegen allgemein darauf hin, dass die Berücksichtigung des Mangels bei der Bemessung des Wertersatzes auch begrüßenswert sein kann, wenn die Parteien zerstritten sind.
84 *Voit*, BauR 2002, 1776 (1780).
85 *Voit*, BauR 2002, 1776 (1780).

kommen. Der Werkunternehmer wäre in diesen Fällen folglich verpflichtet ein Werk zurückzunehmen, welches speziell auf die Bedürfnisse des Bestellers abgestimmt wurde und wofür er somit regelmäßig keine weitergehende Verwendung hat.[86] Zudem entspricht die Rückabwicklung auch dann nicht dem Willen der Parteien, wenn der Rücktrittsgrund außerhalb der eigentlichen Leistungsbeziehung begründet ist.[87] Eine Annäherung der Rechtsfolgen von Kündigung aus wichtigem Grund und dem Rücktritt findet also in den Fällen von zurückzugewährenden Leistungen gerade nicht statt.[88] Den Interessen der Parteien wird dann nur durch die Kündigung aus wichtigem Grund Rechnung getragen.[89] Denn dem Besteller wird durch die Kündigung die Möglichkeit gegeben sich frühzeitig von dem Vertrag zu lösen, während der Unternehmer statt der für ihn in der Regel nicht weiter verwendbaren und daher für ihn wertlosen bereits erbrachten Werkleistung eine angemessene Vergütung erhält.[90]

(3) Zwischenergebnis

Die Ausführungen zeigen, dass der Rücktritt nicht für alle zuvor über das Rechtsinstitut der Kündigung aus wichtigem Grund gelösten Fälle ein interessengerechtes Instrument zur Vertragsbeendigung ist. Damit kann zumindest der Rücktritt vom gesamten Vertrag die Kündigung aus wichtigem Grund nicht ersetzen.

cc. Der Teilrücktritt als alternativer Rechtsbehelf?

Vor diesem Hintergrund rückt der sogenannte Teilrücktritt gemäß § 323 Abs. 5 S. 1 BGB in den Fokus. Danach kann der Gläubiger vom ganzen Vertrag im Falle einer Teilleistung des Schuldners nur zurücktreten, wenn er an der Teilleistung kein Interesse hat. Aus einem Umkehrschluss der Vorschrift ergibt sich, dass der Gesetzgeber einen solchen Teilrücktritt anerkennt und diesem den Vorrang gegenüber dem Gesamtrücktritt einräumt.

---

86 *Hebel*, BauR 2011, 330 (333); Messerschmidt/Voit/*Moufang/Koos*, § 636 BGB Rn. 7.
87 *Hebel*, BauR 2011, 330 (333).
88 *Voit*, BauR 2002, 1776 (1779).
89 So auch *Wiegreffe*, Die Kündigung eines Werkvertrages aus wichtigem Grund S. 56; *Voit*, BauR 2002, 1776 (1779).
90 *Voit*, BauR 2002, 1776 (1779).

Bei einem Teilrücktritt beschränkt sich die Loslösung vom Vertrag wie bei der Kündigung auf den noch auszuführenden Teil, während der Vertrag im Übrigen bestehen bleibt und die bereits erbrachten Leistungen abzurechnen sind.[91] Die Probleme hinsichtlich der Gewährleistungsansprüche bei nicht zurückzugewährenden Werkleistungen und bezüglich der Rückabwicklung bei zurückzugewährenden Leistungen würden sich aufgrund des insoweit fortbestehenden Vertrages somit nicht ergeben.

Allerdings setzt die Annahme eines Teilrücktritts zunächst voraus, dass dieser auf das Rücktrittsrecht aufgrund der Verletzung von nebenvertraglichen Pflichten gemäß § 324 BGB anwendbar ist, da nur so die für eine Kündigung relevante Herstellungsphase vom Teilrücktritt erfasst wird.[92] Obschon die systematische Stellung in § 323 Abs. 5 S. 1 BGB vorerst gegen die Anwendbarkeit des Teilrücktritts spricht, wird man einen solchen hinsichtlich der noch nicht erbrachten Leistungsteile entsprechend annehmen müssen, da dem Gläubiger im Rahmen von § 324 BGB die Fortsetzung des Schuldverhältnisses und die Annahme der Leistung von seinem Schuldner erspart werden soll.[93] Die bereits erbrachten Leistungen werden durch die Verletzung der Rücksichtnahmepflicht hingegen nicht entwertet.[94]

Trotz der damit vorhandenen Übereinstimmung der Rechtsfolgen von Teilrücktritt und einer Kündigung aus wichtigem Grund bestehen Zweifel daran, dass das Rechtsinstitut des Teilrücktritts die bis zur Schuldrechtsmodernisierung vorhandene Regelungslücke schließen konnte und damit an die Stelle der Kündigung aus wichtigem Grund trat.[95] Dies zeigen die im Folgenden darzulegenden Unstimmigkeiten innerhalb der Voraussetzungen des § 323 Abs. 5 S. 1 BGB.

(1) Teilbarkeit der Leistung als Voraussetzung des Teilrücktritts

Ein Teilrücktritt setzt zunächst voraus, dass die Leistung und die Gegenleistung teilbar sind, da ansonsten das Ziel des Teilrücktritts, den Vertrag

---

91 Kompendium des Baurechts/*Jurgeleit,* Teil 6 Rn. 29.
92 *Voit,* BauR 2002, 1776 (1780).
93 MüKoBGB/*Ernst,* § 324 BGB Rn. 15; i.E. ebenso *Voit,* BauR 2002, 1776 (1780); *Wiegreffe,* Die Kündigung eines Werkvertrages aus wichtigem Grund S. 60; BeckOGK/*Riehm* § 324 BGB Rn. 80 (Stand: 01.07.2022); NK-BGB/*Dauner-Lieb,* § 324 BGB Rn. 15; Erman/*Ulber,* § 324 BGB Rn. 7; Staudinger/*Schwarze,* § 324 BGB Rn. 55.
94 Staudinger/*Schwarze,* § 324 BGB Rn. 55.
95 *Locher/Locher,* Das private Baurecht Rn. 127.

auf den bereits durchgeführten Teil zu beschränken, nicht erreicht werden kann.[96] Vor dem Hintergrund, dass auch die Kündigung zu einer Teilung des Vertrages hinsichtlich bereits erbrachter und kündigungsbedingt nicht mehr auszuführenden Leistungen führt, liegt die Annahme nahe, dass die Teilbarkeit der Leistung bei einer Kündigung mit der beim Teilrücktritt vergleichbar ist.[97] Die Teilbarkeit der Leistung beim Teilrücktritt verlangt hingegen, dass die Leistung bereits in Zeitpunkt des Vertragsschlusses als teilbar anzusehen war und somit im Vertrag angelegt ist.[98] Das ist nicht immer anzunehmen, da grundsätzlich ein Vertrag eine Gesamtheit bildet und nur einheitlich „stehen oder fallen" soll.[99] Die Kündigung führt dagegen zu einer zeitlichen Zäsur und die Spaltung des Vertrages tritt unabhängig davon ein, ob die bisher erbrachten Leistungen in sich abgeschlossen sind oder als solche vom Besteller verwendet werden können.[100] Die Ersetzung der Kündigung aus wichtigem Grund durch den Teilrücktritt führte daher zu erheblichen Problemen, wenn im Gegensatz zur Kündigung aus wichtigem Grund ein Teilrücktritt mangels Teilbarkeit der Leistung ausscheiden musste und folglich nicht bei jedem Werkvertrag ohne Weiteres möglich war.[101]

Daneben ergaben sich Unstimmigkeiten für die Fälle, in denen der Unternehmer berechtigt ist, den Vertrag aus wichtigem Grund zu kündigen.[102] Der Teilrücktritt würde dann nämlich aus dieser Perspektive eine Teilleistung des Bestellers voraussetzen. Die Möglichkeit des Unternehmers, einen Teilrücktritt im Falle eines zur Kündigung berechtigten wichtigen Grundes zu erklären, konnte jedoch nicht davon abhängig gemacht werden, ob der

---

96 NK-BGB/*Dauner-Lieb/Dubovitskaya*, § 323 BGB Rn. 35; die Teilbarkeit der Gegenleistung ist bei Tauschverträgen problematisch. Siehe zur Teilbarkeit ausführlich § 3 A IV 2.

97 Für eine Auslegung nach tatsächlichen Kriterien der Teilbarkeit beim Teilrücktritt *Preussner*, BauR 2002, 231 (237); ebenso *Boldt*, NZBau 2002, 655 (658), welche zur Begründung maßgeblich auf den Begriff der werkvertraglichen Teilleistung im Insolvenzrecht abstellt; zurecht ablehnend aufgrund des unterschiedlichen Sinn und Zwecks der Teilleistung im Insolvenzrecht *Voit*, BauR 2002, 1776 (1781 f.); *Wiegreffe*, Die Kündigung eines Werkvertrages aus wichtigem Grund S. 65 ff.

98 *Heiderhoff/Skamel*, JZ 2006, 383 (385).

99 RGZ 67, 101 (104 f.); so auch speziell für den Bauvertrag Messerschmidt/Voit/*v. Rintelen*, I. Teil H Rn. 128; nach Messerschmidt/Voit/*Moufang/Koos*, § 636 BGB Rn. 53 handelt es sich bei der Verpflichtung zur Erstellung eines Werks grundsätzlich um eine unteilbare Leistung.

100 *Voit*, BauR 2002, 145 (160); *Kirberger*, BauR 2011, 311.

101 *Wiegreffe*, Die Kündigung eines Werkvertrages aus wichtigem Grund S. 63.

102 *Voit*, BauR 2002, 1776 (1782).

Besteller bereits eine Teilleistung erbracht hat.[103] Darüber hinaus entspricht die vom Besteller erbrachte Teilleistung wertmäßig nicht immer den bereits erbrachten Werkleistungen des Unternehmers, sodass eine Annäherung von Teilrücktritt und Kündigung aus wichtigen Grund für diese Fallgestaltungen ausscheidet.[104] Daher war der Teilrücktritt auch für den Unternehmer kein adäquater Ersatz für eine Kündigung aus wichtigem Grund.

(2) Das Bewirken der Teilleistung

Zudem setzt § 323 Abs. 5 S. 1 BGB dem Wortlaut nach das Bewirken der Teilleistung durch den Schuldner voraus. In Einklang mit § 110 BGB und § 362 Abs. 1 BGB meint dies nach dem Verständnis des BGB den Eintritt des Leistungserfolges.[105] Daran fehlt es beim Werkvertrag regelmäßig.[106] Die Maßnahmen des Unternehmers dienen nämlich nicht dem partiellen Bewirken der geschuldeten Leistung, sondern lediglich der Vorbereitung des Werkerfolges.[107] Das Bewirken der Leistung kann daher erst in der Aufforderung zur Abnahme gesehen werden, da der Unternehmer andernfalls wohl kaum zu Änderungen an dem bereits begonnenen Werk während des Vorbereitungszeitraums berechtigt wäre.[108] Für dieses Ergebnis spricht auch der Wortlaut des § 645 BGB, der die Höhe der Vergütung des Unternehmers bei einer Kündigung nach § 643 BGB von den vom Unternehmer geleisteten Arbeiten abhängig macht und nicht von einer vom Unternehmer bewirkten Leistung.[109] Der Teilrücktritt kommt mithin nur bei einer Teilabnahme oder bei Eingreifen eines gleichwertigen Tatbestands in Betracht.[110] Wenn hingegen der bereits erbrachte Teil der Werkleistung nicht abgenommen worden ist, muss ein Teilrücktritt mangels eines Bewirkens der Teilleistung ausscheiden. Die Lösung der Kündigung aus wichtigem

---

103 *Voit*, BauR 2002, 1776 (1782).
104 *Voit*, BauR 2002, 1776 (1782).
105 Zum Begriff „bewirken" Jauernig/*Mansel*, § 110 BGB Rn. 4; Erman/*Müller*, § 110 BGB Rn. 2; MüKoBGB/*Fetzer*, § 362 BGB Rn. 2; Erman/*Buck-Heeb*, § 362 BGB Rn. 1.
106 Messerschmidt/Voit/*Moufang/Koos*, § 636 BGB Rn. 53; So auch *Boldt*, NZBau 2002, 655 (658), die daher davon ausgeht, dass der Gesetzgeber beim Begriff "bewirken" nicht auf einen zu erbringenden Leistungserfolg abstellen wollte.
107 *Voit*, BauR 2002, 145 (160); siehe zudem bereits § 2 A II 2 a.
108 *Voit*, BauR 2002, 1776 (1783).
109 *Voit*, BauR 2002, 1776 (1783).
110 Messerschmidt/Voit/*Moufang/Koos*, § 636 BGB Rn. 53.

Grund über den Teilrücktritt verstieß somit gegen den Wortlaut des § 323 Abs. 5 S. 1 BGB.[111]

(3) Möglichkeit der Erstreckung des Rücktritts auf den gesamten Vertrag

Gegen die Entbehrlichkeit der Kündigung aus wichtigem Grunde aufgrund des Teilrücktrittrechts sprach ferner, dass bei fehlendem Interesse des Rücktrittsberechtigten an der Teilleistung gemäß § 323 Abs. 5 S. 1 BGB eine Erstreckung des Rücktritts auf den gesamten Vertrag möglich ist.[112] Bisher wurde das Interesse des Gläubigers an einem Gesamtrücktritt bereits bejaht, wenn es für ihn günstiger ist, den Auftrag insgesamt neu ausführen zu lassen.[113] Das dürfte bei teilweise erbrachten Bauvorhaben nicht selten der Fall sein, wenn diese sodann durch andere Unternehmer fertiggestellt werden müssen.[114] Wenn der Rücktritt wegen fehlendem Interesse an der Teilleistung jedoch auf den gesamten Vertrag erstreckt werden konnte, ergaben sich die bereits erörterten Probleme im Rahmen des Rücktritts vom gesamten Vertrag.

(4) Zwischenergebnis

Folglich stellt auch der Teilrücktritt keinen angemessenen Ersatz für die Kündigung aus wichtigem Grund dar. Damit bestand auch nach der Schuldrechtsmodernisierung neben dem Rücktritt vom gesamten Vertrag und dem Teilrücktritt ein praktisches Bedürfnis nach einer Kündigung aus wichtigem Grund.

dd. Entsprechende Anwendung des § 314 BGB

Neben den bisher auch zum alten Recht vertretenen Begründungsansätzen wurde nach der Schuldrechtsreform erwogen, die Kündigung aus wichtigem Grund für Dauerschuldverhältnisse gemäß § 314 BGB entsprechend

---

111 *Voit*, BauR 2002, 1776 (1783).
112 *Voit*, BauR 2002, 1776 (1783); Messerschmidt/Voit/*v. Rintelen*, I. Teil H Rn. 129.
113 Vgl. BGH NJW 1990, 2549 (2550).
114 *Wiegreffe*, Die Kündigung eines Werkvertrages aus wichtigem Grund S. 71; *Voit*, BauR 2002, 1776 (1783).

auf länger angelegte Werkverträge wie einen Bauvertrag anzuwenden.[115] Gleichwohl wurde bisweilen an einer vergleichbaren Interessenlage von einem Werkvertrag und Dauerschuldverhältnis gezweifelt.[116] Denn anders als bei einem Dauerschuldverhältnis werde das Leistungsinteresse nicht durch homogene Leistungen fortlaufend befriedigt, sondern der Unternehmer erbringe bis zur Abnahme keine Leistungen, da die bisher geleisteten Arbeiten lediglich darauf gerichtet seien, die spätere Abnahme des Werks zu ermöglichen und somit nicht der vorzeitigen Befriedigung dienen.[117] Allerdings wurde dabei verkannt, dass die Berechtigung des Kündigungsrecht aus wichtigem Grund nicht in der Monotonie der Leistungen zu sehen war, sondern in der Störung des für einen Bauvertrag ebenso erforderlichen Vertrauensverhältnisses.[118] Dies änderte sich durch die Einführung der Regelung des § 314 BGB nicht.

Letztlich wird man sich eingestehen müssen, dass eine ohne Kritik auskommende dogmatische Grundlage nicht in Betracht kam, da auch nach der Schuldrechtsmodernisierung eine speziell auf den Werkvertrag zugeschnittene Regelung nicht existierte. Daher ließ sich im Ergebnis ein Kündigungsrecht aus wichtigem Grund auch nach der Schuldrechtsreform nur mit dogmatischen Kunstgriffen begründen.[119]

d. Reform des Bauvertragsrechts

Angesichts der Problematik um die Herleitung der Kündigung aus wichtigem Grund wurde in den Thesen der Arbeitsgruppe I für den dritten deutschen Baugerichtstag am 7./8. Mai 2010 in Hamm erstmals die Übernahme eines allgemeinen Kündigungstatbestandes angeregt.[120] Dieser sollte Formalien und inhaltliche Fragen wie Kündigungsvoraussetzungen für beide Parteien und hieran anknüpfende Rechtsfolgen regeln. Insbesondere

---

115 MüKoBGB/*Busche,* § 648a BGB Rn. 14; *Pioch,* JA 2016, 414 (416 f.); trotz dogmatischer Bedenken auch *Sienz,* BauR 2002, 181 (195); für eine direkte Anwendung *Valerius/Gstöttner,* NZBau 2008, 486 (487).

116 So *Boldt,* NZBau 2002, 655 (656); *Voit,* BauR 2002, 1776 (1784); *Wiegreffe,* Die Kündigung eines Werkvertrages aus wichtigem Grund S. 80 ff.

117 *Boldt,* NZBau 2002, 655 (656); *Voit,* BauR 2002, 1776 (1784); zustimmend *Wiegreffe,* Die Kündigung eines Werkvertrages aus wichtigem Grund S. 80 ff.

118 Vgl. *Peters,* NZBau 2002, 113 (117).

119 *Sienz,* BauR 2002, 181 (195).

120 Thesenpapier der Kernarbeitsgruppe im Arbeitskreis I – Bauvertragsrecht des Deutschen Baugerichtstages S. 27.

sollte ein Schriftformerfordernis, das jederzeitige freie Kündigungsrecht des Bestellers sowie ein außerordentliches Kündigungsrecht beider Seiten aus wichtigem Grund, generelle Rechtsfolgenregelung zur allgemeinen Kündigung beziehungsweise einer Kündigung aus wichtigem Grund und die Verpflichtung beider Parteien zur Teilnahme an einer Leistungsstandabgrenzung nach Kündigung auf Verlangen der anderen Seite mit Beweislastumkehr im Weigerungsfall geregelt werden. Zur Begründung wurde entsprechend der bisherigen Ausführungen darauf verwiesen, dass das BGB in zahlreichen Normen Regelungen dazu enthalte, unter welchen inhaltlichen Voraussetzungen eine fristlose Kündigung des Vertrages möglich sei, während für das Werkrecht eine solche gesetzliche Regelung fehle, obwohl Kündigungen im Baugeschehen eine wichtige Rolle spielen. Im BGB finde sich keine allgemeine Rechtsfolgenregelung, abgesehen von der des § 649 S. 2 BGB aF, sodass eine allgemeine Regelung schon deshalb sinnvoll sei, um sie als Norm zum Zwecke der Verweisung für andere Vorschriften heranziehen zu können. Auch bei der Verwendung von allgemeinen Geschäftsbedingungen sei eine gesetzliche Regelung im Hinblick auf die Rechtssicherheit erforderlich.

Das Bundesministerium der Justiz und für Verbraucherschutz sah sodann in seinem Referentenentwurf vom 10. September 2015 die Einführung eines spezifischen Kündigungsrechtes aus wichtigem Grund für Werkverträge vor. Begründet wurde die Einführung damit, dass das Werkvertragsrecht zwar das freie Kündigungsrecht vorsehe und dieses unverändert erhalten bleiben solle, jedoch darüber hinaus weiterhin Regelungsbedarf hinsichtlich eines außerordentlichen Kündigungsrechts bestehe.[121] Da das bisher zumindest für Bauverträge anerkannte außerordentliche Kündigungsrecht allein auf Richterrecht basiere, bestehe Rechtsunsicherheit dahingehend, welche Gründe eine außerordentliche Kündigung tragen. Die VOB/B hingegen sehe in § 8 und § 9 VOB/B die Möglichkeit vor, das Vertragsverhältnis aus wichtigem Grund zu kündigen und gebe den Vertragspartnern durch die Normierung einzelner Kündigungstatbestände eine Orientierung bei der Entscheidung, ob sie von einem außerordentlichen Kündigungsrecht Gebrauch machen können. Um für die Praxis mehr Rechtssicherheit

---

121 Referentenentwurf Bundesministerium der Justiz und für Verbraucherschutz vom 10.09.2015 S. 52.

zu schaffen, sehe der Entwurf daher vor, die außerordentliche Kündigung bei Werkverträgen gesetzlich zu regeln.[122]

Die Normierung einzelner Kündigungsgründe sah der Entwurf letztlich jedoch nicht vor, sodass den Erwägungsgründen im Ergebnis nicht konsequent Rechnung getragen wurde.[123] Anders als im Thesenpapier vorgeschlagen, wurde daher auch die Insolvenz nicht per se als wichtiger Grund übernommen.[124] Vielmehr ist die Vorschrift des § 648a BGB der Regelung gemäß § 314 BGB mit Ausnahme des Erfordernisses eines Dauerschuldverhältnisses nachempfunden, ohne detaillierte Regelungen zu enthalten.[125]

Der Referentenentwurf fand in seinen wesentlichen Punkten Eingang in das Gesetz.[126] Die fehlende Normierung einzelner Kündigungstatbestände und die damit einhergehende Rechtsunsicherheit wurden damit begründet, dass ansonsten nicht alle denkbaren Konstellationen erfasst würden und auf diese Weise auch besondere Einzelfälle berücksichtigt werden können.[127] Einen gewissen Zuwachs an Sicherheit, ob im Einzelfall ein die außerordentliche Kündigung rechtfertigender Grund vorliege, werde den Parteien auch vor einer detaillierten Rechtsprechung zu der neuen Vorschrift dadurch gegeben, dass diese an den Wortlaut des § 314 BGB anknüpfte, zu dem eine umfassende Rechtsprechung bestehe.

3. Fazit zur Entstehungsgeschichte

Die Entstehungsgeschichte des § 648a Abs. 1 BGB zeigt die Notwendigkeit des Rechtsinstituts der Kündigung aus wichtigem Grund neben einem Rücktrittsrecht. Darüber hinaus wird deutlich, dass ein dringender Bedarf nach einer gesetzlichen Regelung bestand, da sich ein Kündigungsrecht aus wichtigem Grund nicht in dogmatisch überzeugender Weise aus den bisherigen Regelungen im BGB herleiten ließ und damit zu Rechtsunsicherheit führte. Jedoch lässt die generalklauselartige Ausgestaltung der Regelung

---

122 Referentenentwurf Bundesministerium der Justiz und für Verbraucherschutz vom 10.09.2015 S. 53.
123 Ebenso L/B/D-L/Sonntag, § 648a BGB Rn. 9; siehe zu den eine Kündigung rechtfertigenden Gründen noch § 3 B IV.
124 Siehe Thesenpapier der Kernarbeitsgruppe im Arbeitskreis I – Bauvertragsrecht des Deutschen Baugerichtstages, S. 28; siehe dazu noch im Folgenden § 3 B IV 1f.
125 NK-BGB/Jung, § 314 BGB Rn. 22.
126 Zu den einzelnen Modifikationen siehe L/B/D-L/Sonntag, § 648a BGB Rn. 13 ff.
127 BT-Drs. 18/8486, 50.

gemäß § 648a Abs. 1 BGB bereits vermuten, dass die Normierung auch nur bedingt Rechtssicherheit für den Anwender schaffen konnte.[128]

III. Anwendungsbereich des § 648a BGB

Nachdem die Entstehungsgeschichte der Kündigung aus wichtigem Grund aufgezeigt wurde, soll der Anwendungsbereich der Neuregelung des § 648a BGB erörtert werden.

1. Erstreckung auf alle Werkverträge

Die Kündigung aus wichtigem Grund gemäß § 648a BGB findet zunächst auf den praktisch bedeutsamen Bauvertrag gemäß § 650a BGB als besonderen Werkvertrag Anwendung. Darunter fallen gemäß § 650a Abs. 1 BGB nunmehr alle Verträge über die Herstellung, die Wiederherstellung, die Beseitigung oder den Umbau eines Bauwerks, einer Außenanlage oder eines Teils davon. Auch der Verbraucherbauvertrag gemäß § 650i BGB, durch den ein Unternehmer von einem Verbraucher zum Bau eines neuen Gebäudes oder zu erheblichen Umbaumaßnahmen an einem bestehenden Gebäude verpflichtet wird, unterfällt dem Anwendungsbereich des § 648a BGB.[129] Daneben ist auch der Architekten- und Ingenieurvertrag gemäß § 650p BGB als werkvertragsähnlicher Vertrag gemäß § 650q Abs. 1 BGB vom Anwendungsbereich erfasst. Dieser hat vereinbarte Planungs- und Überwachungsleistungen der Parteien zum Gegenstand.

Die Kündigung aus wichtigem Grund gemäß § 648a BGB ist systematisch in den allgemeinen Vorschriften des Werkvertragsrecht angesiedelt. Trotz der maßgeblich am Bauvertrag orientierten Begründung des Kündigungsrechts folgt daraus, dass sich der Anwendungsbereich unterschiedslos auf alle Werkverträge erstreckt. Ein Kündigungsrecht aus wichtigem Grund wird vor dem bisherigen Hintergrund vor allem in Betracht kommen, wenn der Werkvertrag wie beim Bauvertrag auf eine längere Zusammenarbeit angelegt ist, wie beispielsweise Verträge über die Planung und Errichtung

---

128 Siehe dazu vertieft § 3 B IV.
129 Unternehmer meint hier den Begriff in § 14 BGB und Verbraucher den in § 13 BGB.

größerer EDV-Anlagen oder die Erstellung eines Computerprogrammes nach den Wünschen des Bestellers.[130]

Der Gesetzgeber hat ausdrücklich davon abgesehen, die Kündigung aus wichtigem Grund nur auf solche Werkverträge zu beschränken, die auf längere Dauer der Zusammenarbeit angelegt sind, um nicht einen neuen unbestimmten Rechtsbegriff zu schaffen, der zu Rechtsunsicherheit führt.[131] Es sei jedoch davon auszugehen, dass bei „kleineren", schneller abzuwickelnden Werkverträgen häufig die Unzumutbarkeit der Fortsetzung des Vertrages bis zur Fertigstellung des Werks nicht gegeben sein werde und diese schon deshalb nicht in den Anwendungsbereich des Kündigungsrechts aus wichtigem Grund fallen. Es gilt daher, dass je länger die Ausführungszeit des Werkvertrages und enger die persönliche Bindung zwischen den Parteien ist, desto eher lässt sich eine Kündigung aus wichtigem Grund annehmen. Die Begrenzung des Anwendungsbereichs ergibt sich demnach aus dem Erfordernis der Unzumutbarkeit der weiteren Vertragsausführung.

2. Anwendbarkeit beim Werklieferungsvertrag im Falle von unvertretbaren Sachen

In den anwendbaren Vorschriften für den Werklieferungsvertrag nach § 650 Abs. 1 S. 2 BGB wird die Kündigung aus wichtigem Grund gemäß § 648a BGB nicht genannt. Fraglich ist, ob sich dennoch eine Anwendbarkeit der Vorschrift begründen lässt.

Ein Werklieferungsvertrag ist gemäß § 650 Abs. 1 S. 1 BGB ein Vertrag, der die Lieferung herzustellender oder zu erzeugender beweglicher Sachen zum Gegenstand hat. Trotz des werkvertraglichen Elements wird dieser Vertragstyp im Ausgangspunkt vollständig den Vorschriften über den Kauf unterstellt. Nach § 650 Abs. 1 S. 3 BGB sind bei unvertretbaren Sachen jedoch auch ausgewählte Vorschriften des Werkrechts mit der Maßgabe anzuwenden, dass an die Stelle der Abnahme der nach den §§ 446 und 447 BGB maßgebliche Zeitpunkt tritt, also der des Gefahrübergangs. Die Unterscheidung von vertretbaren und unvertretbaren Sachen ist in § 91 BGB angelegt. Nach dieser Vorschrift sind vertretbare Sachen bewegliche Sachen, die im Verkehr nach Zahl, Maß oder Gewicht bestimmt zu werden pflegen. Unvertretbare Sachen hingegen sind auf die individuellen Gege-

---

130 BT-Drs. 18/8486, 51.
131 BT-Drs. 18/8486, 51.

benheiten des Bestellers zugeschnitten und können daher nicht an jede beliebige Person weiterverkauft werden.[132] Dies entspricht der Ausgangslage eines Werkvertrags, sodass durch die teilweise Anwendung der werkvertraglichen Vorschriften auf die Lieferung nicht vertretbarer Sachen sichergestellt wird, dass bestimmte Sonderwertungen des Werkvertragsrechts Berücksichtigung finden können.[133] Anders als das Werkrecht finden sich im Kaufrecht keine geeigneten Regeln, um auf Veränderungen der Umstände im Herstellungsprozess zu reagieren.[134]

Vor diesem Hintergrund ist es nicht überraschend, dass gemäß § 650 Abs. 1 S. 3 BGB auch das werkvertragliche freie Kündigungsrecht nach § 648 BGB anwendbar ist. Da das Kündigungsrecht aus wichtigem Grund gemäß § 648a BGB hingegen nicht unter den anwendbaren Vorschriften genannt wird, steht diese Möglichkeit dem Besteller einer unvertretbaren Sache grundsätzlich nicht zu. Angesichts des Erfordernisses eines wichtigen Grundes für die Loslösung vom Vertrag und der vergleichbaren Interessenlage beim Werklieferungsvertrag, welche der Gesetzgeber durch die Anwendung mehrerer werkvertraglicher Regelungen selbst statuiert, kann das nicht überzeugen. Eine Anwendung des § 648a BGB muss daher auch auf Werklieferungsverträge hinsichtlich unvertretbarer Sachen möglich sein. Die Vorschrift des Werklieferungsvertrags erfuhr im Rahmen der bauvertraglichen Reform lediglich eine Folgeänderung, sodass eine Verschiebung von § 651 BGB aF zu § 650 BGB nF erfolgte.[135] Dies rechtfertigt die Annahme, dass es sich um ein Redaktionsversehen des Gesetzgebers handelte, als er die neue Vorschrift der Kündigung aus wichtigem Grund gemäß § 648a BGB nicht in den Katalog des § 650 Abs. 1 S. 3 BGB aufnahm.[136] Gegen ein Redaktionsversehen wird angeführt, dass der Gesetzestext auch die Änderung der freien Kündigung von § 649 BGB aF zu § 648 BGB nF berücksichtigte, ohne § 648a BGB miteinzuschließen.[137] Jedoch wird dabei verkannt, dass inhaltliche Änderungen nicht vorgenommen wurden, sondern lediglich die bereits angesprochene Anpassung des Standortes. Im Gegensatz zur freien Kündigung bestand vor der Reform keine gesetzliche Regelung der Kündigung aus wichtigem Grund. Es wäre daher wünschens-

---

132 Staudinger/*Peters*, § 650 BGB Rn. 16.
133 MüKoBGB/*Busche*, § 650 BGB Rn. 2.
134 Siehe Stellungnahme Bundesrat BT-Drs. 14/6857, 38.
135 BT-Drs. 18/8486, 52.
136 So auch Kniffka ibrOK BauVertrR/*Schmitz*, § 648a BGB Rn. 113 (Stand: 06.03.2023).
137 So Soergel/*Buchwitz*, § 650 BGB Rn. 32.

wert, dass der Gesetzgeber dies künftig nachholt. Zumindest liegt aber eine planwidrige Regelungslücke bei vergleichbarer Interessenlage vor, sodass eine analoge Anwendung von § 648a BGB auf Werklieferungsverträge im Falle von unvertretbaren Sachen möglich ist.[138]

3. § 648a BGB als Ausdruck eines verallgemeinerungsfähigen Prinzips für andere Vertragstypen?

Der Gesetzgeber hat mit der Einführung des § 648a BGB ein allgemeines Kündigungsrecht aus wichtigem Grund unabhängig vom Vorliegen eines Dauerschuldverhältnisses normiert und in der Gesetzesbegründung nur auf eine längerfristige Zusammenarbeit abgestellt.[139] Insofern kann überlegt werden, ob eine entsprechende Anwendung für längerfristig ausgestaltete Schuldverhältnisse außerhalb des Werkrechts in Betracht kommt.[140] Dies kann teilweise auch bei Kaufverträgen der Fall sein. Dies verdeutlichen beispielsweise die neu eingeführten Verbraucherverträge über Waren mit digitalen Elementen, bei denen für die Mangelfreiheit auch unabhängig von einer vertraglichen Vereinbarung eine Aktualisierungspflicht nach § 475b Abs. 4 Nr. 2 BGB besteht und welche damit ein länger andauerndes Pflichtenprogramm neben der Übergabe des Kaufgegenstand vorsehen. Da der Gesetzgeber darüber hinaus das Tatbestandsmerkmal der längerfristigen Zusammenarbeit nicht ausdrücklich in die Norm des § 648a Abs. 1 BGB aufgenommen hat, hängt das Kündigungsrecht streng genommen nicht einmal mehr von einem zeitlichen Element ab.[141] Damit kommt das Kündigungsrecht auch in Betracht, wenn der durch eine längerfristige Bindung entstehende Interessenkonflikt, welcher typischerweise durch das Recht zur Kündigung aus wichtigem Grund abgemildert werden soll, nicht besteht.[142] Dies könnte zur Konsequenz haben, dass die noch verbleibenden Konturen von Rücktritt und Kündigung aufgelöst werden. So kann vor diesem Hintergrund diskutiert werden, ob künftig eine Erstreckung auf selbst kurzabzuwickelnde Verträge wünschenswert wäre.[143] Ein solches Bedürfnis könnte

---

138 Befürwortend Soergel/*Buchwitz*, § 650 BGB Rn. 32.
139 Siehe dazu bereits § 2 A II d und § 2 A III 1.
140 NK-BGB/*Jung*, § 314 BGB Rn. 22.
141 NK-BGB/*Jung*, § 314 BGB Rn. 22.
142 MüKoBGB/*Busche*, § 648a BGB Rn. 1.
143 NK-BGB/*Jung*, § 314 BGB Rn. 22.

vor dem Hintergrund bestehen, dass eine Kündigung aus wichtigem Grund insbesondere in Betracht kommt, wenn eine zukünftige Pflichtverletzung zu erwarten ist oder bei einem schweren Vertrauensbruch.[144] Eine solche Situation kann selbst bei relativ kurzfristig ausgestalteten Verträgen unter gewissen Umständen gegeben sein.[145] Fraglich ist daher, ob sich § 648a BGB ein verallgemeinerungsfähiges Prinzip entnehmen lässt, das auf andere Verträge wie beispielsweise den Kaufvertrag übertragen werden kann.[146] Als Rechtsgrundlage könnte auf eine Analogie zu § 648a iVm § 314 BGB abgestellt werden.[147]

Voraussetzung für die Annahme einer Analogie wäre das Vorliegen einer vergleichbaren Interessenlage sowie einer planwidrigen Regelungslücke. Gegen eine vergleichbare Interessenlage spricht, dass für kurzfristig ausgestaltete Austauschverträge der Rücktritt einen angemessenen Rechtsbehelf darstellt. Die Kündigung soll die Regelungen zum Rücktritt vor allem dann ergänzen, wenn dieser keine interessengerechten Lösungen aufgrund der Rückabwicklung bereithält oder er den Sachverhalt nicht auf befriedigende Art erfasst.[148] Anders als bei länger andauernden Verträgen gibt es bei einem kurzfristigen Austauschvertrag regelmäßig keine Einwände gegen die Rückabwicklung des Vertrages. Dies gilt umso mehr, wenn der Vertrag noch nicht vollzogen ist, beispielsweise der Kaufgegenstand noch gar nicht übergeben wurde. Die §§ 346 ff. BGB halten ausgestaltete Regelungen für die Rückabwicklung bereit. Im Unterschied zu einem Austauschvertrag kommt bei einem Werkvertrag typischerweise ein Arbeitsvorgang hinzu, der dem Werk zum Erfolg verhilft und der wenn auch je nach Ausgestaltung in kleinerem Umfang zu einem gewissen Zeitelement der tatsächlichen Arbeitsausführung beiträgt.[149] Dieses Zeitelement ist für die Interessenlage einer Kündigung aufgrund des Erfordernisses der Unzumutbarkeit der weiteren Vertragsdurchführung aber kennzeichnend.[150] Charakteristisch für einen Werkvertrag ist zudem, dass die Herstellung des Werks der Verantwortung des Unternehmers obliegt und daher die Fähigkeiten des Unternehmers sowie das Vertrauen in diesen von erheblicher Bedeutung sind.[151]

---

144 NK-BGB/*Jung*, § 314 BGB Rn. 22.
145 NK-BGB/*Jung*, § 314 BGB Rn. 22.
146 Diese Frage aufwerfend NK-BGB/*Jung*, § 314 BGB Rn. 22.
147 NK-BGB/*Jung*, § 314 BGB Rn. 22.
148 MüKoBGB/*Busche*, § 648a BGB Rn. 1; siehe dazu bereits § 2 A II 2 a.
149 Vgl. *Peters*, ZfBR 2002, 108 (111).
150 Siehe bereits § 2 A III 1.
151 *Voit*, BauR 2002, 1776.

Zwar bedarf auch die Leistungserbringung bei einem Kaufvertrag über einen Gegenstand, den der Verkäufer sich erst beschaffen muss, gewissen Anstrengungen des Schuldners, jedoch hängt der Zustand des geschuldeten Gegenstandes nicht maßgeblich von diesen Anstrengungen ab, weil der Verkäufer sich den Gegenstand von anderer Seite nur beschaffen muss.[152] Auch im Falle der Aktualisierungspflicht bei den Waren mit digitalen Elementen ist ein Rücktritt interessengerecht. Die Aktualisierungen sind für den Erhalt der Ware notwendig und haften den Produkten unmittelbar an, sodass die vollständige Rückgewähr unproblematisch ist. Dabei handelt es sich um Massenupdates, die nicht durch eine persönliche Beziehung geprägt sind. Dies unterscheidet den Werkvertrag von einem Austauschvertrag wie dem Kaufvertrag. Daher spricht die Interessenlage gegen die Einbeziehung von länger andauernden als auch kurzfristigen Austauschverträgen. Auch das Vorliegen einer planwidrigen Regelungslücke ist zweifelhaft. Im Falle von künftigen Pflichtverletzungen ist nach § 323 Abs. 4 BGB auch bereits vor Eintritt der Fälligkeit der Leistung ein Rücktritt möglich, wenn offensichtlich ist, dass die Voraussetzungen des Rücktritts eintreten werden. Für Pflichtverletzungen nach § 241 Abs. 2 BGB ist wie bereits erwähnt auch eine der Kündigung nachempfundene Regelung in § 324 BGB enthalten, die einen Rücktritt ermöglicht, wenn dem Gläubiger ein Festhalten am Vertrag unzumutbar ist. Darüber hinaus ist bei bereits geleisteten Teilleistungen an einen Teilrücktritt zu denken.[153] Die Entstehungsgeschichte von § 648a BGB verdeutlicht, dass die Kündigung als besonderer Rechtsbehelf für Verträge von einer gewissen Dauer ausgestaltet ist und die Einführung eines solchen Rechts für den Werkvertrag dessen Besonderheiten geschuldet ist. Daran vermag auch die konkrete Ausgestaltung von § 648a Abs. 1 BGB nichts ändern.

Damit kann § 648a BGB kein verallgemeinerungsfähiges Prinzip entnommen werden, welches auf reine Austauschverträge Anwendung findet. Ebenfalls ist eine solche Erstreckung rechtspolitisch nicht wünschenswert. Ansonsten würden die verbleibenden Konturen von Kündigung und Rücktritt weiter aufgeweicht.

---

152 *Voit*, BauR 2002, 1776; *Peters*, ZfBR 2002, 108 (111).
153 Kritisch für den Ratenlieferungsvertrag NK-BGB/*Jung*, § 314 BGB Rn. 15.

B. Grundlagen der Teilkündigung gemäß § 648a Abs. 2 BGB

Nachdem die Grundlagen der Kündigung des gesamten Vertrages erläutert wurden, wird im Folgenden auf die teilkündigungsspezifischen Grundlagen eingegangen. So soll zunächst aufgezeigt werden, was unter einer Teilkündigung zu verstehen ist, inwiefern ein Bedürfnis nach einer solchen besteht und wie sich die Rechtslage vor und nach der Reform darstellt. Die Grundlagen der Kündigung des gesamten Vertrages sind dabei entsprechend heranzuziehen.

I. Begriff der Teilkündigung

Der Begriff Teilkündigung lässt erkennen, dass sich die Teilkündigung weitgehend an die Möglichkeit der Vollkündigung anlehnt.[154] In der Vollkündigung findet die Teilkündigung ihr Motiv zur Reduzierung des Kündigungsumfangs und äußerlich ihre erste Legitimation.[155] Bei beiden Rechtsinstituten handelt es sich um Gestaltungsrechte, durch die einseitig auf die Rechtsbeziehung eingewirkt werden kann.[156] Die Teilkündigung unterscheidet sich von der Vollkündigung dabei in der Reichweite ihrer Gestaltungswirkung. Sie betrifft gemäß ihrer Zweckbestimmung nicht das gesamte Rechtsverhältnis.[157] Bei einer Teilkündigung wird nur ein Teil des Vertrages für die Zukunft beendet, während der Vertrag im Übrigen fortgesetzt wird. Der Vertrag zerfällt zwar wie bei einer Kündigung des gesamten Vertrages in zwei Teile, die Trennlinie zwischen beiden Vertragsteilen verschiebt sich aber in die bis zur Kündigung noch nicht erbrachte Werkleistung hinein.[158] Demnach kann gedanklich zwischen bereits erbrachten Leistungen, noch zu erbringenden und kündigungsbedingt nicht mehr zu erbringenden Leistungen unterschieden werden.

---

154 *Schrooten*, Die Teilkündigung als Gestaltungsrecht im Bereich der Dauerschuldverhältnisse S. 10.
155 *Schrooten*, Die Teilkündigung als Gestaltungsrecht im Bereich der Dauerschuldverhältnisse S. 10.
156 *Seckel*, Die Gestaltungsrechte des Bürgerlichen Rechts S. 12.
157 *Schrooten*, Die Teilkündigung als Gestaltungsrecht im Bereich der Dauerschuldverhältnisse S. 10; *Scholz*, Gestaltungsrechte im Leistungsstörungsrecht S. 153.
158 Leupertz/Preussner/Sienz/*Sienz* BauvertrR, § 648a Rn. 20.

II. Bedürfnis nach einer Teilkündigung

Die Interessen der Parteien gebieten nicht stets eine Beendigung des gesamten Vertrages, sondern nur hinsichtlich eines Teils. Das Bedürfnis nach einer Teilkündigung soll anhand des nachfolgend geschilderten Beispielfalls[159] verdeutlicht werden:

Der Besteller hat einem mittelständischen Unternehmen den Auftrag erteilt, den Innenputz für die zahlreichen großflächigen Etagen eines Geschäftshauses auszuführen. Nach Beginn der Arbeiten stellt sich heraus, dass ein beauftragter Subunternehmer nicht in der Lage ist, den vereinbarten Fertigstellungstermin einzuhalten oder gravierend mangelhafte Arbeiten abliefert, während hinsichtlich des vom Betrieb des Unternehmers auszuführenden Teils keine Bedenken bestehen, dass die Arbeiten ordnungsgemäß und vollständig erbracht werden.

Die beiderseitige Interessenlage der Vertragsparteien zeigt, dass es in diesen Fällen wenig sinnvoll und wirtschaftlich erscheint, den gesamten Vertrag zu kündigen. Der Unternehmer hat im Regelfall ein Interesse daran, den Auftrag weitestgehend auszuführen. Hingegen muss der Besteller mit weiteren Zeitverlusten und Mehrkosten bei der Beauftragung eines neuen Unternehmens rechnen, die er häufig an den gekündigten Unternehmer angesichts dessen überschaubaren finanziellen Ausstattung nicht weiterberechnen kann.[160] Auch wird der Auftrag im Idealfall schneller ausgeführt, wenn sich zwei Firmen im Ergebnis das auszuführende Gesamtvolumen teilen, sodass aus Sicht des Bestellers die Einhaltung der vertraglich vereinbarten Fristen weiterhin möglich erscheint.[161] Es liegt daher unter Umständen sogar im beiderseitigen Interesse, den Vertrag teilweise fortzusetzen. Die Praxis zeigt, dass eine einvernehmliche Lösung für die weitere Abwicklung des Vertragsverhältnisses in diesem Stadium nur noch selten gelingt.[162] Der Beispielsfall veranschaulicht, dass vor allem der Besteller angesichts der für ihn entstehenden Unannehmlichkeiten bei Überschreitung der Bauzeit einseitig die Möglichkeit haben muss, sich teilweise von dem Vertrag zu lösen.[163] Darüber hinaus ist eine Teilkündigung durchaus sinnvoll, wenn der Unternehmer eine Leistung begonnen hat und zweckmäßig nur er

---

159 Beispielsfall nach *Kirberger*, BauR 2011, 343 f.
160 *Kirberger*, BauR 2011, 343.
161 *Kirberger*, BauR 2011, 343.
162 *Kirberger*, BauR 2011, 343.
163 *Kirberger*, BauR 2011, 343 (344).

in der Lage ist, diese zu beenden oder durch die Teilkündigung Vorteile für die Parteien entstehen wie beispielsweise durch die Verbauung bereits vorgefertigten Materials durch den Unternehmer, sodass Mehrkosten durch einen Drittunternehmer verhindert werden.[164] Zentraler Ausgangspunkt einer Teilkündigung ist damit die wirtschaftliche Verwertbarkeit.[165] Daraus folgt gleichzeitig, dass die Werkleistung einen gewissen Umfang aufweisen muss, um einer Teilkündigung zugänglich zu sein. Daher wird man die folgende Regel aufstellen können: Je größer der Umfang der Werkleistung ist, desto eher kommt eine Teilkündigung in Betracht.

III. Das Rechtsinstitut der Teilkündigung im Werkvertragsrecht vor der Reform

1. Einführung in die Problematik

Bei der Teilkündigung wird nur ein Teil der vertraglich geschuldeten Leistung gekündigt, während der Vertrag im Übrigen weiter durchgeführt werden soll. Hierdurch kann es zu einer einseitigen Änderung des ursprünglichen Vertrages gegen den Willen des Vertragspartners kommen.[166] Denn die Beseitigung eines Vertragsteils führt dazu, dass das ursprüngliche Rechtsverhältnis einen anderen Inhalt erfährt.[167] Eine solch einseitige Änderung gerät mit dem Grundsatz *pacta sunt servanda* in Konflikt.[168] Ferner stehen bei einem Vertrag die einzelnen Vereinbarungen in einem inneren Zusammenhang miteinander und bilden in ihrer Gesamtheit ein ausgewogenes Gesamtgefüge im Sinne eines vertraglichen Äquivalenzverhältnisses.[169] Dieses kann erheblich gestört werden, wenn einzelne Teile unter Fortbestand des übrigen Vertrages isoliert herausgekündigt werden. Dahingehend unterscheidet sich die Teilkündigung von der Vollkündigung,

---

164 *Kniffka*, BauR 2017, 1759 (1775).
165 Kompendium des Baurechts/*Kniffka*, Teil 8 Rn. 11; *Leinemann*, NJW 2017, 3113 (1314).
166 BGH NJW 1993, 1320 (1322); *Molitor*, Die Kündigung S. 38; *Oechsler*, Vertragliche Schuldverhältnisse Rn. 1001.
167 *Herschel*, BB 1958, 160.
168 *Schrooten*, Die Teilkündigung als Gestaltungsrecht im Bereich der Dauerschuldverhältnisse S. 103.
169 BGH NJW 1993, 1320 (1322); *Hueck*, RdA 1968, 201 (204); *Hromadka*, DB 1995, 1609; *Oechsler*, Vertragliche Schuldverhältnisse Rn. 1001.

welche das Rechtsverhältnis in seinem Bestand unangetastet lässt.[170] Die Entscheidung über die Geltendmachung des Kündigungsrechts als einseitig auszuübendes Gestaltungsrecht steht zwar im Belieben des jeweiligen Berechtigten, jedoch nicht die Reichweite der Gestaltungswirkung.[171] Diese muss sich insbesondere aus Gründen der Rechtsklarheit und Rechtssicherheit für den Kündigungsempfänger aus dem Gesetz ergeben.[172] Die Rechtfertigung einer Kündigung des gesamten Vertragsverhältnisses gegen den Willen des Vertragspartners ergibt sich im Unterschied zu einer Teilkündigung aus dem insoweit vorrangigen Grundsatz der Privatautonomie, dass sich kein Rechtssubjekt auf Dauer der eigenen Gestaltungsfreiheit entledigen kann.[173] Sich selbst einseitig seiner lästigen Pflichten zu entziehen, jedoch gleichzeitig die andere Partei an ihren Verbindlichkeiten festzuhalten, verstößt im Ausgangspunkt gegen den Grundsatz von Treu und Glauben nach § 242 BGB.[174] Soweit Teilleistungen vertraglich nicht zugelassen sind, lässt sich auch § 266 BGB gegen die Möglichkeit der Teilkündigung anführen, wonach einheitliche Schulden vom Schuldner auch einheitlich zu erbringen sind.[175] Nach überwiegender Ansicht soll eine Teilkündigung daher nur zulässig sein, wenn diese vertraglich vereinbart wurde oder gesetzlich vorgesehen ist.[176] Das ist im Kern zutreffend, denn im Falle der Teilkündigung zeigt sich ein Spannungsverhältnis zwischen der weitgehenden Vertragsdurchführung und einem Eingriff in die Privatautonomie gemäß Art. 2 Abs. 1 GG in Form eines Kontrahierungszwangs, wenn der Kündigungsempfänger den Restvertrag isoliert nicht abgeschlossen hätte.[177] Eine solche Entscheidung unterliegt dem Gesetzesvorbehalt und bedarf daher einer gesetzlichen Grundlage.[178] Dass die Zulässigkeit der Teilkündi-

---

170 Siehe dazu bereits § 2 A I.
171 Vgl. *Popescu*, BauR 2016, 577 (581).
172 *Herschel*, BB 1958, 160 (162).
173 Siehe dazu bereits § 2 A I.
174 BGH NJW 1993, 1320 (1322).
175 So *Gernhuber*, Erfüllung § 8, 4.
176 Grüneberg/*Grüneberg*, Vorb v § 346 BGB Rn. 9; *Herschel*, BB 1958, 160 (162); *Hromadka*, DB 1995, 1609; MüKoBGB/*Gaier*, § 314 BGB Rn. 42; NK-BGB/*Jung*, § 314 BGB Rn. 58; Enneccerus/*Lehmann*, § 24 II; *Molitor*, Die Kündigung S. 45; *Schrooten*, Die Teilkündigung als Gestaltungsrecht im Bereich der Dauerschuldverhältnisse S. 102 f.
177 Vgl. *Hoffmann*, JuS 2017, 1045.
178 So auch *Scholz*, Gestaltungsrechte im Leistungsstörungsrecht S. 157.

gung in anderen Vorschriften des BGB speziell geregelt wurde, unterstreicht deren Ausnahmecharakter.[179]

Diese dem Schutz des Vertragspartners dienenden Grundsätze können allerdings dann eine Einschränkung erfahren, wenn dieser keines Schutzes bedarf.[180] Das ist insbesondere der Fall, wenn die Pflichten von dem übrigen Leistungsprogramm klar getrennt werden können und folglich ein Eingriff in das Äquivalenz- und Ordnungsgefüge des Vertrages ausscheidet.[181] Bei einem Werkvertrag wie dem Bauvertrag werden oftmals zahlreiche verschiedene Leistungen zusammen in einem Auftrag vergeben. Der Eingriff in das vertragliche Äquivalenzgefüge stellt sich bei der Kündigung einzelner Leistungen daher regelmäßig geringer dar als bei der Kündigung einzelner vertraglicher Abreden in einem einheitlichen Vertrag.[182] Darüber hinaus kann die Teilkündigung für den ausführenden Unternehmer ebenfalls sinnvoll erscheinen und ist nicht stets nachteilig für diesen. Die Ausnahmen von dem Grundsatz der Unzulässigkeit der Teilkündigung sind also zuvorderst aus der Bewertung der Interessen auf der Seite des Kündigungsempfängers zu suchen.[183]

2. Lösungsansätze zur Begründung eines Teilkündigungsrechts im Werkvertragsrecht

Ebenso wie bei der Kündigung des gesamten Vertrages wurde daher mangels ausdrücklicher Regelung die Zulässigkeit der Teilkündigung aus wichtigem Grund diskutiert.

a. Zulässigkeit der Teilkündigung nach der Rechtsprechung

Die Möglichkeit der Teilkündigung wurde in der Rechtsprechung für den Werkvertrag anerkannt. So hat der BGH im Rahmen eines eine Nichtzulassungsbeschwerde zurückweisenden Beschlusses ohne weitere Problema-

---

179 Teilkündigungsrechte sind im BGB in § 489 Abs. 1 BGB, § 608 Abs. 2 BGB, § 573b Abs. 1 BGB vorgesehen, siehe ausführlicher § 3 A I 2.
180 Soergel/*Teichmann*, § 314 BGB Rn. 53.
181 Vgl. *Peukert*, AcP 205 (2005), 430 (441); APS/*Preis,* Grundlagen E. Rn. 15.
182 Ähnlich NK-BGB/*Jung*, § 314 BGB Rn. 58; BeckOGK/*Martens*, § 314 BGB Rn. 73 (Stand: 15.04.2023).
183 Soergel/*Teichmann*, § 314 BGB Rn. 53.

tisierung die Teilkündigung eines Architektenvertrages hinsichtlich einer Leistung, die sich auf die Decke eines Schwimmbades bezog, angenommen.[184] Der BGH ließ somit von dem Grundsatz, dass Teilkündigungen nur bei vertraglicher Vereinbarung oder einer gesetzlichen Regelung zulässig sind, Ausnahmen zu.[185]

b. Zulässigkeit der Teilkündigung in der Literatur

aa. Unbegrenzte Möglichkeit der Teilkündigung

In der Literatur hingegen wurde die Möglichkeit der Teilkündigung zwar ebenfalls anerkannt, allerdings die Reichweite der Teilkündigung uneinheitlich beurteilt.

Sofern der BGB-Bauvertrag nach den dargestellten Grundsätzen entsprechend zu § 314 BGB oder einer anderen dogmatischen Herleitung aus wichtigem Grund kündbar war, wurde vertreten, dass auch eine Teilkündigung aus wichtigem Grund als Minus möglich ist.[186] Das Recht des Bestellers zur Teilkündigung sollte im Ausgangspunkt unbegrenzt gelten, da sich dem Gesetz keinerlei Hinweise entnehmen ließen, dass die Teilkündigung in diesem Sinne nur beschränkt zulässig gewesen sein soll.[187] Einschränkungen hätten sich lediglich aus dem Gebot der Rücksichtnahme nach Treu und Glauben ergeben.[188] Folglich habe der Kündigungsabschnitt nicht so gewählt werden dürfen, dass dadurch die Abgrenzung von den noch zu erbringenden Leistungen hinsichtlich Abrechnung und Mängelhaftung unmöglich wird. Allgemeine bei Kündigungen auftretende Abgrenzungsschwierigkeiten wie von bereits erbrachten und vom Nachfolgeunternehmer noch zu erbringenden Leistungen und damit einhergehende Abrechnungsprobleme oder Schwierigkeiten bei der nachträglichen Feststellung der Verantwortung für fehlerhafte Leistungen seien dabei jedoch nicht ge-

---

184 BGH Beschl. v. 12.11.2009 – VII ZR 39/07, BeckRS 2009, 86674 (abrufbar in beck-online).
185 So BGH NJW 1993, 1320 (1322), wonach eine Teilkündigung grundsätzlich unwirksam ist.
186 So *Kirberger*, BauR 2011, 343 (346); so auch für das Arbeitsrecht *Joachim*, RdA 1957, 326 (329).
187 *Kirberger*, BauR 2011, 343 (345).
188 *Kirberger*, BauR 2011, 343 (345).

eignet gewesen, die Zumutbarkeit zu verneinen.[189] Die Grenze sei daher in diesen Fällen deutlich darüber hinaus angesiedelt, sodass praktisch ein Fall einer derartigen unter Zumutbarkeitserwägungen unzulässigen Teilkündigung kaum jemals aufgetreten sei.

Die Lösung stillte das Bedürfnis nach einer Teilkündigung hinreichend. Als problematisch ist jedoch anzusehen, dass ein Eingriff in das vertragliche Äquivalenzgefüge mangels Beschränkung der Teilkündigung nicht ausgeschlossen war und auch keine Rechtfertigung in Form einer gesetzlichen Regelung bestand. Die Teilkündigung stellt sich zwar in der Reichweite ihrer Gestaltungswirkung als ein Minus zur Vollkündigung dar, hinsichtlich ihrer Auswirkungen ist sie allerdings streng genommen ein *aliud*.[190] Die Teilkündigung ist für den Unternehmer zwar nicht immer nachteilhaft, da er durch die teilweise Weiterbeauftragung Umsatz generiert und zudem seinen Geschäftsbetrieb planbar für die Zukunft neu einsetzen kann, während das Vertragsverhältnis bei einer Kündigung des gesamten Vertrages sofort endet. Allerdings ist das eine Frage des Einzelfalls und kann nicht zu der generellen Annahme führen, dass sich die Teilkündigung als weniger einschneidend darstellt. Dennoch ist der dogmatischen Herleitung zuzugeben, dass sich die Möglichkeit der Teilkündigung im Ausgangspunkt an die der Vollkündigung anlehnt. Insgesamt stößt die Lösung aber trotz der praktischen Handhabung auf dogmatische Bedenken.

bb. Teilkündigung bei getrennt abrechenbaren Leistungen

Weiterhin wurde das Recht zur Teilkündigung aus wichtigem Grund wie bei der Kündigung des gesamten Vertrages mit einem *argumentum a maiore ad minus* zu der freien Teilkündigung begründet.[191] Die freie Teilkündigung wurde einerseits mangels eines Ausschlusses in § 649 Abs. 1 BGB aF und andererseits wegen dem Sinn und Zweck des freien Kündigungsrechts als zulässig erachtet.[192] Denn wie bereits dargelegt wurde, wird durch das freie Kündigungsrecht zuvorderst die Dispositionsfreiheit des Bestellers gewährleistet, während die Interessen des Unternehmers einzig durch den

---

189 *Kirberger*, BauR 2011, 343 (345).
190 A.A. *Joachim*, RdA 1957, 326 (329).
191 *Lang*, BauR 2006, 1956 (1958).
192 *Lang*, BauR 2006, 1956 (1957); BGB-RGRK/*Glanzmann*, § 649 BGB Rn. 3.

verbleibenden Vergütungsanspruch berücksichtigt werden.[193] Es wurde angeführt, dass wenn dem Besteller schon bei der freien Kündigung offenstehe, ob und in welchem Umfang er die noch ausstehende Leistung in Anspruch nehmen wolle, dann müsse dies bei der Kündigung aus wichtigem Grund erst recht gelten.[194] Denn hier habe der Vertragspartner einen wichtigen Grund für die Kündigung gesetzt und sei mithin als nicht schutzwürdig anzusehen.[195] Gefordert wurde, dass die Teilkündigung getrennt abrechenbare Teile der Gesamtleistung betrifft, welche sich aus der Aufgliederung des Bauvertrages oder aus dem Zusammenhang mit der schon ausgeführten Leistung ergeben können.[196] Hintergrund dieses Erfordernisses war, dass bei einer Kündigung aus wichtigem Grund anders als bei einer freien Kündigung der Anspruch für die nicht mehr zu erbringenden Leistungen ersatzlos entfällt, sodass eine aufteilende Abrechnung erfolgen muss, bei der die zu schützenden Belange des Unternehmers nicht automatisch durch die Beweislastregel des § 649 S. 2 Hs. 2 BGB aF gewahrt wurden.[197] Zwar werden bei einer Kündigung aus wichtigem Grund ohnehin die Leistungen nach dem Ist-Zustand zum Zeitpunkt ihres Zugangs beurteilt, allerdings sollten die sich daraus ergebenden Abrechnungsschwierigkeiten nicht noch unnötig zusätzlich vergrößert werden.[198] Die Anforderungen an eine Teilkündigung waren demnach höher als bei der zuvor dargestellten Lösung.

Auch gegen diese dogmatische Herleitung ließ sich wiederum anführen, dass die Regelung über die freie Kündigung und die Kündigung aus wichtigem Grund unterschiedliche Regelungsgehalte aufweisen und daher auch die Teilkündigung aus wichtigem Grund keinen Fall der freien Teilkündigung darstellt.[199] Für die Anforderung eines getrennt abrechenbaren Teils sprach, dass der Eingriff in das Äquivalenz- und Ordnungsgefüge geringgehalten wird und so die Interessen des Vertragspartners ausreichend gewahrt werden. Gleichzeitig wurde der Anwendungsbereich nicht zu stark eingeschränkt.

---

193 Siehe dazu bereits § 2 A II 1.
194 *Lang*, BauR 2006, 1956 (1958).
195 *Lang*, BauR 2006, 1956 (1958); L/B/D-L/*Sonntag*, § 648a BGB Rn. 62; a.A. Soergel/ *Teichmann*, § 314 BGB Rn. 53, wonach die Kündigung kein Sanktionsmittel darstellt, sondern das Beendigungsinteresse des Kündigenden als vorrangig bewertet.
196 *Lang*, BauR 2006, 1956 (1958).
197 *Lang*, BauR 2006, 1956 (1958).
198 *Lang*, BauR 2006, 1956 (1958).
199 Siehe dazu bereits § 2 A II 2 b aa.

cc. Teilkündigung unter Rückgriff auf § 313 BGB?

Letztlich wurde teilweise ein allgemeines Teilkündigungsrecht aus wichtigem Grund für Dauerschuldverhältnisse ohne Einschränkungen für zulässig erachtet und auf das Institut der Störung der Geschäftsgrundlage gemäß § 313 BGB als ein allgemein geltendes, subsidiäres Rechtsinstitut gestützt.[200] Demnach sei § 313 BGB als Grundtatbestand für alle Vertragsstörungen aufzufassen, sodass jede relevante Störung zugleich einen wichtigen Grund zur Kündigung des Vertrages begründe, sofern das Gesetz keine Sonderregelungen enthalte. § 313 Abs. 1 BGB sehe zwar lediglich einen Anspruch auf Vertragsanpassung vor, jedoch könne aus dem Regelungszweck die Möglichkeit abgeleitet werden, dem Betroffenen ein Gestaltungsrecht dergestalt einzuräumen, dass er bei Bestehen eines wichtigen Grundes ein Teilkündigungsrecht besitze. Denn bei einer Störung der Geschäftsgrundlage könne einer der Beteiligten die Anpassung des Vertrages gegen den Willen des anderen Vertragspartners verlangen.[201] Im Ergebnis setze damit eine Partei durch die inhaltliche Änderung eines fortbestehenden Vertrages eigene Interessen gegen den Willen des anderen Teils durch. Bestehe die von einer Vertragspartei angestrebte Vertragsanpassung in einer Reduzierung bestimmter Verpflichtungen oder im Wegfall einzelner Vereinbarungen, spreche nichts dagegen, diese Änderung dem Berechtigten durch ein Teilkündigungsrecht selbst zu ermöglichen, statt diese mittels Klage durchzusetzen. Zudem störe das Recht zur Teilkündigung nicht das Äquivalenzverhältnis, sondern stelle dieses im Falle einer Störung legitimiert durch § 313 Abs. 1 BGB in dem Umfang der Störung wieder her.[202] Die Gestaltungswirkung sei nicht an ein Alles-oder-Nichts-Prinzip gebunden. Voraussetzung sei lediglich, dass die Kündigung bestimmt genug sei und der Kündigungsempfänger die Gestaltungswirkung hinreichend erkennen könne.[203] Dann führe die teilweise Gestaltungswirkung nicht zu einer besonderen Rechtsunsicherheit.

Damit wird dem Grundsatz, dass die Teilkündigung nur in den gesetzlich vorgesehenen Fällen und bei vertraglicher Vereinbarung zulässig ist, ebenfalls widersprochen. Die Ausführungen konnten vor der Reform entsprechend für den Bauvertrag als Langzeitvertrag herangezogen werden.

---

200 So *Kießling/Becker*, WM 2002, 578 (581).
201 *Kießling/Becker*, WM 2002, 578 (581).
202 *Kießling/Becker*, WM 2002, 578 (582).
203 *Kießling/Becker*, WM 2002, 578 (582).

Allerdings überzeugt die Herleitung der Teilkündigung im Wege des Vertragsanpassungsrechts gemäß § 313 Abs. 1 BGB nicht. Die Vorschrift sieht ausdrücklich nur einen Vertragsanpassungsanspruch vor und nicht die einseitige Umsetzung eines solchen. Dieses Recht kann im Wege der Klage durchgesetzt, jedoch nicht einseitig diktiert werden.[204] Auch wird das vertragliche Äquivalenzverhältnis nicht immer durch die Teilkündigung hergestellt, sondern ein Vertrag mit neuem Inhalt bestimmt.[205] Die Parteien haben den Vertrag zu den neuen Konditionen gerade nicht geschlossen. Letztlich stellt auch nicht jeder wichtige Grund eine Grundlagenstörung dar.[206] Die Problematik der dogmatischen Grundlage der Teilkündigung wird somit nur umgangen, jedoch nicht gelöst. Ein allgemeines Recht zur Teilkündigung legitimiert durch § 313 Abs. 1 BGB lässt sich somit nicht begründen.[207]

3. Zwischenfazit zur Rechtslage der Teilkündigung vor der Reform

Vor der Reform wurde eine Teilkündigung für den Bauvertrag, wenn auch mit verschiedenen Begründungen und Nuancen, insgesamt für zulässig erachtet. Die allgemeine Zulässigkeit einer Teilkündigung ohne gesetzliche Regelung stößt insgesamt auf dogmatische Bedenken. Die Teilkündigung lehnt sich zwar an die Möglichkeit der Vollkündigung an, allerdings handelt es streng genommen um kein Minus, sodass diese nicht die gleiche dogmatische Rechtsgrundlage teilen. Die Ausführungen hinsichtlich der Voraussetzungen einer Teilkündigung verdeutlichen, welche Unsicherheiten sich ergaben. Dabei ist zu beachten, dass je strenger die Anforderungen an die Teilkündigung waren, desto eher schied ein Eingriff in das vertragliche Äquivalenzgefüge aus mit der Folge, dass die Teilkündigung weniger den Anliegen in der Praxis gerecht wurde.[208] Für die Parteien bestand damit vor der Reform ein nicht kalkulierbares Risiko, wann eine Teilkündigung zulässig war. Erneut zeigt sich das Regelungsdefizit, das vor der Reform im Werkvertragsrecht bestand. Dabei muss noch einmal unterstrichen werden, dass nicht einmal die Vollkündigung eine gesetzliche Regelung erfuhr.

---

204 A.A. *Kießling/Becker*, WM 2002, 578 (582).
205 MüKoBGB/*Finkenauer*, § 313 BGB Rn. 102.
206 Siehe dazu noch § 5 B III.
207 I.E. ebenso *Scholz*, Gestaltungsrechte im Leistungsstörungsrecht S. 157.
208 Siehe dazu noch § 3 A II zur Voraussetzung des in sich abgeschlossenen Teils gemäß § 8 Abs. 1 Nr. 1 S. 2 VOB/B.

Die bestehenden Regelungen reichen nicht aus, um einem längerfristigen Werkvertrag gerecht zu werden. Der Ausgleich dieses Defizits ging somit stets zulasten einer konsistenten Dogmatik.

IV. Neue Rechtslage seit 2018 im Werkvertragsrecht

In § 648a Abs. 2 BGB wird von nun an ein Teilkündigungsrecht aus wichtigem Grund für alle Werkverträge geregelt. Insofern klärt die neue Rechtslage ausdrücklich die bisherigen Unsicherheiten hinsichtlich der Zulässigkeit und den Voraussetzungen einer Teilkündigung. Die Teilkündigung erfährt nun die geforderte gesetzliche Legitimation. In der Ausgestaltung entspricht diese einer in der Literatur zum alten Recht vertretenen Ansicht und setzt einen abgrenzbaren Teil hinsichtlich des geschuldeten Werks voraus.[209] Der Gesetzgeber führt zutreffend aus, dass in Anbetracht des Umfangs der in einem Werkvertrag vereinbarten Werkleistungen und der in einem solchen Vertrag oftmals gebündelten unterschiedlichen Leistungen, die Möglichkeit zur Teilkündigung der Parteien sinnvoll erscheint.[210] Damit wird beiden Parteien trotz des Vorliegens eines wichtigen Grundes ermöglicht, eine für sie wirtschaftlich sinnvolle Entscheidung zu treffen.[211] Die Teilkündigung kann sowohl vom Unternehmer als auch vom Besteller erklärt werden. Das Gesetz differenziert insoweit nicht.

C. Kündigungsrechte beim VOB/B-Bauvertrag und Verhältnis zum Kündigungsrecht nach § 648a BGB

Besonderheiten bezüglich der (Teil-)Kündigung aus wichtigem Grund können sich ergeben, wenn es sich bei dem Werkvertrag um einen Bauvertrag handelt und die VOB/B Vertragsbestandteil wurde. Die VOB/B wird vom Deutschen Vergabe- und Vertragsausschuss für Bauleistungen (DVA) herausgegeben.[212] Die aktuelle Ausgabe ist von 2016. Bei der VOB/B handelt es sich um einen Mustervertrag und damit um allgemeine Geschäftsbedin-

---

209 So bereits *Kirberger*, BauR 2011, 343 (345).
210 BT-Drs. 18/8486, 51.
211 Siehe dazu bereits § 2 B II.
212 Dazu L/D/D-L/*Dauner-Lieb*, Vor § 631 BGB Rn. 32.

gungen (AGB) im Sinne von § 305 Abs. 1 S. 1 BGB.[213] Insbesondere der BGH ist einer Einordnung als Rechtsnorm entgegengetreten.[214] Gemäß § 305 Abs. 1 BGB muss die VOB/B als AGB daher ausdrücklich oder schlüssig in den Vertrag einbezogen worden sein. Die VOB/B verwendet statt den Begriffen des Bestellers und Unternehmers die Begriffe des Auftraggebers und Auftragnehmers.

In § 8 VOB/B werden für den Auftraggeber und in § 9 VOB/B für den Auftragnehmer verschiedene Kündigungsgründe normiert.[215] Das in § 8 Abs. 1 VOB/B vorgesehene jederzeitige Kündigungsrecht entspricht dabei dem freien Kündigungsrecht gemäß § 648 S. 1 BGB. Daneben regelt § 8 Abs. 2 bis 4 VOB/B die Kündigung aus wichtigem Grund durch den Auftraggeber, wobei nicht der gesetzliche Begriff der Kündigung aus wichtigem Grund verwendet wird. Aus den jeweils vorgegebenen Rechtsfolgen ergibt sich jedoch, dass die Tatbestände von § 8 Abs. 2, Abs. 3, Abs. 4 VOB/B als spezielle Fallgruppen einer Kündigung aus wichtigem Grund anzusehen sind. Der Tatbestand nach § 8 Abs. 3 VOB/B nimmt dabei auf andere Klauseln der VOB/B Bezug, bei denen eine die Kündigung rechtfertigende Pflichtverletzung gegeben ist. In § 8 Abs. 3 Nr. 1 S. 2 BGB ist zudem die Möglichkeit einer Teilkündigung für einen in sich abgeschlossenen Teil der vertraglichen Leistung vorgesehen. § 9 VOB/B regelt hingegen Kündigungsgründe für den Auftragnehmer. Eine Teilkündigung für den Auftragnehmer ist indes nicht vorgesehen.

Generell sind die Vorschriften im Anwendungsbereich der VOB/B nicht abschließend und lassen damit die Anwendung der gesetzlichen Vorschriften unberührt, wenn und soweit die VOB/B keine Sonderregelungen enthält und die Besonderheiten des Bauvertrages nicht entgegenstehen.[216] Die VOB/B enthält keine dem § 648a Abs. 1 BGB entsprechende generalklauselartige Regelung zur Kündigung aus wichtigem Grund. Wenn somit ein weiteres Festhalten am Vertrag unzumutbar ist, ohne dass ein Kündigungsgrund nach der VOB/B vorliegt, ist ein Rückgriff auf die gesetzliche Regelung des § 648a BGB möglich.[217] Das kommt zum Beispiel bei einer Kündigung als Reaktion auf eine unwirksame Kündigung in Betracht.[218]

---

213 BGHZ 86, 135; BGHZ 142, 46; BGHZ 178, 1; BeckOGK/*Kober,* § 634 BGB Rn. 768 (Stand: 01.04.2023).
214 BGH NJW-RR 1998, 235; BGHZ 142, 46 (50).
215 Näher zu den einzelnen Kündigungsgründen § 3 B IV und § 5 A I.
216 BGHZ 65, 372 (374 ff.).
217 MüKoBGB/*Busche,* § 648a BGB Rn. 19.
218 OLG Frankfurt/Main BauR 2017, 2012, 2013; siehe dazu noch § 4 B VI.

Die vertraglich vereinbarten Regelungen in der VOB/B dürfen allerdings nicht umgangen werden. Hinsichtlich der Ausgestaltung und der Folgen einer Kündigung verdrängen daher die Regeln des § 8 Abs. 3 VOB/B die Regelungen aus § 648a Abs. 2 bis 6 BGB kraft vertraglicher Vereinbarung auch jenseits der in der VOB/B geregelten Kündigungsgründe.[219] Daraus folgt, dass die Teilkündigung den strengeren Voraussetzungen eines abgrenzbaren Teils gemäß § 8 Abs. 3 Nr. 1 S. 2 VOB/B unterliegt.[220] § 8 Abs. 6 und § 9 Abs. 2 S. 1 VOB/B sehen darüber hinaus ein Schriftformerfordernis für die Kündigung vor. § 8 Abs. 7 VOB/B enthält Regelungen für Aufmaß, Abnahme und Abrechnung.

---

219 Ingenstau/Korbion/*Joussen*, Vor §§ 8 und 9 VOB/B Rn. 61.
220 Siehe zu den Voraussetzungen § 3 A II.

§ 3. Voraussetzungen der Teilkündigung gemäß § 648a Abs. 2 BGB

Nach § 648a Abs. 2 Hs. 2 BGB ist eine Teilkündigung aus wichtigem Grund möglich, wenn sich diese auf einen abgrenzbaren Teil des geschuldeten Werks bezieht. Aufgrund der Natur der Teilkündigung aus wichtigem Grund und der systematischen Stellung muss zudem ein wichtiger Grund gemäß § 648a Abs. 1 BGB gegeben sein. Im Folgenden werden daher die einzelnen Tatbestandsmerkmale und ihr Verhältnis zueinander untersucht.

A. Abgrenzbarer Teil des geschuldeten Werks

I. Bestimmung des abgrenzbaren Teils des geschuldeten Werks

Das zentrale Tatbestandsmerkmal der Teilkündigung ist das Betroffensein eines abgrenzbaren Teils des geschuldeten Werks. Wann Teile abgrenzbar sein sollen, definiert das Gesetz nicht. Auch der Wortlaut der Norm hilft bei der Beantwortung der Frage nicht weiter. Nach dem gewöhnlichen Sprachgebrauch bedeutet „abgrenzbar" lediglich, dass es sich um einen klar abgrenzbaren Teil eines Ganzen handeln muss. Im Falle von § 648a Abs. 1 BGB also hinsichtlich des geschuldeten Werks.

Angesichts des offenen Wortlauts der Vorschrift ist für die Auslegung der Voraussetzung des abgrenzbaren Teils insbesondere die Gesetzesbegründung von besonderer Bedeutung.[221] Laut dem Gesetzgeber ist entscheidend, dass die Vertragspartner eine klare Abgrenzung von der danach von einem anderen Werkunternehmer zu erbringenden Leistung vornehmen können und der von der Kündigung betroffene Unternehmer in der Lage ist, die von ihm noch geschuldeten Leistungen ohne Beeinträchtigung zu erbringen.[222] Nach Ansicht des Gesetzgebers sei das Kriterium „abgrenzbarer Teil des geschuldeten Werks" dafür ausreichend.

Die Bestimmung der Abgrenzbarkeit ist daher anhand eines Merkmals vorzunehmen, welches geeignet ist, die Leistung in diesem Sinne klar auf-

---

221 Kniffka ibrOK BauVertrR/*Schmitz*, § 648a BGB Rn. 38 (Stand: 06.03.2023).
222 BT-Drs. 18/8486, 51.

zuteilen. In sich abgrenzbar sind damit zunächst einzelne Gewerke wie Elektro- oder Fliesenlegerarbeiten. Aber auch innerhalb eines Gewerks kommt eine räumliche sowie gegenständliche Abgrenzung der Leistung in Betracht.[223] So sind beispielsweise bei Wand- oder Bodenarbeiten die Leistungen in den einzelnen Räumen abgrenzbar. Eine Abgrenzbarkeit kann sich auch in funktionaler oder technischer Hinsicht ergeben.[224] Darüber hinaus kann auch eine zeitliche Abgrenzung in Betracht kommen, welche allerdings oftmals mit den vorherigen Kriterien einhergeht.[225] Außerdem können auch die bisher ausgeführten Leistungen als Anhaltspunkt für die Bestimmung der Abgrenzbarkeit dienen. So kann im Rahmen der Teilkündigung gewollt sein, dass der bisherige Abschnitt fertiggestellt werden soll.[226] Die Bandbreite ist mithin denkbar weit.

Neben diesen allgemeinen Merkmalen kann auch die konkrete Ausgestaltung des Vertrages eine Orientierung für einen abgrenzbaren Teil bieten. Bei einem Generalunternehmervertrag sind mit den einzelnen Leistungen verschiedene Unternehmer beauftragt, sodass als Anhaltspunkt für die Abgrenzbarkeit auch die einzelne Beauftragung dienen kann.[227] Wenn zudem im Vertrag selbst eine kleinteilige Aufteilung der Gesamtleistung vorgenommen worden ist, muss folglich auch die Teilkündigung eines Vertrages anhand dieser Kriterien möglich sein.[228] Darunter fallen beispielsweise bestimmte Lose einer technisch einheitlichen Leistung, denn wenn der Unternehmer losweise beauftragt werden kann, muss er im Umkehrschluss auch losweise gekündigt werden können.[229] An einer solchen Aufteilung im Vertrag muss sich der Vertragspartner demnach festhalten lassen. Daher sind auch einzelne Positionen eines Leistungsverzeichnisses der Teilkündigung

---

223 PWW/*Leupertz/Halfmeier*, § 648a BGB Rn. 9; Leupertz/Preussner/Sienz/*Sienz* BauvertrR, § 648a BGB Rn. 24; Kuffer/Wirth/*Schwartz*, Kapitel 1 Rn. 372 fordert darüber hinaus einen selbstständigen Bestandteil der Vertragsleistung, welcher unabhängig von der sonstigen Ausführung der Vertragsleistung bearbeitet werden kann. Dies dürfte den Begriff der Abgrenzbarkeit aber überdehnen.

224 Leupertz/Preussner/Sienz/*Sienz* BauvertrR, § 648a BGB Rn. 24 weist zutreffend darauf hin, dass insbesondere bei einer funktional beschriebenen Abgrenzung zu prüfen ist, ob eine klare Zuordnung der Leistung zur nicht gekündigten oder zur gekündigten Teilleistung gewährleistet ist.

225 Vgl. BGH NJW 2009, 3717 Rn. 23.

226 Vgl. OLG Frankfurt/Main NJW-RR 2020, 10 Rn. 123.

227 Vgl. dazu den Beispielsfall unter § 2 B II.

228 So auch für den IT-Vertrag Auer-Reinsdorff/Conrad/*Conrad/Witzel*, § 18 Rn. 349 mit der Folge, dass IT-Projekte klarer in Einheiten unterteilt werden sollten.

229 *Langen*, NZBau 2015, 658 (661).

zugänglich.[230] Die Aufteilung im Vertrag kann letztlich nur als weiterer Anhaltspunkt dienen, da auch innerhalb der vertraglichen Aufteilung ein abgrenzbarer Teil nach den oben genannten Kriterien gegeben sein kann. Für eine bloße Orientierung an der Aufteilung im Vertrag spricht auch, dass sich die Teilkündigung dem Wortlaut nach auf einen abgrenzbaren Teil des „geschuldeten Werks" beziehen muss und nicht wie ursprünglich vorgesehen auf einen „im Vertrag abgrenzbaren Teil der Leistung".[231]

Den Parteien kommt mithin ein weiter Ermessensspielraum hinsichtlich der Annahme eines abgrenzbaren Teils zu, was dementsprechend zu einer großzügigen Handhabung der Teilkündigung führt.[232] Die Anforderungen an die Abgrenzbarkeit sind auch deshalb nicht allzu hoch anzusetzen, weil es auch bei einer Vollkündigung zu einer kleinteiligen Aufspaltung des Werkvertrages kommen kann, wenn sich diese auf sämtliche noch auszuführenden Leistungen bezieht.[233] Die bisher aufgestellten Kriterien zur Abgrenzbarkeit können allerdings aus Zumutbarkeitserwägungen eine Einschränkung erfahren. Aufgrund des Wortlauts der Vorschrift muss diese unzumutbare Beeinträchtigung für den Unternehmer hinsichtlich der teilweise weitergeschuldeten Leistung im Zusammenhang mit der Abgrenzung zur entzogenen Teilleistung stehen.[234] Dabei obliegt es dem Kündigenden zum Zeitpunkt der Kündigungserklärung einzuschätzen, ob die weitere Leistung durch die Aufteilung beeinträchtigt wird, was insbesondere für den Besteller in Grenzfällen schwierig sein kann.[235] Eine unzumutbare Beeinträchtigung des Unternehmers kann gegeben sein, wenn die Arbeiten an den durch die Teilkündigung bedingten Schnittstellen unvermeidbar erschwert werden.[236] Die Abgrenzbarkeit scheidet demnach aus, wenn einheitliche Herstellungs- und Installationsprozesse auseinandergerissen werden. Gleiches gilt, wenn Gewährleistungsschnittstellen nicht mehr bestimmt werden können oder die Abrechnung der Leistungen unzumutbar erschwert wird.[237] Die Auswirkungen von bestehenden Mängeln infolge der

---

230 Leinemann/Kues/*Geheeb,* § 648a BGB Rn. 62; L/B/D-L/*Sonntag,* § 648a BGB Rn. 64.

231 So noch Referentenentwurf des Bundesministeriums der Justiz und für Verbraucherschutz vom 10.09.2015 S. 54.

232 L/B/D-L/*Sonntag,* § 648a BGB Rn. 64.

233 Grüneberg/*Retzlaff,* § 648a BGB Rn. 8.

234 Kompendium des Baurechts/*Kniffka,* Teil 8 Rn. 12.

235 Kompendium des Baurechts/*Kniffka,* Teil 8 Rn. 12.

236 Kompendium des Baurechts/*Kniffka,* Teil 8 Rn. 12.

237 NK-BGB/*Lührmann/Raab,* § 648a BGB Rn. 19; siehe bereits § 2 B III 2 b aa.

Teilung des Vertrages können bei der Bestimmung der Unzumutbarkeit ebenfalls nur einen Anhaltspunkt und kein feststehendes Kriterium bilden, da auch Fälle vorstellbar sind, in denen die Mangelhaftigkeit des gekündigten Teils geeignet ist, Mängel am übrigen Werk zu begründen, aber nicht zum Ausschluss einer Teilkündigung führt.[238] Denn ein abgrenzbarer Teil liegt zumindest immer dann vor, wenn die Teilleistung üblicherweise Gegenstand einer eigenständigen Beauftragung sein kann. Demnach wird eine Teilkündigung bei einem verkörperten Werkvertrag in nur wenigen Fällen ausscheiden.[239]

Letztlich obliegt die Bestimmung des abgrenzbaren Teils vor dem bisherigen Hintergrund der Einzelfallentscheidung. Die obigen Kriterien bieten aber ausreichend Anhaltspunkte für eine solche Bestimmung. Durch die weite Formulierung bietet die Regelung die Flexibilität, die notwendig ist, um das Rechtsinstitut der Teilkündigung sinnvoll einsetzen zu können. Abstrakt lässt sich festhalten, dass ein abgrenzbarer Teil des geschuldeten Werks einen beliebigen Teil der Gesamtleistung darstellt, ohne dass der bisherige Unternehmer infolge der Abgrenzung unzumutbar belastet wird.

II. Vergleich mit dem Begriff der Teilkündigung in der VOB/B

Voraussetzung einer Teilkündigung gemäß § 8 Abs. 3 Nr. 1 S. 2 VOB/B ist ein in sich abgeschlossener Teil der vertraglichen Leistung. Der BGH legt den Begriff der in sich abgeschlossen Leistung kongruent zur Regelung der Teilabnahme gemäß § 12 Abs. 2 VOB/B aus.[240] Bei der Teilabnahme gemäß § 12 Abs. 2 VOB/B folgt der enge Anwendungsbereich daraus, dass die Vorschrift allein für den Auftragnehmer günstig ist und der Auftraggeber vor unterschiedlichen Abnahmewirkungen geschützt werden muss, welche unterschiedliche Gewährleistungsfristen oder Gefahrübergänge zur Folge haben.[241] Zwar ist für die Teilkündigung ein so enger Anwendungsbereich

---

238 B/R/H/P/*Voit*, § 648a BGB Rn. 11 führt als Beispiel die gemeinsame Beauftragung von Estrich- und Fliesenarbeiten an. Wenn die Estricharbeiten gekündigt werden, sind Mängel am Estrich durchaus geeignet, Mängel an den Fliesenarbeiten zu begründen, dennoch wird man eine Teilbarkeit bejahen können.

239 Vgl. BGHZ 167, 345 Rn. 24; so bereits vor der Reform *Kirberger*, BauR 2011, 343 (345).

240 BGH NJW 2009, 3717 Rn. 20; ablehnend Messerschmidt/Voit/*Voit*, § 8 VOB/B Rn. 13.

241 BGH NJW 2009, 3717 Rn. 21.

nicht zwingend erforderlich, jedoch wird ein solcher damit begründet, dass die VOB/B als AGB zu qualifizieren ist und ein Begriff bei Mehrfachverwendung innerhalb eines AGB-Klauselwerks einheitlich auszulegen ist.[242] Daher stellen Leistungsteile innerhalb eines Gewerks – im zu beurteilenden Fall Wärmedämmarbeiten für ein Haus, welche in drei Bauabschnitte aufgeteilt waren – grundsätzlich mangels Selbstständigkeit keine in sich abgeschlossenen Teilleistungen dar, auf welche die Auftragsentziehung beschränkt werden kann.[243] Eine solche Auslegung führt zu einem sehr engen Anwendungsbereich der Vorschrift und zu einer erheblichen Einschränkung der Teilkündigung nach der VOB/B.[244] Zudem besteht die Gefahr bei der Erklärung einer unwirksamen Teilkündigung durch den Auftraggeber, dass der Auftragnehmer seinerseits den Vertrag insgesamt aus wichtigem Grund kündigt.[245] Damit ist die Teilkündigung nach der VOB/B für die Praxis aufgrund der hohen Anforderungen und den damit einhergehenden Risiken keine gangbare Alternative zur Beendigung des gesamten Vertrages.

Diesem Problem wollte der Gesetzgeber mit der Voraussetzung des abgrenzbaren Teils gemäß § 648a Abs. 2 BGB entgegentreten. Eine der VOB/B vergleichbare Regelung der Teilabnahme, welche eine einheitliche Auslegung erforderlich machen würde, existiert im BGB nicht. Eine Teilabnahme ist zwar in § 650s BGB für den Architekten- und Ingenieurvertrag vorgesehen, allerdings hat die Regelung ein anderes Tatbestandsmerkmal als die Teilkündigung zur Voraussetzung. Das Abgrenzungskriterium des abgrenzbaren Teils soll sich nach der Gesetzesbegründung von dem in sich abgeschlossenen Teil gemäß § 8 Abs. 3 Nr. 1 S. 2 VOB/B unterscheiden, da dies eine unnötig hohe Hürde für die Vertragspartner darstellt.[246] Insofern kann bei der Auslegung des abgrenzbaren Teils gemäß § 648a Abs. 2 BGB auf die Wertung des Gesetzgebers zurückgegriffen werden, dass geringere Anforderungen als an das Merkmal des in sich abgeschlossenen Teils nach § 8 Abs. 3 Nr. 1 S. 2 VOB/B zu stellen sind. Damit kann eine Teilkündigung nach § 648a Abs. 2 BGB insbesondere innerhalb eines Gewerks erfolgen. Daher sind einzelne Teile eines Rohbaus, wie etwa eine Betondecke oder ein Stockwerk der Teilkündigung nach § 648a Abs. 2 BGB zugänglich.[247]

---

242 BGH NJW 2009, 3717 Rn. 19.
243 BGH NJW 2009, 3717 Rn. 22 f.
244 Vgl. BT-Drs. 18/8486, 51.
245 Siehe dazu § 4 B VI.
246 BT-Drs. 18/8486, 51.
247 Vgl. BGHZ 50, 160 (163), der hingegen das Vorliegen in diesen Konstellationen von in sich abgeschlossenen Teilen im Sinne von § 8 Abs. 3 Nr. 1 S. 2 VOB/B ablehnte.

III. Vergleich mit anderen Teilkündigungen im BGB

Das BGB sieht auch für andere Schuldverhältnisse als den Werkvertrag eine Teilkündigung vor. Dabei handelt es sich regelmäßig um ordentliche Kündigungsmöglichkeiten. So hat der Darlehensnehmer gemäß § 489 Abs. 1 BGB bei einem Darlehensvertrag mit gebundenem Sollzinssatz unter den dort genannten Voraussetzungen ein ordentliches Kündigungsrecht und kann den Vertrag ganz oder teilweise kündigen. Ebenso kann gemäß § 608 Abs. 2 BGB ein auf unbestimmte Zeit abgeschlossener Sachdarlehensvertrag, soweit nicht ein anderes vereinbart ist, jederzeit vom Darlehensgeber oder Darlehensnehmer ganz oder teilweise gekündigt werden. Die Teilkündigungen haben keine weiteren Voraussetzungen als die Vollkündigung und setzen damit keine gesonderte Teilbarkeit der Leistung voraus. Das ist vor dem Hintergrund der Art der Leistung gerechtfertigt. Im Unterschied dazu setzt die Teilkündigung aus wichtigem Grund gemäß § 648a Abs. 2 BGB einen abgrenzbaren Teil voraus. Folglich sind die Voraussetzungen der Teilkündigungen nicht vergleichbar, sodass aus den Vorschriften auch keine Erkenntnisse für das Merkmal des abgrenzbaren Teils gewonnen werden können.

Daneben ist in § 573b Abs. 1 BGB die Möglichkeit der Teilkündigung des Vermieters im Rahmen eines Mietverhältnisses von Wohnraummieten vorgesehen. Danach soll zwar grundsätzlich eine Teilkündigung unzulässig, jedoch ausnahmsweise möglich sein, wenn es um nicht zum Wohnen bestimmte Nebenräume oder Teile eines Grundstücks geht und der Vermieter diese Räume oder Grundstücksflächen verwenden will, um neuen Wohnraum zum Zwecke der Vermietung zu schaffen (Nr. 1) oder um den neu zu schaffenden und den vorhandenen Wohnraum mit Nebenräumen oder Grundstücksteilen auszustatten (Nr. 2). Damit bezieht sich die Teilkündigung von vornherein auf klar abgrenzbare Räume beziehungsweise Teile eines Grundstücks. Die Abgrenzbarkeit ist bereits durch den Raum an sich und durch die Zweckbestimmung, dass es sich um nicht zum Wohnen bestimmte Nebenräume beziehungsweise Grundstücksflächen handeln muss, vorgenommen. Mithin kommt der Bestimmung der Teilbarkeit im Rahmen von § 573b Abs. 1 BGB keine besondere Bedeutung zu. Parallelen und Erkenntnisse für das Tatbestandsmerkmal des abgrenzbaren Teils gemäß § 648a Abs. 2 BGB ergeben sich nur insoweit, als dass auch dort Räume oder bestimmte Teile eines Grundstücks von der Gesamtleistung abgrenzbar sind. Der abgrenzbare Teil kann darüber hinaus aber auch zu einer kleinteiligeren Abgrenzung führen und ist mithin weiter.

Daher können aus den Teilkündigungen gemäß § 489 Abs. 1 BGB, § 608 Abs. 2 BGB und § 573b Abs. 1 BGB kaum Erkenntnisse für die Abgrenzbarkeit der Teilkündigung gemäß § 648a Abs. 2 BGB gewonnen werden.

IV. Vergleich mit ähnlichen Erscheinungsformen im BGB

Das BGB befasst sich an mehreren Stellen mit dem Begriff von Teilleistungen und der damit regelmäßig einhergehenden Spaltung des Schuldverhältnisses. Der Begriff der Teilleistung wird dabei nicht einheitlich verwendet, da es um verschiedene Regelungsinhalte geht.[248] Die Teilkündigung setzt durch das Erfordernis eines abgrenzbaren Teils eine Teilbarkeit der Leistung voraus und führt ebenfalls dazu, dass die Gesamtleistung in Teilleistungen aufgespalten wird. Daher soll der Begriff des abgrenzbaren Teils im Folgenden in den Kontext der bereits bestehenden Regelungen eingeordnet und mit diesen verglichen werden.

1. Die Teilbarkeit gemäß § 139 BGB

Wenn ein Unwirksamkeitsgrund nur einen Teil des Schuldverhältnisses betrifft, stellt sich die Frage, inwiefern der von der Nichtigkeit nicht betroffene Teil weiterhin aufrechterhalten werden kann. Gemäß § 139 BGB ist das ganze Rechtsgeschäft nichtig, wenn ein Teil des Rechtsgeschäfts nichtig ist und nicht anzunehmen ist, dass es auch ohne den nichtigen Teil vorgenommen sein würde. Im Rahmen der Teilnichtigkeit gemäß § 139 BGB ist daher zunächst zu ermitteln, ob die in Rede stehende einheitliche Abrede zerlegbar ist und sodann, ob die Aufrechterhaltung des übrigen Vertrages dem hypothetischen Parteiwillen entspricht.[249] Die Vorschrift setzt also zunächst eine objektive Teilbarkeit des Rechtsgeschäfts voraus.[250] Eine solche Teilbarkeit ist gegeben, wenn nach der Abtrennung des nichtigen Teils das verbleibende Rechtsgeschäft selbstständig Bestand haben kann.[251] Teilbarkeit kommt dabei in Bezug auf einzelne Inhalte, insbesondere ein-

---

248 *Weber*, MDR 1992, 828; MüKoBGB/*Krüger*, § 266 BGB Rn. 2.
249 MüKoBGB/*Busche*, § 139 BGB Rn. 23.
250 *Keim*, NJW 1999, 2866 (2867 f.).
251 BGH NJW 2019, 2016 (2018); *Medicus/Petersen*, Allgemeiner Teil des BGB, Rn. 505; *Petersen*, JURA 2010, 419 (420).

zelne Leistungspflichten oder Zeitabschnitte sowie in Bezug auf mehrere Beteiligte in Betracht.[252] Erforderlich ist, dass eine klare Trennung zwischen dem nichtigen und dem von der Nichtigkeit nicht betroffenen Teil des Rechtsgeschäfts vorgenommen werden kann.[253] Bei einem gegenseitigen Vertrag darf durch die Trennung zudem nicht ins Synallagma eingegriffen werden, sodass sich die Leistung als auch die Gegenleistung teilen und unter Wahrung der Äquivalenz objektiv bestimmen lassen müssen.[254] Dies ist insbesondere bei einer Teilnichtigkeit wegen Sittenwidrigkeit gemäß § 138 BGB problematisch.[255] Ist eine solche Zerlegung des Vertrages nicht durchführbar, führt jede Nichtigkeit zur Gesamtnichtigkeit.[256]

Die Teilbarkeit bei der Teilnichtigkeit nach § 139 BGB weist zunächst gewisse Parallelen zu dem Tatbestandsmerkmal des abgrenzbaren Teils gemäß § 648a Abs. 2 BGB auf. Denn auch hier kommt es auf eine eindeutige Abgrenzbarkeit zwischen den Teilbereichen an, damit der bisherige Unternehmer seine noch auszuführenden Leistungen ohne Beeinträchtigung erbringen kann.[257] Ähnlich wie bei § 139 BGB ist eine solche Abgrenzung jedenfalls dann anzunehmen, wenn der entsprechende Teil Gegenstand eines eigenen Werkvertrages sein kann. In Bezug auf die objektive Teilbarkeit ähneln sich die Tatbestandsmerkmale daher. § 139 BGB setzt allerdings im Vergleich zum abgrenzbaren Teil einen strengeren Maßstab hinsichtlich der Erhaltung des Äquivalenzgefüges an. Beim abgrenzbaren Teil nach § 648a Abs. 2 BGB stellt die Erhaltung des Äquivalenzgefüges aufgrund der Weite des Begriffs vielmehr einen Nebeneffekt als ein zwingendes Erfordernis dar.[258] Auch ist die Selbstständigkeit der Leistung nicht derart streng zu bewerten. Zudem bestehen Unterschiede auf subjektiver Ebene. Während die Teilbarkeit nach § 139 BGB bei einem entgegenstehenden Willen der anderen Vertragspartei ausscheidet, kann diese im Rahmen von § 648a Abs. 2 BGB bei Vorliegen der objektiven Teilbarkeit in Form der Abgrenzbarkeit einseitig durchgesetzt werden. Denn die Teilkündigung muss nicht dem hypothetischen Willen des Kündigungsempfängers entsprechen. Dies

---

252 B/R/H/P/*Wendtland*, § 139 BGB Rn. 13; PWW/*Ahrens*, § 139 BGB Rn. 16 ff.; vgl. auch *Annweiler/Graewe*, NZG 2017, 893 (897).
253 MüKoBGB/*Busche*, § 139 BGB Rn. 24.
254 *Keim*, NJW 1999, 2866 (2868); *Petersen*, JURA 2010, 419 (420).
255 Siehe *Petersen*, JURA 2010, 419 (420).
256 *Keim*, NJW 1999, 2866 (2868).
257 Siehe BT-Drs. 18/8486, 51.
258 Siehe dazu bereits § 2 B III 2 b aa.

entspricht gerade dem Wesen der Teilkündigung.[259] Der Parteiwille kann hinsichtlich der Abgrenzbarkeit zwar durch eine bestimmte Aufteilung der Leistungen im Vertrag Berücksichtigung finden, allerdings kann dies den abgrenzbaren Teil final nur erweitern und dient nicht der Begrenzung der Teilbarkeit wie bei § 139 BGB.

Die unterschiedlichen Anforderungen sind vor dem Hintergrund verständlich, dass die Frage hinsichtlich der Teilbarkeit des Vertrages auf einer anderen Ebene stattfindet und unterschiedlich weitreichende Konsequenzen hat. Bei § 139 BGB geht es darum, das Spannungsverhältnis von Bestandsschutz des Vertrages und Kontrahierungszwang aufzulösen.[260] Wenn die Beschränkung des Vertrages auf den wirksamen Teil nicht dem hypothetischen Parteiwillen entspricht, folgt nach der Auslegungsregel des § 139 BGB zum Schutze der Privatautonomie daraus die Gesamtnichtigkeit des Geschäfts.[261] Der Teilkündigung hingegen ist bereits immanent, dass der Vertrag angesichts der Interessenlage für die Vergangenheit unangetastet bleibt, sodass es um die Erweiterung dieses Bestandsschutzes für die Zukunft geht. § 648a Abs. 2 BGB liegt insofern bereits die Annahme zugrunde, dass der Vertrag angesichts der verschieden gebündelten Leistungen geteilt werden kann. Daher heißt es dort, dass eine Teilkündigung möglich ist. Der Gesetzgeber hat bereits die Wertentscheidung vorgenommen, dass die nur teilweise Aufhebung des Vertrages unter der Voraussetzung des abgrenzbaren Teils interessengerecht ist. Während sich § 139 BGB damit primär mit der Frage der Möglichkeit der Teilung des Schuldverhältnisses und der damit einhergehenden teilweisen Aufrechterhaltung des Schuldverhältnisses auseinandersetzt, behandelt § 648a Abs. 2 BGB schwerpunktmäßig die Frage der konkreten Ausgestaltung, also der Reichweite der Vertragsdurchführung.

Der Begriff des abgrenzbaren Teils ist nach alledem nach der gesetzlichen Ausgestaltung weiter als der der Teilbarkeit nach § 139 BGB.

2. Die Teilbarkeit beim Teilrücktritt gemäß § 323 Abs. 5 S. 1 BGB

In den Fällen der teilweisen Nichterfüllung gemäß § 323 Abs. 5 S. 1 BGB sowie in § 281 Abs. 1 S. 2 BGB geht es um die Frage, ob mit unvollständig

---

259 Siehe dazu bereits § 2 B II.
260 *Hoffmann*, JuS 2017, 1045.
261 *Neuner*, BGB AT § 56 Rn. 1.

erbrachten Leistungen das Schuldverhältnis in diesem Umfang aufrechterhalten werden kann.[262] Eine Teilleistung im Sinne von § 323 Abs. 5 S. 1 BGB setzt die Teilbarkeit von Leistung und Gegenleistung voraus.[263] Darüber hinaus muss die Teilleistung für den Gläubiger als solche von Interesse sein. Die Leistung ist teilbar, wenn sie tatsächlich, technisch als auch rechtlich von der Gesamtleistung teilbar und nach dem übereinstimmenden Willen der Parteien nicht unteilbar ist.[264] Daraus folgt, dass sie selbstständig nutzbar sein muss und folglich Gegenstand einer eigenständigen vertraglichen Verpflichtung sein kann.[265] Dazu werden dieselben Kriterien wie für die Teilnichtigkeit nach § 139 BGB herangezogen.[266] Im Vergleich zu § 139 BGB verschiebt sich durch das zusätzliche Erfordernis des Gläubigerinteresses an der Teilleistung allerdings der maßgebliche Beurteilungszeitpunkt dahingehend, dass trotz eines hypothetischen Spaltungswillens bei Vertragsschluss ein nachträglicher Fortfall des Gläubigerinteresses an der Teilleistung Berücksichtigung finden muss.[267] Die Teilbarkeit kraft Parteiwillens findet ihre Berechtigung neben dem Erfordernis des Gläubigerinteresses darin, dass trotz eines Teilleistungsinteresses des Gläubigers ein Einheitlichkeitswille beider Parteien vorgelegen haben kann.[268] Auch das Einheitlichkeitsinteresse des Schuldners muss trotz der zum Rücktritt berechtigenden Pflichtverletzung seitens des Schuldners Berücksichtigung finden, da das Rücktrittsrecht unabhängig von einem Vertretenmüssen eröffnet wird.[269] Aber selbst wenn der Schuldner die Pflichtverletzung zu vertreten hat, wird dem Gläubiger kein Rechtsbehelf verweigert, da er angesichts der Einheitlichkeit des Rechtsgeschäfts auf die Teilung des Vertrages von vorn-

---

262 Für den Fall der Teilunmöglichkeit verweist § 283 S. 2 BGB auf § 281 Abs. 1 S. 2 BGB im Falle des Schadensersatzes und § 326 Abs. 5 BGB auf § 323 Abs. 5 S. 1 BGB im Falle des Rücktritts. Zudem führt § 326 Abs. 1 S. 1 HS. 2 BGB eine automatische Vertragsspaltung bei einer Teilunmöglichkeit herbei.

263 Siehe bereits § 2 A II 2 c cc zum Teilrücktritt.

264 MüKoBGB/*Ernst*, § 323 BGB Rn. 207; Soergel/*Gsell,* § 323 BGB Rn. 173 f.; BeckOGK/*Looschelders*, § 323 BGB Rn. 291 (Stand: 01.05.2023); Staudinger/*Schwarze*, § 323 BGB Rn. B 137.

265 BGH NJW 1990, 3011 (3012).

266 BGH NJW 1990, 3011 (3012).

267 *Hoffmann*, JuS 2017, 1045 (1048); *Heiderhoff/Skamel*, JZ 2006, 383 (387).

268 Soergel/*Gsell* § 323 BGB Rn. 175; a.A. *Huber*, in Gernhuber, Leistungsstörungen § 45 I 2 S. 417, wonach die Bestimmung des hypothetischen Parteiwillens die Prüfung des Teilleistungsinteresses vorwegnehme, was keinen praktischen Sinn habe.

269 Soergel/*Gsell* § 323 BGB Rn. 176.

herein nicht vertrauen durfte.[270] Zudem ergeben sich Unterschiede in der Beweislast. Der Schuldner muss das Bewirken der Teilleistung beweisen mit der Folge, dass die Beschränkung des § 323 Abs. 5 S. 1 BGB eingreift, während der Gläubiger das fehlende Interesse an der Teilleistung zu beweisen hat.[271] Dies folgt aus dem Satzbau der Norm.[272] Ist der Vertrag nach diesen Kriterien nicht teilbar, kommt ein Teilrücktritt nicht in Betracht.[273]

Der Teilrücktritt und die Teilkündigung führen zwar beide zu einer Spaltung des Vertrages, haben aber unterschiedliche Wirkungen. Der Teilrücktritt ähnelt in den Rechtsfolgen der Kündigung des gesamten Vertrages und beschränkt den Vertrag auf die bereits erbrachten Leistungen, während die Teilkündigung im Gegensatz dazu den Vertrag teilweise fortsetzt. Der Teilrücktritt wirkt daher gemäß seiner Rechtsnatur vergangenheitsbezogen, während die Teilkündigung zukunftsbezogen wirkt. Zudem gestattet die Vorschrift des Teilrücktritts von vornherein nur ein engeres Rücktrittsrecht und bietet demnach nicht die Möglichkeit, ein Recht nach eigenem Ermessen wie bei der Teilkündigung zu beschränken.[274] Der Vorschrift des § 323 Abs. 5 S. 1 BGB und der des § 281 Abs. 1 S. 2 BGB liegt nämlich die Vermutung zugrunde, dass bei einer Teilleistung insoweit das Leistungsinteresse des Gläubigers befriedigt und auch durch die Abstandnahme hinsichtlich des noch ausstehenden Teils nicht verletzt wird.[275] Ein Festhalten des Gläubigers an den bewirkten Leistungsteilen scheidet allerdings dann aus, wenn vertraglich nur ein einheitlicher Leistungsgegenstand geschuldet war.[276] Daher geht es beim Teilrücktritt wie bei § 139 BGB vermehrt um die Frage, ob das Schuldverhältnis teilbar ist und auf den störungsfreien Teilbereich beschränkt werden kann. Beim Teilrücktritt ist die Spaltung des Vertrages folglich wie bei § 139 BGB nur legitimiert, wenn zusätzlich ein entsprechender hypothetischer Parteiwille vorliegt.[277] Dadurch soll eine sachgerechte Risikoverteilung erzielt werden. Bei der Teilkündigung kommt es hingegen nur darauf an, ob der entsprechende Teil von der Gesamtleistung abgrenz-

---

270 *Heiderhoff/Skamel*, JZ 2006, 383 (386).
271 Soergel/*Gsell* § 323 BGB Rn. 175; *Heiderhoff/Skamel*, JZ 2006, 383 (386); Staudinger/*Schwarze*, § 323 BGB Rn. B 148; MüKoBGB/*Ernst*, § 323 BGB Rn. 211.
272 Soergel/*Gsell* § 323 BGB Rn. 175.
273 Messerschmidt/Voit/*Moufang/Koos*, § 636 BGB Rn. 54.
274 Zutreffend *Schrooten*, Die Teilkündigung als Gestaltungsrecht im Bereich der Dauerschuldverhältnisse S. 71; siehe dazu im Folgenden auch noch § 3 B III.
275 *Heiderhoff/Skamel*, JZ 2006, 383 (384).
276 *Heiderhoff/Skamel*, JZ 2006, 383 (385).
277 *Hoffmann*, JuS 2017, 1045 (1047); *Korth*, Minderung beim Kauf S. 96; a.A. *Huber*, in Gernhuber, Leistungsstörungen § 45 I 2 S. 416 ff.

bar ist. Ein hypothetischer Parteiwille ist angesichts der unterschiedlichen Regelungszwecke der Rechtsinstitute nicht erforderlich. Das Leistungsinteresse des Bestellers soll bei einer Teilkündigung trotz einer eingetretenen Störung weiterhin teilweise befriedigt werden. Der Begriff des abgrenzbaren Teils ist damit insgesamt weiter.

Die Teilbarkeit im Rahmen des Teilrücktritts gemäß § 323 Abs. 5 S. 1 BGB weist allerdings ebenso wie § 139 BGB zum Begriff des abgrenzbaren Teils nach § 648a Abs. 2 BGB Parallelen hinsichtlich der objektiven Teilbarkeit auf. Denn ein abgrenzbarer Teil gemäß § 648a Abs. 2 BGB muss ebenso wie die Teilbarkeit des Vertrages beim Teilrücktritt gemäß § 323 Abs. 5 S. 1 BGB ausscheiden, wenn die Leistung beispielsweise aus technischen Gründen nicht von der Gesamtleistung abgrenzbar sein soll.[278]

3. Die Teilbarkeit bei Schlechtleistung

Die qualitative Teilbarkeit bei Schlechtleistungen wird im allgemeinen Schuldrecht abweichend von der quantitativen Teilbarkeit in § 323 Abs. 5 S. 2 BGB geregelt.[279] Der Gläubiger kann danach nicht vom Vertrag zurücktreten, wenn die Pflichtverletzung unerheblich ist. Die Schwelle sich vom gesamten Vertrag zu lösen, ist damit deutlich niedriger angesetzt als bei § 323 Abs. 5 S. 1 BGB, wo es auf das fehlende Interesse des Gläubigers an der Teilleistung ankommt.[280] Auch ein Teilrücktritt ist nicht vorgesehen. Der Vorrang des Gesamtrücktritts liegt darin begründet, dass bei einer Schlechtleistung anders als bei einer teilweisen Nichtleistung vermutet wird, dass das Leistungsinteresse des Gläubigers durch eine mangelhafte Leistung insoweit nicht befriedigt wird und mithin nicht aufteilbar ist.[281] Das Regel-Ausnahme-Verhältnis von Teilrücktritt und Gesamtrücktritt ist im Falle der Schlechtleistung somit umgekehrt.[282] Die Grenze der Unerheblichkeit nach § 323 Abs. 5 S. 2 BGB wird durch das objektive Ausmaß

---

278 Nach *Hoffmann*, JuS 2017, 1045 Fn. 24 kommt der objektiven Teilbarkeit bei § 323 Abs. 5 S. 1 BGB hingegen neben der subjektiven Teilbarkeit keine eigenständige Funktion zu.

279 Zu dem hier nicht zu erörterten Problemkreis wie eine Mankolieferung gemäß § 633 Abs. 2 S. 2 Alt. 2 BGB einzuordnen ist, siehe beispielhaft Soergel/*Gsell* § 323 BGB Rn. 202 ff.

280 *Lorenz*, NJW 2003, 3097 (3098); *Peukert*, AcP 205 (2005), 430 (439).

281 *Heiderhoff/Skamel*, JZ 2006, 383 (384); *Peukert*, AcP 205 (2005), 430 (438).

282 NK-BGB/*Dauner-Lieb/Dubovitskaya*, § 323 BGB Rn. 37.

der Schlechtleistung und der damit einhergehenden Beeinträchtigung des Gläubigerinteresses bestimmt.[283] Auf einen hypothetischen Parteiwillen kommt es dabei nicht an.[284] Für den Fall der Unerheblichkeit der Pflichtverletzung gemäß § 323 Abs. 5 S. 2 BGB soll der Gläubiger auf die Minderung verwiesen sein. An die Stelle des Teilrücktritts tritt folglich funktional die Minderung, welche im Werkvertragsrecht in § 638 BGB geregelt ist.[285] Die Übereinstimmung der rechtlichen Folgen von Teilrücktritt und Minderung wird durch § 326 Abs. 1 Hs. 2 BGB bestätigt.[286] Durch die Ausübung des jeweiligen Rechts wird die mangelhafte Leistung beziehungsweise die Teilleistung gegen anteilige Herabsetzung der Vergütung zur geschuldeten Leistung.[287] Die Minderung führt zu einer qualitativen Vertragsspaltung.[288] Auf eine Teilbarkeit der Leistung kommt es nicht an, da sich das Problem der Aufspaltung des Leistungsgegenstandes wie beim Teilrücktritt im Falle der Minderung nicht stellt.[289] Wie sich aus § 638 Abs. 1 BGB ergibt, akzeptiert der Besteller bei der Minderung die mangelhafte Leistung gegen Herabsetzung der Vergütung nach Maßgabe des § 638 Abs. 3 BGB. Die Werkleistung bleibt somit vollständig erhalten und es kommt nicht zu einer Aufteilung der Leistung im eigentlichen Sinne.[290] Daher kommt es auch bei der Minderung nicht auf einen hypothetischen Parteiwillen an. Die Minderung unterscheidet sich folglich hinsichtlich der Teilbarkeit der Leistung vom Teilrücktritt und der Teilnichtigkeit nach § 139 BGB.[291]

Zwischen der Teilkündigung und der Vertragsspaltung bei Schlechtleistung besteht zunächst eine Parallele in der objektiven Handhabung. Die Teilkündigung setzt allerdings darüber hinaus das Merkmal der Abgrenzbarkeit der Leistung voraus, da es zu einer Teilung der Gesamtleistung kommt. Ein grundsätzlich zur Minderung berechtigender Mangel kann zwar für einen abgrenzbaren Teil ein Indiz darstellen, jedoch ist der Mangel nicht zwangsläufig deckungsgleich mit dem abgrenzbaren Teil im Sinne

---

283   Soergel/*Gsell,* § 323 BGB Rn. 212; MüKoBGB/*Ernst,* § 323 BGB Rn. 252.
284   A.A. *Hoffmann,* JuS 2017, 1045 (1050), der für die Beachtung des hypothetischen Parteiwillens plädiert, um ein Reuerecht auszuschließen.
285   MüKoBGB/*Ernst,* § 323 BGB Rn. 207.
286   MüKoBGB/*Ernst,* § 323 BGB Rn. 207.
287   *Korth,* Minderung beim Kauf S. 100; MüKoBGB/*Ernst,* § 323 BGB Rn. 215.
288   *Hoffmann,* JuS 2017, 1045 (1049).
289   *Korth,* Minderung beim Kauf S. 99.
290   Vgl. *Korth,* Minderung beim Kauf S. 99.
291   *Peukert,* AcP 205 (2005), 430 (439).

von § 648a Abs. 2 BGB.[292] So kann der abgrenzbare Teil über den Teil des Mangels in gegenständlicher Hinsicht hinausreichen. Die Rechtsinstitute sind daher kaum vergleichbar und es können auch wenig Erkenntnisse für die Bestimmung des abgrenzbaren Teils gemäß § 648a Abs. 2 BGB gewonnen werden.

4. Teilleistung gemäß § 266 BGB

Nach § 266 BGB ist der Schuldner zu Teilleistungen nicht berechtigt. Weigert sich der Gläubiger die Leistung anzunehmen, gleichen die Rechtsfolgen einer Teilleistung denen einer Nichtleistung.[293] Der Gläubiger kann somit die Situation eines Teilrücktritts gemäß § 323 Abs. 5 S. 1 BGB und den damit einhergehenden Nachweis des Interessenfortfalls für die Ausübung des Gesamtrücktritts mangels Bewirkens der Leistung vermeiden.[294] Auch § 266 BGB setzt sich somit regulativ mit einer Teilleistung auseinander. Die Vorschrift regelt den Fall einer vollständig möglichen, aber gleichwohl unvollständig angebotenen Leistung.[295] Der Gläubiger soll vor dem durch Mehrfachleistungen erhöhten Aufwand geschützt werden.[296] Als eine Teilleistung im Sinne von § 266 BGB ist vor diesem Hintergrund jede Leistung zu verstehen, die bei objektiver Betrachtung dem Umfang nach hinter dem geschuldeten Leistungsprogramm zurückbleibt.[297] Entscheidend ist dafür, ob die jeweils zu beurteilenden Leistungsteile nach ihrem gesetzlichen oder vertraglichen Zweck als Gesamtheit geschuldet sind.[298] Maßgeblich sind somit die Umstände des Einzelfalls. Eine Teilbarkeit im Rechtssinne ist für § 266 BGB hingegen nur relevant, wenn ausnahmsweise die Pflicht zur Annahme von Teilleistungen besteht.[299]

Auch bei einer Teilkündigung gemäß § 648a Abs. 2 BGB wird die Leistung gemessen an dem ursprünglich vorgesehenen Leistungsprogramm unvollständig erbracht. Bei einer Teilkündigung wird die Leistung aber nachträglich durch den Kündigenden aus dem Leistungsprogramm heraus-

---

292 Siehe zum Kündigungsgrund wegen wesentlicher Mängel vor Abnahme § 3 B IV c.
293 OLG Koblenz NJW-RR 1993, 250 (251); Soergel/*Forster*, § 266 BGB Rn. 2.
294 *Lorenz*, NJW 2013, 1341 (1342).
295 Soergel/*Forster*, § 266 BGB Rn. 4; *Lorenz*, NJW 2003, 3097 (3098).
296 BGH NJW 2011, 451 Rn. 22; *Nacken*, Teilleistung und teilbare Leistung S. 14.
297 NK-BGB/*Schwab*, § 266 BGB Rn. 6.
298 *Weber*, MDR 1992, 828; MüKoBGB/*Krüger*, § 266 BGB Rn. 3.
299 Grüneberg/*Grüneberg*, § 266 BGB Rn. 3; *Nacken*, Teilleistung und teilbare Leistung S. 10.

genommen und nicht durch das schlichte Ausbleiben der Leistung seitens des Unternehmers bestimmt. Zudem wird die Teilleistung im Rahmen von § 266 BGB zum Zeitpunkt der Leistung in tatsächlicher Hinsicht beurteilt und setzt wie auch eine Vollkündigung keine darüberhinausgehende Teilbarkeit der Leistung voraus. Lediglich in der objektiven Handhabung gleichen sich die Rechtsinstitute. Zudem bildet § 648a Abs. 2 BGB die Grundlage dafür, dass der Schuldner in diesem Umfang zu einer Teilleistung berechtigt ist. Damit sind der abgrenzbare Teil gemäß § 648a Abs. 2 BGB und die Teilleistung gemäß § 266 BGB kaum vergleichbar.

5. Teilbare Leistung gemäß §§ 420 ff. BGB

Während § 266 BGB die tatsächliche Teilbarkeit erfasst, setzt der Begriff der teilbaren Leistung in den §§ 420, 427, 431, 432 BGB einschränkend eine Teilbarkeit der Leistung im Rechtssinne voraus.[300] Die Regelungen setzen sich mit der Fragestellung auseinander, inwieweit eine Leistung unter mehreren Personen aufgeteilt werden kann. Eine Leistung ist demnach teilbar, wenn sie ohne inhaltliche Wesens- und Wertveränderung in mehreren gleichartigen Teilen erbracht werden kann und die Teile folglich dem Wesen und Werte nach verhältnismäßig der Gesamtleistung entsprechen.[301] Dies richtet sich nach der Parteiabrede und den natürlichen Verhältnissen.[302] Zudem wird die Teilbarkeit auch von der rechtlichen Natur des Geschuldeten bestimmt.[303] Die teilbare Leistung im Sinne von §§ 420 ff. BGB ist angesichts des Regelungszwecks mit dem Tatbestandsmerkmal des abgrenzbaren Teils gemäß § 648a Abs. 2 BGB nicht vergleichbar. Während es beim Begriff der Teilleistung nach den §§ 420 ff. BGB um die Verteilung der Leistung geht, behandeln § 323 Abs. 5 S. 1 BGB, § 139 BGB und auch § 266 BGB im Kern die Unvollständigkeit der Leistung.[304] Ähnliches gilt

---

300 B/R/H/P/*Lorenz*, § 266 BGB Rn. 6.
301 RGZ 155, 306 (313); *Jürgens*, Teilschuld – Gesamtschuld – Kumulation S. 18; *Nacken*, Teilleistung und teilbare Leistung S. 79; B/R/H/P/*Gehrlein*, § 420 BGB Rn. 1; MüKoBGB/*Heinemeyer*, § 420 BGB Rn. 4.
302 Erman/*Böttcher*, § 420 BGB Rn. 2; MüKoBGB/*Heinemeyer*, § 420 BGB Rn. 4; *Nacken*, Teilleistung und teilbare Leistung S. 79.
303 BGH NJW 1953, 58 (59); ablehnend BeckOGK/*Kreße*, § 420 BGB Rn. 6 (Stand: 01.06.2023), der die teilbare Leistung auf der Ebene des Tatbestands wie den Begriff im Rahmen von § 266 BGB auslegen will.
304 *Coing*, JZ 1949, 532 (533).

für § 648a Abs. 2 BGB, wo es um die Frage geht, inwieweit der Leistungs-umfang nachträglich beschränkt werden kann. Zwar beinhaltet auch der Begriff des abgrenzbaren Teils gemäß § 648a Abs. 2 BGB ein Element der Aufteilung der Leistung zwischen verschiedenen Personen, nämlich zwischen dem bisherigen Unternehmer und dem möglicherweise neu zu beauftragendem Unternehmer, jedoch geht es dabei nicht um die gleichmä-ßige Verteilung der Leistung. Vielmehr geht es darum, Streitigkeiten in Bezug auf Schnittstellen von Leistungen durch verschiedene Unternehmer zu vermeiden. Daher ist für den abgrenzbaren Teil gemäß § 648a Abs. 2 BGB nicht erforderlich, dass sich dieser ohne Verminderung des Werts in gleichartige Teile zerlegen lässt.[305] Anders als der Begriff des abgrenzbaren Teils wird die Teilbarkeit gemäß §§ 420 ff. BGB daher nicht nur in Bezug auf den Leistungsgegenstand bestimmt, sondern auch relativ anhand der beteiligten Personen.[306] Der Begriff der teilbaren Leistung ist damit enger als der des abgrenzbaren Teils gemäß § 648a Abs. 2 BGB.

V. Zwischenergebnis zum abgrenzbaren Teil gemäß § 648a Abs. 2 BGB

Nach alledem ist eine Teilkündigung nach § 648a Abs. 2 BGB unter deut-lich geringeren Voraussetzungen möglich als dies nach § 8 Abs. 3 Nr. 1 S. 2 VOB/B angenommen wird. Im Vergleich mit anderen Teilkündigungsrech-ten im BGB wird deutlich, dass der Bestimmung der Teilbarkeit bei § 648a Abs. 2 BGB eine eigenständige Bedeutung zukommt. In Bezug auf ande-re Teilleistungen ist der abgrenzbare Teil am ehesten mit der objektiven Teilbarkeit nach § 139 BGB und § 323 Abs. 5 S. 1 BGB vergleichbar. Ein hypothetischer Parteiwille ist hingegen nicht erforderlich. § 648a Abs. 2 BGB widerlegt damit die aufstellbare These, dass bei einer tatsächlichen Spaltung des Schuldverhältnisses für die Teilbarkeit stets ein hypothetischer Parteiwillen erforderlich ist. Gleichzeitig stellt § 648a Abs. 2 BGB aber auch einen Exoten in diesem Lichte dar. Gemeinsam haben die verschiedenen Formen der Teilbarkeit, dass es um die Frage der weitgehenden Vertragser-haltung geht, allerdings mit unterschiedlicher Reichweite. Der Begriff der Teilbarkeit in § 420 ff. BGB ist aufgrund der Regelungsmaterie mit dem Begriff des abgrenzbaren Teils im Sinne von § 648a Abs. 2 BGB hingegen kaum vergleichbar. § 266 BGB unterscheidet sich von der Abgrenzbarkeit

---

305 Vgl. *Wolf*, Lehrbuch des Schuldrechts S. 466.
306 Soergel/*Gehrlein*, § 420 BGB Rn. 2.

gemäß § 648a Abs. 2 BGB und den Teilleistungsbegriffen nach § 139 BGB, § 323 Abs. 5 S. 1 BGB, §§ 420 ff. BGB dadurch, dass eine Teilbarkeit der Leistung nicht erforderlich ist und daher auch bei unteilbaren Leistungen möglich ist.[307] Auch die qualitative Vertragsspaltung aufgrund einer Schlechtleistung setzt keine Teilbarkeit voraus. Die Ausführungen belegen, dass der Begriff der Teilleistung im BGB zwar ein technischer Begriff ist, aber mit relativer Bedeutung, weshalb sich die Teilbarkeit nur anhand des jeweiligen Zwecks der Vorschrift ermitteln lässt.[308] Der Vergleich mit den im BGB verwendeten Teilleistungsbegriffen nach § 139 und § 323 Abs. 5 S. 1 BGB verdeutlicht, dass dem abgrenzbaren Teil gemäß § 648a Abs. 2 BGB ein weites Verständnis zugrunde liegt. § 648a Abs. 2 BGB statuiert bereits selbst, dass angesichts der gebündelten Leistung eine Teilbarkeit der Leistung anzunehmen ist. § 648a Abs. 2 BGB beschäftigt sich daher schwerpunktmäßig nicht mit dem „Ob", sondern der genauen Ausgestaltung einer Teilleistung, dem „Wie". Vor dem bisherigen Hintergrund wird die Abgrenzbarkeit daher regelmäßig anzunehmen sein.[309]

B. Wichtiger Grund gemäß § 648a Abs. 1 BGB

Weiterhin ist für die Teilkündigung gemäß § 648a Abs. 2 BGB das Vorliegen eines wichtigen Grundes nach § 648a Abs. 1 BGB erforderlich. Daher sollen zunächst die Anforderungen an das Vorliegen eines wichtigen Grundes konkretisiert werden und sodann die Auswirkungen einer Teilkündigung gemäß § 648a Abs. 2 BGB auf das Erfordernis eines wichtigen Grundes sowie das Begriffsverständnis analysiert werden. So stellt sich die Frage, ob ein Vorrang der Teilkündigung gegenüber der Vollkündigung besteht und wie sich das Verhältnis des wichtigen Grundes zur Teilkündigung darstellt.

---

307 B/R/H/P/*Lorenz*, § 266 BGB Rn. 6; MüKoBGB/*Krüger*, § 266 BGB Rn. 3, der allerdings inkonsequent von einer Identität der Teilleistungsbegriffe von § 266 BGB und § 323 Abs. 5 S. 1 BGB ausgeht.
308 *Coing*, JZ 1949, 532 (535).
309 So auch Kniffka ibrOK BauVertrR/*Schmitz*, § 648a BGB Rn. 38 (Stand: 06.03.2023); so bereits vor der Reform *Kirberger*, BauR 2011, 343 (345).

I. Konkretisierung des wichtigen Grundes

§ 648a Abs. 1 S. 2 BGB bestimmt in Anlehnung an § 314 Abs. 1 S. 2 BGB, dass ein wichtiger Grund vorliegt, wenn dem kündigenden Teil unter Berücksichtigung aller Umstände des Einzelfalls und unter Abwägung der beiderseitigen Interessen die Fortsetzung des Vertragsverhältnisses bis zur Fertigstellung des Werks nicht zugemutet werden kann. § 314 Abs. 2 S. 1 BGB, welcher über die Verweisung in § 648a Abs. 3 BGB Anwendung findet, hebt den auf einer Pflichtverletzung beruhenden wichtigen Grund hervor. Die Unzumutbarkeit der weiteren Fortführung des Vertrages ist für den wichtigen Grund das zentrale Merkmal.[310] Die Umstände des Einzelfalls und die beiderseitigen Interessen stellen dabei zwei wichtige Abwägungskriterien zur Bestimmung der Unzumutbarkeit dar.

Da die Umstände des Einzelfalls maßgeblich sind, können die Anforderungen an den wichtigen Grund gemäß § 648a Abs. 1 BGB nur annähernd erfasst werden. Parallel zu § 324 BGB und § 282 BGB rechtfertigt regelmäßig eine erhebliche Pflichtverletzung einen wichtigen Grund.[311] Dem Rechtsgedanken des § 323 Abs. 4 BGB entsprechend kommen auch künftige Pflichtverletzungen in Betracht, wenn ihr Eintritt sicher ist.[312] Dem Vertragspartner kann nämlich nicht zugemutet werden, den Eintritt der Pflichtverletzung abzuwarten und erst dann den Vertrag zu kündigen.[313] Dabei ist es unerheblich, ob eine Haupt- oder Nebenpflicht aus dem Vertrag verletzt wurde, da auch Nebenpflichten für den vereinbarten Vertragszweck von erheblicher Bedeutung sein können.[314] Die Pflichtverletzung muss ein solches Ausmaß erreicht haben, dass eine sofortige Beendigung des Vertrages erforderlich ist.[315] Es bedarf damit einer über eine gewöhnliche Pflichtverletzung hinausgehenden Erheblichkeit, die auf eine negative Zukunftsprognose bezüglich der Vertrauensbeziehung zwischen den Parteien hinweist.[316] Nicht jeder schuldhafte Verstoß gegen vertragliche Pflichten stellt damit einen wichtigem Grund zur Kündigung dar.[317] Ebenso ist es

---

310 NK-BGB/*Jung*, § 314 BGB Rn. 30.
311 L/B/D-L/*Sonntag*, § 648a BGB Rn. 28.
312 BeckOGK/*Martens*, § 314 BGB Rn. 35 (Stand: 15.04.2023).
313 Ingenstau/Korbion/*Joussen*, Vor § 8 und § 9 VOB/B Rn. 20.
314 BGH NJW-RR 1996, 1108 (1109); BGHZ 210, 1 (15).
315 Vgl. § 626 Abs. 1 BGB.
316 L/B/D-L/*Sonntag*, § 648a BGB Rn. 28; OLG Dresden BauR 2021, 1606 (1614); *Martinek*, ZVertriebsR 2015, 207 (209).
317 BT-Drs. 14/6040, 178; *Stickler*, BauR 2011, 364 (367).

denkbar, dass es um eine Verletzung von Nebenpflichten geht, die für sich genommen keine Kündigung aus wichtigem Grund rechtfertigen, die aber in ihrer Gesamtheit zu einer erheblichen Erschütterung des Vertrauensverhältnisses führen.[318] Selbiges gilt für im Einzelfall nicht schwerwiegende Verstöße gegen Vertragspflichten, welche ebenfalls in ihrer Gesamtheit das Vertrauensverhältnis erheblich erschüttern.[319] Das Ergebnis der Abwägung muss letztlich immer sein, dass ein Festhalten am Vertrag unzumutbar ist und daher als *ultima ratio* allein die Beendigung des Vertragsverhältnisses in Betracht kommt.[320] Somit genügen auch sonstige Umstände, die keine Pflichtverletzung beinhalten, die aber eine Fortsetzung des Vertrages unzumutbar machen.[321]

Ein wichtiger Grund setzt nicht zwingend voraus, dass dieser von einer Partei verschuldet ist.[322] Im Rahmen von Zumutbarkeitserwägungen kann jedoch relevant werden, wessen Risikosphäre der Kündigungsgrund zuzurechnen ist.[323] Nur in Ausnahmefällen kommt eine Kündigung aus wichtigem Grund aus Gründen in der eigenen Risikosphäre in Betracht, auf die der Kündigungsempfänger keinen Einfluss hat.[324] Das kann beispielsweise der Fall sein, wenn die Erben des verstorbenen Unternehmers den Vertrag aus wichtigem Grund kündigen, weil dieser als einziger die Arbeiten ausführen konnte.[325] Die Risikosphären bestimmen sich dabei nach dem Vertrag, dem Vertragszweck und den gesetzlichen Bestimmungen.[326] Auch bei eigenem Verschulden des Kündigenden wird das Kündigungsrecht nicht zwangsläufig ausgeschlossen.[327] Jedoch ist dieses bei der Abwägung zu berücksichtigen und kann daher zur Ablehnung der Unzumutbarkeit führen.[328] Das kommt nach der Wertung des § 323 Abs. 6 BGB vor allem in Betracht, wenn den Kündigenden ein weit überwiegendes Verschulden

---

318 OLG Düsseldorf BauR 2013, 1698 (1699).
319 OLG Dresden BauR 2021, 1606; OLG Celle BauR 2015, 1356 (1357).
320 *Hebel*, BauR 2011, 330 (334).
321 BeckOGK/*Martens*, § 314 BGB Rn. 28 (Stand: 15.04.2023).
322 Vgl. BGH NJW 1986, 3134 (3135); B/R/H/P/*Voit*, § 648a BGB Rn. 2; *Martinek*, ZVertriebsR 2015, 207 (209).
323 BGH NJW 1999, 418 (420).
324 BT-Drs. 14/6040, 178; BGHZ 196, 285 Rn. 17; BGH NJW-RR 2011, 916 Rn. 11.
325 Ingenstau/Korbion/*Joussen*, Vor §§ 8 und 9 VOB/B Rn. 41.
326 BGHZ 196, 285 Rn. 17.
327 BeckOGK/*Martens*, § 314 BGB Rn. 28 (Stand: 15.04.2023).
328 BGH NJW 1981, 1264 (1265).

am Kündigungsgrund trifft.[329] Das gilt auch dann, wenn die andere Seite ebenfalls ein Verschulden trifft.[330] Eine Kündigung aus wichtigem Grund scheidet hingegen aus, wenn ein zur Kündigung berechtigender Umstand bereits bei Vertragsschluss bekannt war.[331] Entscheidend sind letztlich stets die Umstände des Einzelfalls.

II. Kein Vorrang der Teilkündigung gegenüber der Vollkündigung

Die nunmehr bestehende Möglichkeit einer Teilkündigung könnte Auswirkungen auf die Unzumutbarkeitserwägungen hinsichtlich des weiteren Festhaltens am Vertrag bei Ausspruch einer Vollkündigung haben. Wenn sich der wichtige Grund formal nur auf einen Teil der Leistung bezieht, könnte die Annahme naheliegen, dass lediglich eine Teilkündigung zulässig ist.[332] Dies kommt beispielsweise in Anlehnung an § 8 Abs. 3 Nr. 1 S. 2 VOB/B bei Mängeln oder Verzug eines einzelnen Gewerks in Betracht. Dann könnte die Teilkündigung als ein milderes Mittel gegenüber der Vollkündigung anzusehen sein, sodass die Unzumutbarkeit bezüglich des Festhaltens am gesamten Vertrag ausscheidet.[333] Unzumutbar ist nämlich nicht die Fortsetzung des gesamten Vertrages, sondern nur die Vertragsfortsetzung unter den einen wichtigen Grund bildenden Umständen.[334] Die Folge wäre, dass eine Teilkündigung vorrangig zu erklären und eine Vollkündigung unwirksam wäre.[335] Eine solche Sichtweise könnte mit § 323 Abs. 5 S. 1 BGB begründet werden, wonach ein Rücktritt vom gesamten Vertrag nur möglich ist, wenn der Gläubiger an der von dem Schuldner bewirkten Teilleistung kein Interesse hat.[336] Für eine Vollkündigung wäre demnach nach dem Rechtsgedanken des § 323 Abs. 5 S. 1 BGB eine Recht-

---

329 NK-BGB/*Jung*, § 314 BGB Rn. 33; Erman/*Böttcher*, § 314 BGB Rn. 4d; ähnlich BeckOGK/*Martens*, § 314 BGB Rn. 28 (Stand: 15.04.2023).

330 BGH NJW 1981, 1264 (1265).

331 Erman/*Böttcher*, § 314 BGB Rn. 4 f.; Vgl. BAG NJW 2002, 162 (163).

332 So Soergel/*Buchwitz*, § 648a BGB Rn. 17; NK-BGB/*Jung*, § 314 BGB Rn. 58; BeckOGK/*Martens*, § 314 BGB Rn. 73 (Stand: 15.04.2023).

333 So NK-BGB/*Jung*, § 314 BGB Rn. 58; BeckOGK/*Martens*, § 314 BGB Rn. 72 (Stand: 15.04.2023).

334 NK Werk- und Bauvertragsrecht/*Lührmann,* § 648a BGB Rn. 21; vgl. *Belling*, NZA 1996, 906 (911).

335 NK-BGB/*Jung*, § 314 BGB Rn. 58; BeckOGK/*Martens*, § 314 BGB Rn. 72 (Stand: 15.04.2023).

336 Siehe dazu bereits § 2 A II 2 c cc und § 3 A IV 2.

fertigung erforderlich.[337] Die Interessen des Kündigenden an einer Vollkündigung müssten folglich im Einzelfall überwiegen.[338] Das ist anzunehmen, wenn der Kündigungsberechtigte davon ausgehen muss, dass der Vertrag als Ganzes nicht mehr ordnungsgemäß erfüllt wird.[339]

Gegen eine solche Annahme spricht jedoch der Gesetzeswortlaut. Nach § 648a Abs. 2 BGB ist eine Teilkündigung möglich. Indem der Gesetzgeber dem Kündigenden die Möglichkeit der Teilkündigung einräumt, statuiert er keine Vorrangigkeit der Teilkündigung gegenüber einer Vollkündigung. Beim Teilrücktritt nach § 323 Abs. 5 S. 1 BGB hat sich der Gesetzgeber hingegen ausdrücklich für den Vorrang eines solchen gegenüber dem Gesamtrücktritt entschieden. Der Gesetzgeber spricht sich durch die Regelung der Teilkündigung in § 648a Abs. 2 BGB zwar ebenfalls für eine weitgehende Vertragsdurchführung aus, diese Möglichkeit wird aber in das Belieben der Parteien gestellt. Eine Pflicht zur Teilkündigung besteht demnach nicht.[340] Dafür spricht auch, dass die Teilkündigung nicht stets vorteilhaft für die Parteien ist.[341] Neben der immer bestehenden Möglichkeit der Vollkündigung bei Vorliegen eines wichtigen Grundes, soll den Parteien nunmehr angesichts des Umfangs der Leistung ermöglicht werden, nicht den gesamten Vertrag zu kündigen. Ein genereller Vorrang der Teilkündigung lässt sich demnach nicht begründen.[342] Die Existenz der Teilkündigung hat somit keine Auswirkungen auf die Zumutbarkeitsprüfung bei einer Kündigung des gesamten Vertrages.[343]

III. Keine Selbstwiderlegung der Unzumutbarkeit bei Teilkündigung

Der wichtige Grund für eine Kündigung nach § 648a Abs. 1 BGB besteht darin, dass dem Kündigungsberechtigten die Vertragsfortsetzung bis zur Fertigstellung der Werkleistung nicht mehr zugemutet werden kann. Dies führt im Falle der Teilkündigung zu einem gewissen Wertungswiderspruch des Gesetzes. Mit der Beschränkung der Kündigung auf einen abgrenzbaren Teil der Leistung und dem gleichzeitigen Festhalten am übrigen Vertrag

---

337 NK-BGB/*Jung*, § 314 BGB Rn. 58.
338 NK Werk- und Bauvertragsrecht/*Lührmann*, § 648a BGB Rn. 21.
339 Soergel/*Buchwitz*, § 648a BGB Rn. 17; B/R/H/P/*Voit*, § 648a BGB Rn. 3.
340 So NK-BGB/*Jung*, § 314 BGB Rn. 58 in Bezug auf § 314 BGB.
341 Siehe dazu bereits § 2 B III.
342 A.A. Soergel/*Buchwitz*, § 648a BGB Rn. 17.
343 So auch NK Werk- und Bauvertragsrecht/*Lührmann*, § 648a BGB Rn. 21.

könnte nämlich impliziert sein, dass für den Kündigenden ein Festhalten am Vertrag gerade nicht unzumutbar ist.[344] Der Ausspruch einer Teilkündigung würde für den Erklärenden folglich das Risiko bergen, sich selbst in seiner Behauptung der Unzumutbarkeit der weiteren Vertragsausführung zu widerlegen.[345] Damit liefe er Gefahr, dass ein wichtiger Grund insgesamt nicht anerkannt wird und die Kündigung in eine freie Kündigung mit entsprechenden Vergütungsfolgen umgedeutet wird.[346] Man könnte vor diesem Hintergrund sogar zu der Annahme gelangen, dass es eine solche Teilunzumutbarkeit dem Grunde nach nicht gibt und eine teilweise Loslösung vom Vertrag damit nicht möglich ist.[347] Da der Gesetzgeber allerdings die Möglichkeit der Teilkündigung in § 648a Abs. 2 BGB vorsieht, ist die weitere Vertragsdurchführung nicht per se problematisch.[348] Darüber hinaus ist entscheidend, wie das Verhältnis einer Teilkündigung zum Tatbestandsmerkmal des wichtigen Grundes zu bewerten ist.

Um eine solche Selbstwiderlegung des Kündigenden zu vermeiden, könnte eine Teilkündigung nur dann zulässig sein, wenn sich der wichtige Grund auf den zu kündigenden abgrenzbaren Teil beschränkt.[349] Zu einer solchen Auslegung gelangt man, wenn sich der abgrenzbare Teil gemäß § 648a Abs. 2 BGB auch auf den wichtigen Grund nach Abs. 1 beziehen muss und diese damit in Korrelation zueinanderstehen. Wenn also ähnlich wie im dargestellten Beispielsfall der Besteller einem Generalunternehmer ein Teilgewerk kündigt, weil der in diesem Bereich eingesetzte Nachunternehmer fortlaufend mangelhaft leistet, im Übrigen aber der Generalunternehmer keinen Grund zur Beanstandung bietet, liegt keine Selbstwiderlegung vor.[350] Erfasst hingegen der wichtige Grund das gesamte Vertragsverhältnis, würde eine Teilkündigung aus wichtigem Grund ausscheiden.[351] Es wäre bei einer Teilkündigung folglich sorgfältig zu prüfen, ob sich die

---

344 Leupertz/Preussner/Sienz/*Sienz* BauvertrR, § 648a BGB Rn. 22.

345 So Kniffka ibrOK BauVertrR/*Schmitz*, § 648a BGB Rn. 40 (Stand: 06.03.2023); NK-BGB/*Lührmann/Raab*, § 648a BGB Rn. 20.

346 Kniffka ibrOK BauVertrR/*Schmitz*, § 648a BGB Rn. 40 (Stand: 06.03.2023); NK Werk- und Bauvertragsrecht/*Lührmann*, § 648a BGB Rn. 20.

347 Ingenstau/Korbion/*Joussen*, Vor §§ 8 und 9 VOB/B Rn. 49.

348 Ebenso NK-BGB/*Lührmann/Raab*, § 648a BGB Rn. 20.

349 So Leupertz/Preussner/Sienz/*Sienz* BauvertrR, § 648a BGB Rn. 22; Kniffka ibrOK BauVertrR/*Schmitz*, § 648a BGB Rn. 40 (Stand: 06.03.2023); NK-BGB/*Lührmann/Raab*, § 648a BGB Rn. 20.

350 NK Werk- und Bauvertragsrecht/*Lührmann*, § 648a BGB Rn. 20.

351 So NK Werk- und Bauvertragsrecht/*Lührmann*, § 648a BGB Rn. 20; Kniffka ibrOK BauVertrR/*Schmitz*, § 648a BGB Rn. 40 (Stand: 06.03.2023).

Unzumutbarkeit der weiteren Vertragsdurchführung auf den gekündigten Teil beschränkt.[352]

Das Gesetz sollte jedoch an dieser Stelle nicht missverstanden werden.[353] § 648a Abs. 2 BGB besagt, dass eine Teilkündigung möglich ist; sie, also die Teilkündigung, muss sich auf einen abgrenzbaren Teil des geschuldeten Werks beziehen. Das Gesetz verlangt mit § 648a Abs. 1 BGB zwar einen wichtigen Grund in Form der Unzumutbarkeit der weiteren Vertragsfortsetzung, jedoch muss sich diese Unzumutbarkeit nicht auf den abgrenzbaren Teil beschränken. Das kann bei einzelnen Kündigungsgründen formal gesehen der Fall sein, ist aber kein zwingendes Erfordernis.[354] Die Grenze der Teilkündigung bestimmt sich vielmehr nach dem Interesse des Kündigenden. Liegt ein wichtiger Grund vor, soll der Kündigende nicht gezwungen sein, den Vertrag vollständig zu beenden.[355] Dem Kündigenden steht folglich ein Wahlrecht zu, ob er den Vertrag insgesamt oder nur teilweise kündigt, ebenso wie er gänzlich von einer Kündigung absehen kann.[356] Die Teilkündigung ist somit eine stets mögliche Alternative zur Vollkündigung.[357] Dies dient dem berechtigten Interesse des Kündigenden, den Vertrag aus Gründen der Wirtschaftlichkeit trotz eines gestörten Vertrauensverhältnisses teilweise fortzuführen.[358] Für eine solche Sichtweise spricht die gesetzgeberische Wertentscheidung für die Zulässigkeit einer Teilkündigung.[359] Zudem ist das Erfordernis der Begrenzung der Unzumutbarkeit auf den abgrenzbaren Teil der Leistung kaum prüfbar. Grundsätzlich lässt sich nämlich auch eine Zerstörung des gesamten Vertrauensverhältnisses begründen, auch wenn der Unternehmer nur in Teilwerken Grund zur Beanstandung gibt.[360] Eine solch schwerwiegende Vertragsstörung kann regelmäßig nur einheitlich beurteilt werden.[361] Bei der Teilkündigung aus

---

352 Leupertz/Preussner/Sienz/*Sienz* BauvertrR, § 648a BGB Rn. 22.
353 Ingenstau/Korbion/*Joussen,* Vor §§ 8 und 9 VOB/B Rn. 49.
354 Siehe dazu beispielsweise den Kündigungsgrund der unberechtigten Leistungseinstellung unter § 3 B IV 1 b dd.
355 Ingenstau/Korbion/*Joussen,* Vor §§ 8 und 9 VOB/B Rn. 49; *Leinemann,* NJW 2017, 3113 (1314).
356 Ingenstau/Korbion/*Joussen,* Vor §§ 8 und 9 VOB/B Rn. 49.
357 *Schrooten,* Die Teilkündigung als Gestaltungsrecht im Bereich der Dauerschuldverhältnisse S. 11.
358 Siehe dazu bereits § 2 B II.
359 Beck HOAI/*Sacher,* § 650q BGB Rn. 686.
360 Auch vor diesem Hintergrund kann die Teilkündigung nicht als vorrangig angesehen werden, siehe bereits § 3 B II.
361 Leupertz/Preussner/Sienz/*Sienz* BauvertrR, § 648a BGB Rn. 22.

wichtigem Grund wird es sich vor diesem Hintergrund um Sonderfälle handeln, da das Interesse des Kündigungsberechtigten bei einer schwerwiegende Vertragsstörungen allgemein eher dahin gehen dürfte, den Vertrag insgesamt zu beenden.[362] Dennoch kann der Besteller auch bei Zerstörung des gesamten Vertrauensverhältnisses unter Umständen zur Minimierung ohnehin schon eingetretener Schäden ein Interesse daran haben, den Vertrag nur teilweise zu beenden.[363] Diese Möglichkeit möchte das Gesetz dem Kündigenden einräumen. Dass auch bei einer vollständigen Zerstörung des Vertrauensverhältnisses gute Gründe für eine Teilkündigung sprechen können, zeigt sich bereits daran, dass infolge einer Interessenabwägung teilweise Ausnahmen von der Begrenzung des wichtigen Grundes auf den abgrenzbaren Teil zugelassen werden sollen.[364] So soll es dem Besteller nicht vorwerfbar sein, eine Teilkündigung auszusprechen, wenn der Unternehmer aufgrund von Spezialkenntnissen als einziger in der Lage ist, die Arbeiten auszuführen.

Im Ergebnis lässt sich damit festhalten, dass der abgrenzbare Teil gemäß § 648a Abs. 2 BGB und der wichtige Grund nach § 648a Abs. 1 BGB als zwei selbstständige Voraussetzungen anzusehen sind. Daraus folgt, dass bei Vorliegen eines wichtigen Grundes eine Teilkündigung stets möglich ist, wenn diese im Interesse des Kündigenden liegt. Auf diese Weise kann dem Ziel die Teilkündigung gemäß § 648a Abs. 2 BGB praxistauglicher zu gestalten, Rechnung getragen werden.[365]

IV. Einzelne Kündigungsgründe unter besonderer Berücksichtigung der Teilkündigung

Angesichts der Definition des wichtigen Grundes muss das Vorliegen eines solchen stets anhand des Einzelfalls beurteilt werden mit der Folge, dass kaum abschätzbar ist, wann eine Kündigung rechtssicher ausgesprochen werden kann.[366] Daher sollen im Folgenden bestimmte Szenarien daraufhin untersucht werden, ob sie typischerweise einen wichtigen Grund be-

---

362 So auch MüKoBGB/*Busche*, § 648a BGB Rn. 9; Ingenstau/Korbion/*Joussen*, Vor §§ 8 und 9 VOB/B Rn. 49.

363 Ingenstau/Korbion/*Joussen*, Vor §§ 8 und 9 VOB/B Rn. 49; Beck HOAI/*Sacher*, § 650q BGB Rn. 686; L/B/D-L/*Sonntag*, § 648a BGB Rn. 64.

364 Siehe NK Werk- und Bauvertragsrecht/*Lührmann*, § 648a BGB Rn. 20.

365 Siehe BT-Drs. 18/8484, 51.

366 *Valerius/Gstöttner*, NZBau 2008, 486 (489).

gründen und ob eine Teilkündigung sinnvoll erscheint. Allein das Vorliegen eines Kündigungsgrundes nach § 8 Abs. 2 bis 5 oder § 9 Abs. 1 VOB/B rechtfertigt nicht automatisch die Annahme eines wichtigen Grundes im Sinne von § 648a Abs. 1 BGB.[367] Die VOB/B ist als AGB nicht geeignet, Regeltatbestände für eine gesetzliche Vorschrift zu begründen.[368] Dennoch werden insbesondere die Kündigungsgründe der VOB/B als Orientierungshilfe herangezogen und daneben Fälle dargestellt, die bisher von der Rechtsprechung als wichtiger Grund anerkannt wurden und nach dem Gesetzgeber auch heute noch Gültigkeit haben.[369] Dabei bietet sich eine Trennung von Kündigungsgründen des Bestellers und des Unternehmers an.

1. Kündigungsgründe des Bestellers

a. Terminverzug des Unternehmers

aa. Kündigungsrecht nach der VOB/B

In der VOB/B ist in § 8 Abs. 3 Nr. 1 S. 1 Var. 3 iVm § 5 Abs. 4 VOB/B ein Kündigungsgrund wegen Terminverzögerung des Unternehmers geregelt. Danach kann der Auftraggeber nach Ablauf der gesetzten Frist den Vertrag kündigen, wenn der Auftragnehmer den Beginn der Ausführung verzögert, er mit der Vollendung in Verzug gerät oder er der Verpflichtung, auf Verlangen Abhilfe zu schaffen, nicht nachkommt, wenn Arbeitskräfte, Geräte, Gerüste, Stoffe oder Bauteile so unzureichend sind, dass die Ausführungsfristen offenbar nicht eingehalten werden. Die Varianten haben damit verschiedene zeitliche Anknüpfungspunkte zum Gegenstand. Nach § 8 Abs. 3 Nr. 1 S. 2 VOB/B ist in diesen Fällen zudem ausdrücklich die Möglichkeit der Teilkündigung für den Auftraggeber eröffnet. Mithin unterliegt die Teilkündigung den erschwerten Voraussetzungen eines in sich abgeschlossenen Teils, wenn die VOB/B wirksam vereinbart wurde.

---

367 Ingenstau/Korbion/*Joussen*, Vor §§ 8 und 9 VOB/B Rn. 34.
368 Siehe bereits § 2 C.
369 Siehe bereits § 2 A II 2 d.

bb. Kündigungsrecht aus wichtigem Grund nach dem BGB

Fraglich ist, ob eine verzögerte Leistung des Unternehmers auch einen wichtigen Grund gemäß § 648a Abs. 1 BGB darstellen kann. Ein wichtiger Grund lässt sich dann annehmen, wenn der Unternehmer eine Vertragsfrist aus von ihm zu vertretenden Gründen nicht eingehalten hat und das Versäumnis so erheblich ist, dass es dem Besteller nicht zuzumuten ist, weiterhin am Vertrag festzuhalten.[370] Den Unternehmer trifft eine allgemeine Pflicht, die Baustelle so zu betreiben, dass er seine Leistung zum vereinbarten Termin übergeben kann.[371] Ein Kündigungsgrund kommt somit in Betracht, wenn ein Verzug des Unternehmers im Sinne von § 286 Abs. 1 BGB gegeben ist und dieser eine gewisse Erheblichkeit aufweist.[372] Zwar erfordert der Kündigungsgrund des § 648a Abs. 1 BGB nicht notwendigerweise ein Verschulden, allerdings wird ansonsten die Unzumutbarkeit der weiteren Vertragsdurchführung ausscheiden, da es insofern regelmäßig an einer Risikozuweisung an den Unternehmer fehlt.[373] Der Verzug setzt neben einer Mahnung oder einer kalendermäßigen Leistungsbestimmung die Fälligkeit der Leistung voraus, welche sich nach einem vereinbarten Fertigstellungstermin oder mangels Vereinbarung nach § 271 Abs. 1 BGB richtet.[374] Der Besteller muss vor Ausspruch einer Kündigung daher zunächst abwarten, bis die Fälligkeit eingetreten ist und der Unternehmer nach einer unter Umständen erforderlichen Mahnung in Verzug gerät.[375] Ausreichend ist daneben auch eine Überschreitung einer Einzelfrist, die als Vertragsfrist vereinbart wurde.[376] Selbiges gilt für den verspäteten Baubeginn.[377] Hingegen scheidet ein Verzug des Unternehmers aus, wenn er einer Weisung des Bestellers nicht folgt, welcher seine geltend gemachten Bedenken treuwidrig nicht berücksichtigt.[378]

---

370 BGH BauR 2003, 880 (881); OLG Stuttgart NZBau 2021, 323 (325 f.).
371 OLG Köln Urt. v. 22.12.2016, BeckRS 2016, 137045 Rn. 45 (abrufbar in beck-online).
372 In diese Richtung geht auch die Gesetzesbegründung BT-Drs. 18/8486, 63; OLG Stuttgart NZBau 2021, 323 Rn. 28.
373 Zur Verlängerung der Ausführungsfristen wegen des Kriegsbeginns in der Ukraine siehe noch § 5 B V.
374 BGH NJW-RR 2001, 806.
375 Leupertz/Preussner/Sienz/*Sienz* BauvertrR, § 648a BGB Rn. 15.
376 OLG Stuttgart NZBau 2021, 323 Rn. 44.
377 L/B/D-L/*Sonntag*, § 648a BGB Rn. 33. Entsprechend zu § 5 Abs. 2 VOB/B muss dem Unternehmer nach Aufforderung ein Zeitraum von mind. 12 Werktagen eingeräumt werden.
378 OLG Dresden BauR 2023, 98 (100).

Ein Kündigungsrecht des Bestellers vor einem vereinbarten oder sich aus § 271 Abs. 1 BGB ergebenden Fertigstellungstermin kommt nur in Ausnahmefällen in Betracht.[379] Denn bis zu diesem Zeitpunkt steht es dem Unternehmer grundsätzlich frei, seine Leistung ohne Sanktionen zu erbringen.[380] Vor Eintritt der Fälligkeit und ohne eine zur Abhilfe gesetzten Frist ist eine Kündigung aus wichtigem Grund nach dem Rechtsgedanken des § 323 Abs. 4 BGB daher nur zulässig, wenn von vornherein feststeht, dass der Unternehmer eine Vertragsfrist aus von ihm zu vertretenden Gründen nicht einhalten wird und diese Vertragsverletzung von so erheblichem Gewicht ist, dass eine Fortsetzung des Vertrags mit dem Unternehmer nicht zumutbar ist.[381]

Allein die fehlende Vornahme von Beschleunigungsmaßnahmen nach § 5 Abs. 4 VOB/B rechtfertigt vor diesem Hintergrund regelmäßig keinen wichtigen Grund im Sinne von § 648a Abs. 1 BGB, da der Unternehmer nicht zur Vornahme von solchen Beschleunigungsmaßnahmen verpflichtet ist, wenn er die Störung des Bauablaufs nicht zu vertreten hat.[382] Die Kündigung ist erst mit Eintritt des Verzugs oder wenn bereits feststeht, dass die Frist nicht eingehalten wird, gerechtfertigt.

Wenn der Besteller dem Unternehmer eine Nachfrist zur Fortsetzung der Arbeiten gesetzt hat, kann er während des Fristlaufs nicht den Vertrag aus wichtigem Grund kündigen. Mit dem Setzen einer Nachfrist gibt der Besteller dem Unternehmer nämlich zu verstehen, dass das Vertragsverhältnis zu diesem Zeitpunkt noch nicht so zerrüttet ist, dass eine Fortsetzung des Vertrages unzumutbar ist.[383]

Das Interesse des Bestellers an einer Teilkündigung dürfte insbesondere bestehen, wenn nur ein Teilbereich von dem Verzug erfasst ist und dieser Teil durch die Teilkündigung aus dem Leistungsprogramm des Unternehmers herausgenommen werden soll. Denn das Ziel ist stets ein planmäßiger Baufortschritt. Zwingend ist die Beschränkung auf den im Verzug befindlichen Teil allerdings nicht. Der Besteller kann die Teilkündigung auch auf Bereiche erstrecken, die nicht vom Verzug erfasst sind, weil im Ergebnis so der Fertigstellungstermin noch möglich erscheint. Das kann sich so gestal-

---

379 Leupertz/Preussner/Sienz/*Sienz* BauvertrR, § 648a BGB Rn. 15.
380 Siehe dazu bereits § 2 A II 2 a.
381 BGH NJW 2000, 2988 (2990).
382 L/B/D-L/*Sonntag*, § 648a BGB Rn. 33.
383 OLG Bremen Urt. v. 20.12.2019 – 2 U 50/18, BeckRS 2019, 58053 Rn. 91 (abrufbar in beck-online); OLG Düsseldorf NJW-RR 1996, 1770; OLG Stuttgart NJW-RR 2016, 470.

ten, dass der nicht im Verzug befindliche Teil von einem Nachunternehmer fortgeführt wird, während der vom Verzug betroffene Teil vom bisherigen Unternehmer weiter ausgeführt wird, weil sich für diesen Bereich kein geeigneter Nachunternehmer finden ließ.

b. Unberechtigte Leistungseinstellung/Kündigungsandrohung des Unternehmers

Nicht immer liegen im Falle einer unberechtigten Leistungseinstellung bereits die Voraussetzungen des Verzugs vor. Daher stellt sich die Frage, inwieweit darüber hinaus eine Leistungseinstellung des Unternehmers beispielsweise zur Durchsetzung von strittigen Nachträgen einen wichtigen Grund rechtfertigt. Eine solche Leistungsverweigerung muss zunächst unberechtigt erfolgen. Denn wenn der Schuldner aufgrund eines Leistungsverweigerungsrecht berechtigterweise die Leistung verweigert, kann dem Besteller daraus kein Kündigungsrecht erwachsen.[384] Entsprechend dem Rechtsgedanken des § 323 Abs. 4 BGB kann eine Leistungsverweigerung auch bereits vor Fälligkeit angenommen werden.[385] Dabei muss zwischen den verschiedenen Erscheinungsformen der unberechtigten Leistungsverweigerung differenziert werden.[386] Die Leistungsverweigerung in Form der ernsthaften und endgültigen Erfüllungsverweigerung berechtigt regelmäßig zu einer Kündigung aus wichtigem Grund, während in sonstigen Fällen der Leistungsverweigerung erst die Begleitumstände eine Kündigung aus wichtigem Grund rechtfertigen.[387]

aa. Die ernsthafte und endgültige Erfüllungsverweigerung

Wenn die unberechtigte Leistungsverweigerung eine ernsthafte und endgültige Erfüllungsverweigerung der Leistung im Sinne von § 323 Abs. 2 Nr. 1 BGB darstellt, ist es der anderen Partei nicht mehr zuzumuten, weiterhin am Vertrag festzuhalten.[388] Denn damit bezweckt der Schuldner ein Tun

---

384 Leistungsverweigerungsrechte können sich beispielsweise aus § 320 BGB, § 275 Abs. 2 und 3 BGB, § 635 Abs. 3 BGB, § 650f Abs. 5 S. 1 Alt. 1 BGB ergeben.
385 Siehe bereits § 3 B I.
386 *Langen*, BauR 2022, 320 (323).
387 *Langen*, BauR 2022, 320 (323).
388 BGH NJW 2000, 807 (808).

oder Unterlassen der anderen Seite, auf welches dieser objektiv keinen Anspruch hat, wodurch das Vertrauen des Gläubigers in das ursprünglich vereinbarte synallagmatische Leistungsgefüge erschüttert wird.[389] An das Vorliegen einer ernsthaften endgültigen Erfüllungsverweigerung sind allerdings strenge Anforderungen zu stellen.[390] Eine Erfüllungsverweigerung liegt nur vor, wenn der Schuldner unmissverständlich zu verstehen gibt, dass er seinen Vertragspflichten unter keinen Umständen nachkommen wird.[391] Es muss ausgeschlossen erscheinen, dass sich der Unternehmer von einer Nachfrist umstimmen lassen wird, sodass eine solche eine bloße Förmelei darstellen würde.[392] Bloße Meinungsverschiedenheiten über den Vertragsinhalt sind nicht ausreichend.[393] Das gilt umso mehr, wenn die Erfüllungsverweigerung vor Fälligkeit erfolgt. Gegen die vorschnelle Annahme einer Erfüllungsverweigerung spricht zudem, dass der Gesetzgeber dem hohen Konfliktpotential bei Nachtragsstreitigkeiten durch die in § 650d BGB geschaffene erleichterte Möglichkeit für den Erlass einer einstweiligen Verfügung Rechnung trägt.[394] Aus dieser Möglichkeit folgt zugleich, dass lediglich Zweifel an der Berechtigung von Nachträgen oder an der Notwendigkeit einer Änderungsanordnung nach § 650b BGB grundsätzlich nicht dazu führen, dass das Vertrauen in die Vertragstreue des anderen Teils erschüttert wird.[395]

Eine endgültige Erfüllungsverweigerung scheidet auch dann aus, wenn der Unternehmer die Fortsetzung der Arbeiten nicht von einer Handlung des Bestellers abhängig macht, sondern lediglich im Rahmen seiner unternehmerischen Dispositionsfreiheit die Arbeiten unterbricht.[396] Die bloße unberechtigte Arbeitseinstellung durch den Unternehmer ohne das Hinzutreten weiterer Umstände ist demnach nicht als endgültige und ernsthafte Erfüllungsverweigerung anzusehen, welche eine Nachfristsetzung entbehrlich machen würden.[397] Da die VOB/B keinen Kündigungsgrund wegen

---

389 *Langen*, BauR 2022, 320 (323).
390 NK-BGB/*Dauner-Lieb/Dubovitskaya*, § 323 BGB Rn. 25; BGH NJW 2013, 1074 Rn. 22; BGH NJW 1988, 1778 (1779).
391 BGH NJW 2011, 2872 (2873); BGH ZfBR 2015, 33 (34) = BauR 2014, 663.
392 BGH NJW 2006, 1195 (1197); BGH NJW 1971, 798.
393 BGH NJW 1971, 798.
394 *Langen*, BauR 2022, 320 (324).
395 *Langen*, BauR 2022, 320 (324).
396 *Langen*, BauR 2022, 320 (324).
397 OLG Koblenz NJW-RR 2014, 913; *Langen*, BauR 2022, 320 (324).

einer ernsthaften und endgültigen Erfüllungsverweigerung, sondern nur wegen Verzugs vorsieht, ist auf § 648a Abs. 1 BGB zurückzugreifen.[398]

bb. Sonderfall: Verweigerte Mitwirkung gemäß § 650b Abs. 1 BGB

Im Zuge der Reform des Bauvertragsrecht wurden für den Bauvertrag gemäß § 650a BGB verschiedene Pflichten der Parteien eingeführt, wobei die Folgen ihrer Verweigerung keine ausdrückliche Regelung widerfahren haben. So wurde vor dem Hintergrund des Rahmencharakters eines Bauvertrages als Langzeitvertrag insbesondere ein Anordnungsrecht bei Änderung des Vertrages für den Besteller gemäß § 650b Abs. 2 BGB implementiert.[399] Bevor ein solches Anordnungsrecht des Bestellers besteht, haben die Parteien gemäß § 650b Abs. 1 BGB zunächst ein Einvernehmen über die Änderung und die infolge der Änderung zu leistende Mehr- oder Mindervergütung anzustreben. Die Grundlage dieses Einigungsbestrebens bildet dabei die Angebotsvorlage durch den Unternehmer, da ein wesentlicher Bestandteil einer einvernehmlichen Lösung ist, dass sich die Parteien über die Auswirkungen der Änderung und der damit einhergehenden Vergütungspflicht einig sind.[400] Die Angebotsvorlage oder gar das Bestreben nach Einvernehmen stellen sich im Unterschied zu den vorherigen Ausführungen nicht als Haupt- oder Nebenpflichten des Vertrages dar. Fraglich ist daher, ob sich aus deren Verweigerung ebenfalls ein zur Kündigung berechtigender wichtige Grund gemäß § 648a Abs. 1 BGB ergibt. Bei der Pflicht zur Abgabe eines Angebots handelt es sich dem Wortlaut nach um eine Schuldnerpflicht und nicht um eine bloße Obliegenheit.[401] Die Nichtvorlage des Angebots stellt eine Vertragsverletzung dar, weil das gesetzlich geschützte Interesse des Bestellers an der Information über die zu erwartenden Kosten verletzt wird.[402] Wenn der Unternehmer sich daher mangels Unzumutbarkeit zu Unrecht weigert, ein Nachtragsangebot vorzulegen, liegt ein Verstoß gegen die in § 650b Abs. 1 S. 2 BGB normierte Kooperationspflicht vor.[403] Damit berechtigt die Verweigerung des Unternehmers, Verhandlungen über eine

---

398 Siehe dazu bereits § 2 C.
399 Siehe dazu bereits § 2 A II 2 a.
400 BT-Drs. 18/8486, 53.
401 Messerschmidt/Voit/*v. Rintelen,* § 650b BGB Rn. 35; *Oberhauser,* NZBau 2019, 3 (6); a.A BeckOGK/*Mundt,* § 650b BGB Rn. 122, 171 (Stand: 01.04.2023).
402 Messerschmidt/Voit/*v. Rintelen,* § 650b BGB Rn. 35.
403 *Langen,* BauR 2022, 320 (325).

Änderung des Vertrages vorzunehmen beziehungsweise ein Angebot vorzulegen, in schwerwiegenden Fällen zur Kündigung aus wichtigem Grund
gemäß § 648a BGB.[404]

Eine solche Kündigungsmöglichkeit könnte jedoch wegen der speziell
geregelten Rechtsfolge des Anordnungsrechts gemäß § 650b Abs. 2 BGB
weitgehend ausgeschlossen sein, wenn es sich dabei um eine abschließende
Regelung handelt.[405] Den Interessen des Unternehmers wird dabei durch
die Vergütungsanpassung gemäß § 650c BGB Rechnung getragen. Im Streitfall kann sodann eine gerichtliche Entscheidung in Form der einstweiligen
Verfügung nach § 650d BGB eingeholt werden.[406] Auf diese Weise können
die Rechte der Beteiligten durchgesetzt werden, sodass eine Unzumutbarkeit der weiteren Vertragsdurchführung ausscheiden könnte. Gegen einen
solchen Ausschluss des Kündigungsrechts durch das Anordnungsrecht
spricht zunächst der Wortlaut des § 650b Abs. 2 BGB, wonach der Besteller
die Änderung anordnen „kann". Eine Verpflichtung lässt sich dem Wortlaut
hingegen nicht entnehmen. Dies spricht für ein Wahlrecht zwischen dem
Kündigungsrecht nach § 648a BGB und dem Anordnungsrecht nach § 650b
Abs. 2 BGB.[407] Daneben spricht auch die Schutzbedürftigkeit des Bestellers
für ein solches Wahlrecht, da dieser auf die Mitwirkung des Unternehmers
angewiesen ist.[408] Zudem ist eine Anordnung gemäß § 650b Abs. 2 BGB
für den Besteller nicht stets vorteilhaft. So führt diese für den Besteller zu
erheblichen finanziellen Risiken, wenn der Unternehmer der Angebotsvorlage gemäß § 650b Abs. 1 S. 2 BGB unberechtigt nicht nachkommt, da der
Besteller die finanziellen Auswirkungen des geänderten Vorhabens oftmals
nicht einschätzen kann.[409] Der Besteller muss sich aber für sein Vorhaben
finanziell absichern und sich dementsprechend von dem Änderungsbegeh-
ren distanzieren können.[410] Dies ist interessengerecht, wenn man bedenkt,
dass der Unternehmer Anlass zu einer Kündigung aus wichtigem Grund
gegeben hat, in dem er seine Mitwirkung gemäß § 650b Abs. 1 BGB ver-

---

404 *Langen*, BauR 2022, 320 (325); *Oberhauser*, NZBau 2019, 3 (6); B/R/H/P/*Voit*,
§ 648a BGB Rn. 3; a.A BeckOGK/*Mundt*, § 650b BGB Rn. 171 (Stand: 01.04.2023).
405 So wohl L/B/D-L/*Sonntag*, § 648a BGB Rn. 59.
406 Siehe zur Frage der Verpflichtung zur Einholung einer einstweiligen Verfügung
noch § 3 B IV 2 b.
407 *Langen*, BauR 2022, 320 (325).
408 *Langen*, BauR 2022, 320 (325).
409 *Langen*, BauR 2022, 320 (325).
410 *Langen*, BauR 2022, 320 (325).

weigert hat.[411] Damit besteht regelmäßig für den Fall der verweigerten Mitwirkung gemäß § 650b Abs. 1 BGB ein Kündigungsrecht nach § 648a Abs. 1 S. 2 BGB.

Wenn der Besteller eine Anordnung trifft und der Unternehmer dieser nach § 650b Abs. 2 S. 2 BGB nicht nachkommt, insbesondere obwohl, ihm die Änderungsanordnung zumutbar ist, rechtfertigt dies ebenfalls einen Kündigungsgrund nach § 648a Abs. 1 BGB.

cc. Die unberechtigte Leistungsverweigerung unter Hinzutreten weiterer Begleitumstände

Sofern sich die unberechtigte Leistungsverweigerung seitens des Unternehmers aufgrund der streng anzusetzenden Maßstäbe nicht als eine endgültige Erfüllungsverweigerung darstellt, kann sich unter Hinzutreten weiterer Umstände ein wichtiger Grund gemäß § 648a Abs. 1 BGB ergeben. Der Unterschied zu einer ernsthaften, endgültigen Erfüllungsverweigerung ist in der Intensität der Verweigerung auf Seiten des Schuldners zu sehen.[412]

Wenn der Unternehmer beispielsweise seine Arbeiten einstellt, um strittige Nachträge durchzusetzen anstatt eine einvernehmliche Lösung anzustreben und eine Fortsetzung der Arbeiten binnen einer angemessenen Frist unterbleibt, liegt ein schwerwiegender Verstoß gegen die bauvertragliche Kooperationspflicht vor und dieses Verhalten kann somit einen wichtigen Grund zur Kündigung bilden.[413] Nach den dargestellten Grundsätzen darf der Unternehmer die Arbeiten aufgrund einer Nachtragsforderung grundsätzlich nur dann einstellen, wenn der Besteller die Nachträge zu Unrecht ablehnt.[414] Umgekehrt erfolgt die Leistungseinstellung unberechtigt, wenn die Nachtragsforderung dem Grunde nach unberechtigt ist, wenn der Unternehmer die Nachtragsforderung dem Besteller nicht prüfbar dargelegt hat, wenn die dem Besteller zustehende Prüfungsfrist noch nicht verstrichen ist oder wenn die Arbeiten hinsichtlich eines Teils eingestellt werden, welcher nicht mit der Nachtragsforderung in Zusammenhang steht.[415] Ent-

---

411 *Langen*, BauR 2022, 320 (325).
412 *Langen*, BauR 2022, 320 (325).
413 OLG Frankfurt/Main NJW-RR 2011, 1655.
414 BGHZ 176, 23 Rn. 45; BGH NZBau 2004, 612 (613); OLG Frankfurt/Main NJW-RR 2011, 1655.
415 OLG Frankfurt/Main NJW-RR 2011, 1655; *Virneburg*, ZfBR 2004, 419 f.

sprechendes gilt, wenn der Unternehmer unberechtigte Abschlagszahlungen durch die Leistungseinstellung durchsetzen will.[416] Auch wiederholte, kurzzeitige Leistungseinstellungen können den Bauablauf erheblich stören und somit die Zuverlässigkeit des Unternehmers massiv in Frage stellen.[417] Die unberechtigte Leistungseinstellung kann nach den Umständen des Einzelfalls somit erhebliche Zweifel an der Leistungsfähigkeit und Leistungswilligkeit des Unternehmers begründen.[418]

Bei einer unberechtigten Leistungsverweigerung, die keine ernsthafte, endgültige Erfüllungsverweigerung darstellt, kommt es im Ergebnis daher entscheidend darauf an, dass neben der bloßen Leistungseinstellung weitere Umstände hinzutreten, welche aufgrund der Verletzung der Kooperationspflicht zu einem Vertrauensverlust des Bestellers führen.[419]

dd. Teilkündigung

Eine Teilkündigung im Falle der unberechtigten Leistungsverweigerung kommt sinnvollerweise nur dann in Betracht, wenn sich die Leistungseinstellung beziehungsweise Kündigungsandrohung auf den zu kündigenden Teil bezieht, während die restlichen Arbeiten weiterhin anstandslos durchgeführt werden. Denn der Besteller möchte den Vertrag gerade kündigen, weil kein Fortschritt des Projekts erzielt wird. Im Gegensatz zum Verzug ist hier aufgrund der Intensität mit keinem weiteren Baufortschritt zu rechnen. Dennoch kann es für den Besteller unter wirtschaftlichen Aspekten sinnvoll sein, eine Teilkündigung zu erklären. Wenn der Unternehmer die Arbeiten insgesamt verweigert, wird nur eine Kündigung des gesamten Vertrages zielführend sein.

---

416 OLG Stuttgart NJW-RR 2016, 470.
417 OLG München Urt. v. 11.02.2015 – 27 U 3407/14, BeckRS 2016, 05167 Rn. 19 (abrufbar in beck-online).
418 OLG Stuttgart NJW-RR 2016, 470 Rn. 25.
419 *Langen*, BauR 2022, 320 (326).

c. Wesentliche Mängel vor Abnahme

aa. Konflikt zwischen dem Gewährleistungsrecht und einer Kündigung aus wichtigem Grund nach der Systematik des BGB

Bei Mängeln des Werks kann der Besteller ausgehend von der Systematik des Gewährleistungsrechts Mängelrechte gemäß § 634 BGB grundsätzlich erst nach der Abnahme geltend machen.[420] Denn ob ein Werk mangelfrei ist, beurteilt sich grundsätzlich im Zeitpunkt der Abnahme.[421] Bis zu diesem Zeitpunkt steht es dem Unternehmer angesichts seiner Dispositionsfreiheit frei, wann und wie er seiner Leistungspflicht zur Herstellung eines mangelfreien Werks nachkommt.[422] Könnte der Besteller bereits während der Herstellungsphase Mängelrechte aus § 634 BGB geltend machen, hätte dies einen Eingriff in die Dispositionsfreiheit des Unternehmers zur Folge.[423] Das Werkvertragsrecht im BGB regelt die Mängelrechte vollständig und abschließend.[424] Allerdings hat der Besteller gerade am Bau ein Interesse daran, dass ein während der Ausführung des Werks auftretender Mangel frühzeitig beseitigt wird und er nicht bis zur Abnahme abwarten muss, um den Unternehmer zur Mangelbeseitigung aufzufordern oder um zu klären, ob überhaupt ein Mangel vorliegt.[425] Dies zeigt sich vor allem in Fällen, in denen weitere vorzunehmende Leistungen auf die mangelhafte Leistung aufbauen, sodass eine spätere Mängelbeseitigung nur noch mit großem Aufwand möglich ist und um ein Vielfaches teurer wird.[426] Die finanziellen Auswirkungen können dann für den Besteller unter Umständen existenzgefährdende Folgen haben.[427] Hinzu tritt der Umstand, dass in der Regel eine sofortige Mangelbeseitigung mit geringem Aufwand möglich gewesen wäre. Der Besteller hat dann ein berechtigtes Interesse daran, den Unternehmer bereits vor Abnahme zu einer vertragsgemäßen Leistung anzuhalten. Als Rechtsbehelfe stehen dem Besteller während der Herstellungsphase des Werks der Erfüllungsanspruch und die Rechte des

---

420 Näher BGHZ 213, 319; BGHZ 213, 338; BGHZ 213, 349.
421 So BGHZ 213, 319 Rn. 33.
422 Siehe nur BGHZ 213, 319 Rn. 33; siehe zudem bereits § 2 A II 2 a.
423 BGHZ 213, 319 Rn. 33.
424 *Schellhammer*, Schuldrecht nach Anspruchsgrundlagen, Rn. 481.
425 *Fuchs*, NZBau 2021, 217; GF-BGB/*Meindl/Schmid*, § 648a BGB Rn. 14.
426 *Sienz*, BauR 2018, 376 (386); GF-BGB/*Meindl/Schmid*, § 648a BGB Rn. 14; *Joussen*, BauR 2009, 319 (331); *Klein*, BauR 2015, 358 (360).
427 GF-BGB/*Meindl/Schmid*, § 648a BGB Rn. 14.

allgemeinen Leistungsstörungsrecht zu, welche unter Umständen sogar bereits vor Fälligkeit bestehen können, wie § 323 Abs. 4 BGB verdeutlicht.[428] Denn dem Besteller ist es nicht zuzumuten, die damit einhergehenden Schäden erst eintreten zu lassen.[429] Der Besteller wird aber in erster Linie bei einem vor Abnahme auftretenden Mangel die Mangelbeseitigung durch den Unternehmer fordern. Der Erfüllungsanspruch kann zwar notfalls über § 887 ZPO vollstreckt werden, allerdings ist dieser während der Herstellungsphase nicht fällig.[430] Das bedeutet, dass die Durchsetzung und die Vollstreckung weitgehend wertlos sein dürften, da der Anspruch lediglich darauf gerichtet sein kann, dass zu einem bestimmten Fertigstellungstermin der geschuldete Erfolg in Bezug auf das gesamte Werk erreicht wird.[431] Entsprechendes gilt für eine Klage auf künftige Leistungen nach § 259 ZPO.[432] Sofern der Unternehmer den Mangel daher nicht aufforderungsgemäß beseitigt, wird der Besteller einen anderen Unternehmer mit der Ausführung des Werks betrauen wollen, um im Ergebnis zu einem mangelfreien Werk zu gelangen.[433] Damit geht das Interesse des Bestellers dahin, den Vertrag durch eine Kündigung aus wichtigem Grund gemäß § 648a Abs. 1 BGB vorzeitig zu beenden, um sein Ziel zu erreichen und die gesamte Rückabwicklung des Vertrages zu vermeiden.[434] Eine uneingeschränkte Anwendung der Kündigung aus wichtigem Grund könnte hingegen eine Umgehung der Mängelrechte zur Folge haben. Insofern stellt sich die Frage, wann ein zur Kündigung berechtigender wichtige Grund gemäß § 648a Abs. 1 BGB vorliegen kann.

bb. Unwirksamkeit des Kündigungsrechts nach der VOB/B

Die VOB/B setzt sich im Gegensatz zum BGB regulativ mit der Phase bis zur Fertigstellung des Werks auseinander und sieht daher nach § 8 Abs. 3 Nr. 1 S. 1 Var. 1 iVm § 4 Abs. 7 S. 3 VOB/B vor, dass der Bauvertrag gekündigt werden kann, wenn der Auftragnehmer vor Abnahme gerügte Mängel nicht innerhalb einer von ihm gesetzten Frist beseitigt. Darüber hinaus ist in § 8

---

428 Siehe nur BGHZ 213, 319 Rn. 33.
429 Kompendium des Baurechts/*Jurgeleit,* Teil 5 Rn. 15.
430 *Fuchs,* NZBau 2021, 217 (218).
431 *Voit,* BauR 2022, 339 (342); *Moufang,* BauR 2021, 876 (882).
432 *Voit,* BauR 2022, 339 (342).
433 *Fuchs,* NZBau 2021, 217.
434 GF-BGB/*Meindl/Schmid,* § 648a BGB Rn. 14; vgl. *Weller,* NZBau 2018, 398 (402).

Abs. 3 Nr. 1 S. 2 VOB/B die Möglichkeit der Teilkündigung für einen in sich abgeschlossenen Teil der vertraglichen Leistung vorgesehen. Die VOB/B ermöglicht dem Auftraggeber damit ausdrücklich, den Vertrag aufgrund von Mängeln bereits vor der Abnahme vorzeitig vollständig oder teilweise zu beenden. Weitere Voraussetzungen sieht weder § 4 Abs. 7 VOB/B noch § 8 Abs. 3 Nr. 1 VOB/B vor. Folglich könnte der Auftraggeber den Vertrag aus wichtigem Grund bis zur Grenze des Rechtsmissbrauchs in jedem denkbaren Fall einer festgestellten Vertragswidrigkeit kündigen und zwar unabhängig davon, welches Gewicht der Vertragswidrigkeit oder dem Mangel im Hinblick auf die Fortsetzung des Vertragsverhältnisses zukommt.[435] Die Regelung des § 4 Abs. 7 S. 3 VOB/B differenziert insoweit nicht, sodass selbst unwesentliche Mängel, die den Auftraggeber nach § 640 Abs. 1 S. 2 BGB nicht einmal zur Verweigerung der Abnahme berechtigten würden, eine Kündigung aus wichtigem Grund rechtfertigen würden.[436] Das in § 8 Abs. 3 Nr. 1 S. 1 Alt. 1 iVm § 4 Abs. 7 S. 3 VOB/B vorgesehene Kündigungsrecht ist vor diesem Hintergrund unwirksam, da eine Einschränkung der Kündigung auf wesentliche Mängel fehlt und so die Grundwertungen des BGB, wonach der Besteller grundsätzlich auf die Mängelrechte nach erfolgter Abnahme verwiesen ist, missachtet werden.[437] Auch ist ein solch einschränkungsloses Kündigungsrecht nicht mit der Voraussetzung eines wichtigen Grundes gemäß § 648a Abs. 1 BGB und den Anforderungen an die Annahme eines solchen zu vereinbaren.[438] Aufgrund der inhaltlichen Trennbarkeit erstreckt sich die Unwirksamkeit des § 8 Abs. 3 Nr. 1 S. 1 VOB/B iVm § 4 Abs. 7 S. 3 VOB/B dagegen nicht auf die übrigen Kündigungstatbestände der Klausel.[439]

---

435 BGH NJW 2023, 1356 (1358 f.).
436 BGH NJW 2023, 1356 (1358).
437 Kniffka ibrOK BauVertrR/*Schmitz,* § 648a BGB Rn. 99 (Stand: 06.03.2023); *Fuchs,* NZBau 2021, 217; Messerschmidt/Voit/*Voit,* § 4 VOB/B Rn. 38; NWJS/*Gartz,* § 4 VOB/B Rn. 210; Leinemann/Kues/*Geheeb,* § 648a BGB Rn. 10; i.E. ebenso BGH NJW 2023, 1356.
438 BGH NJW 2023, 1356 (1359); zu den Anforderungen an den wichtigen Grund bei Mängeln vor der Abnahme siehe noch § 3 B IV 1 c cc (1).
439 BGH NJW 2023, 1356 (1359).

cc. Kündigungsrecht aus wichtigem Grund nach dem BGB

(1) Anforderungen an den wichtigen Grund bei Mängeln vor Abnahme

Dem Besteller muss dann ein Kündigungsrecht aus wichtigem Grund zustehen, wenn er aufgrund der mangelhaften Leistung des Unternehmers das Vertrauen in dessen Leistungsfähigkeit verloren hat.[440] Um einen solchen Vertrauensverlust herbeizuführen, muss der Mangel im Gegensatz zum normierten Kündigungsrecht nach der VOB/B eine Erheblichkeit aufweisen.[441] Andernfalls rechtfertigt sich keine Ausnahme von dem Grundsatz, dass der Besteller grundsätzlich auf die Mängelrechte nach der Abnahme verwiesen ist. Ein Kündigungsrecht ist mithin gegeben, wenn der Unternehmer nachhaltig und in erhöhtem Maße mangelhaft leistet mit der Folge, dass der Besteller das Vertrauen in eine im Wesentlichen mangelfreie Leistung bis zum Fertigstellungszeitpunkt verloren hat.[442] Der Grund für die Kündigung besteht somit nach den bereits dargelegten Grundsätzen nicht in der mangelhaften Leistung während der Herstellungsphase, sondern primär in dem Vertrauensverlust des Bestellers hinsichtlich der Leistungsfähigkeit des Unternehmers und in der Gefährdung des Vertragszwecks.[443] Erforderlich ist folglich neben der mangelhaften Werkleistung während der Ausführungsphase das Hinzutreten weiterer Umstände, die zur Unzumutbarkeit der weiteren Vertragsfortsetzung führen.[444] Diese Umstände können aus der Ursache, der Art, dem Umfang, der Schwere oder den Auswirkungen der Vertragswidrigkeit oder des Mangels folgen.[445] Ein Kündigungsgrund ist demnach beispielsweise gegeben, wenn der Unternehmer ungewöhnlich häufig gegen die anerkannten Regeln der Technik verstoßen hat und dadurch gravierende Mängel auftreten wie die Beeinträchtigung der Standsicherheit eines Gebäudes[446] oder wenn der Unternehmer

---

440 So auch Leupertz/Preussner/Sienz/*Sienz* BauvertrR, § 648a BGB Rn. 14; *Valerius/Gstöttner,* NZBau 2008, 486 (488).
441 Vgl. *Moufang,* BauR 2021, 876 (880).
442 Leinemann/Kues/*Geheeb*, § 648a BGB Rn. 10; L/B/D-L/*Sonntag*, § 648a BGB Rn. 35; *Voit,* BauR 2022, 339 (349).
443 Leupertz/Preussner/Sienz/*Sienz* BauvertrR, § 648a BGB Rn. 14; *Joussen,* BauR 2009, 319 (332).
444 BGH NJW 2023, 1356 (1359); ähnlich bereits unter § 3 B IV 1 b cc zum Kündigungsgrund der unberechtigten Leistungsverweigerung.
445 BGH NJW 2023, 1356 (1359).
446 Vgl. BGH NJW-RR 2008, 1052 (1053).

an einer Bauausführung entgegen den anerkannten Regeln der Technik beharrlich festhält[447]. Gleiches gilt, wenn der Unternehmer in einem sensiblen Bereich wie der Erstellung einer Sprinkleranlage eine erheblich vertragswidrige Leistung begonnen hat und trotz mehrfacher Aufforderung durch den Besteller die Ausführung fortsetzt.[448]

Durch die Möglichkeit der Kündigung aus wichtigem Grund bei erheblichen Mängeln in der Herstellungsphase wird dem Besteller somit ein zusätzliches Druckmittel in die Hand gegeben, den Unternehmer von vornherein zu einer ordnungsgemäßen Werkherstellung zu bewegen.[449] Vor dem bisherigen Hintergrund ist in der Rechtsanwendung der Kündigung aus wichtigem Grund unter Berufung auf Mängel während der Herstellungsphase angesichts der strengen Voraussetzungen Vorsicht geboten.

(2) Teilkündigung

Die Bedeutung des Rechts einer Kündigung aus wichtigem Grund bei Mängeln während der Herstellungsphase wird durch die Möglichkeit der Teilkündigung gesteigert.[450] Eine Teilkündigung wegen nicht unerheblichen Mängeln bezüglich der Arbeiten ist neben dem Verzug wohl der Hauptanwendungsfall der Teilkündigung. Denn diese Art von Pflichtverletzung lässt sich formal auf einen Teilbereich beschränken und es kann für den Besteller aus wirtschaftlicher Sicht sinnvoll sein, die Arbeiten durch den bisherigen Unternehmer weiter ausführen zu lassen. Hingegen kann er den mangelhaften abgrenzbaren Teil kündigen und für diesen Bereich einen neuen Unternehmer mit den Arbeiten betrauen. Damit ist er nicht gezwungen, den gesamten Vertrag zu kündigen und kann somit der Herausforderung einer neuen Beauftragung des gesamten Auftrags entgehen.[451] Durch die Möglichkeit der Teilkündigung gemäß § 648a Abs. 2 BGB wird die Position des Bestellers bei Mängeln vor der Abnahme somit insgesamt verbessert und die Rechtsdurchsetzung erleichtert.[452]

---

447 OLG Schleswig BauR 2011, 690.
448 OLG Bremen BauR 2022, 504.
449 *Voit*, NZBau 2017, 521 (525).
450 GF-BGB/*Meindl/Schmid*, § 648a BGB Rn. 15.
451 GF-BGB/*Meindl/Schmid*, § 648a BGB Rn. 15.
452 *Voit*, NZBau 2017, 521 (525); ähnlich *Weller*, NZBau 2018, 398 (403).

d. Unberechtigter Nachunternehmereinsatz

In § 4 Abs. 8 Nr. 1 S. 1 VOB/B wird bestimmt, dass der Auftragnehmer die Leistung grundsätzlich im eigenen Betrieb ausführen muss. Nach S. 2 der Regelung darf er sie nur mit schriftlicher Zustimmung des Auftraggebers übertragen. Erbringt der Auftragnehmer ohne schriftliche Zustimmung des Auftraggebers Leistungen nicht im eigenen Betrieb, obwohl sein Betrieb darauf eingerichtet ist, kann der Auftraggeber ihm eine angemessene Frist zur Aufnahme der Leistung im eigenen Betrieb setzen und bei fruchtlosem Ablauf der Frist den Vertrag nach § 4 Abs. 8 Nr. 1 S. 4 iVm § 8 Abs. 3 Nr. 1 S. 2 Var. 2 VOB/B kündigen.

Eine vergleichbare Regelung zur persönlichen Durchführung ist im BGB nicht vorgesehen. Im Gegensatz zum Dienstvertragsrecht, welches in § 613 BGB die Unübertragbarkeit der Dienstleistung regelt, ist der Werkvertrag erfolgsbezogen.[453] Die Errichtung des Werks unterliegt der Dispositionsfreiheit des Unternehmers. Der Bauvertrag hingegen weist die Besonderheit auf, dass er aufgrund der mitunter langen Zeitspanne zu einer persönlicheren Beziehung der Parteien führt, welche durch ein Vertrauens- und Kooperationsverhältnis geprägt ist. Aber auch in den § 650a ff. BGB findet sich keine Regelung zur Höchstpersönlichkeit der Leistungserbringung. Daher ist ein generelles Kündigungsrecht bei einem unberechtigten Nachunternehmereinsatz wie beim VOB-Vertrag nicht anzunehmen, wenn im Vertrag keine entsprechende Regelung vereinbart wurde.[454] Ein Kündigungsgrund kommt lediglich dann in Betracht, wenn der Nachunternehmer unzuverlässig, ersichtlich ungeeignet ist oder sich in der Vergangenheit als unkooperativ gezeigt hat.[455] In einem solchen Fall steht jedoch die Unzuverlässigkeit des Unternehmers selbst in Rede. Diesen trifft dabei ein Organisations- und Überwachungsverschulden. Vor diesem Hintergrund kann ein wichtiger Grund gemäß § 648a Abs. 1 BGB angenommen werden, wenn das Bauvorhaben mehrfach ins Stocken gerät, weil die wechselnden Bauleiter des Unternehmers und mehrere Nachunternehmer ihre Arbeit trotz mehrfacher Aufforderung des Bestellers einstellen.[456] Nicht erforderlich ist man-

---

453 Siehe bereits § 2 A II 2 a.

454 So auch Ingenstau/Korbion/*Joussen,* Vor §§ 8 und 9 VOB/B Rn. 26; *Valerius/Gstöttner,* NZBau 2008, 486 (488); siehe dazu OLG Köln Urt. v. 12.05.2016 – 8 U 58/14, BeckRS 2016, 112659 Rn. 44 (abrufbar in beck-online).

455 L/B/D-L/*Sonntag,* § 648a BGB Rn. 37.

456 OLG München, Urt. 11.02.2015 – 27 U 3407/14, BeckRS 2016, 5167 (abrufbar in beck-online).

gels einer ausdrücklichen Regelung hingegen, dass wie bei § 4 Abs. 8 Nr. 1 VOB/B der Betrieb des Unternehmers auf die Leistung eingerichtet ist.[457]

Sofern ein Kündigungsgrund gegeben sein sollte, kommt ebenfalls eine Teilkündigung in Betracht, wenn ein abgrenzbarer Teil betroffen ist. Gesetzt den Fall, dass der Unternehmer Teile des Werks an einen Dritten delegiert und dieser Teil von der Kündigung erfasst werden soll, hat er die Abgrenzung von der Gesamtleistung bereits selbst vorgenommen. Eine Teilkündigung ist dann ohne weitere Schwierigkeiten möglich. Die VOB/B sieht für den Fall des unberechtigten Nachunternehmereinsatzes ebenfalls die Möglichkeit der Teilkündigung in § 8 Abs. 3 Nr. 1 S. 2 VOB/B vor.

e. Kartell- oder Wettbewerbsverstöße durch den Unternehmer

aa. Besonderes Kündigungsrecht nach § 133 GWB

(1) Überblick über die Regelung

In § 133 Abs. 1 GWB ist ein Kündigungsrecht für öffentliche Auftraggeber (§ 99 GWB) für öffentliche Aufträge vorgesehen, die unter Verstößen gegen vergaberechtliche Bestimmungen zustande gekommen sind. Die Vorschrift legt erstmals Bedingungen fest, unter denen öffentlichen Auftraggebern vergaberechtlich ein Kündigungsrecht während der Vertragslaufzeit zusteht und dient der Umsetzung von Art. 73 der Richtlinie 2014/24/EU.[458] Die Zielsetzung des Kündigungsrechts besteht in der Herstellung der Gesetzmäßigkeit und Unionrechtmäßigkeit der Verwaltung.[459] Insofern kann sogar eine Pflicht zur Kündigung bestehen, wenn keine andere Möglichkeit gegeben ist, einen europarechtskonformen Zustand herzustellen.[460] Das Kündigungsrecht besteht unabhängig davon, ob der zu kündigende Auftragnehmer selbst an einem Verstoß gegen vergaberechtliche Vorschriften mitgewirkt hat. Es handelt sich vielmehr um ein einseitiges behördliches Gestaltungsinstrument.[461] § 133 GWB bringt somit den öffentlich-rechtlichen Charakter des behördlichen Vergabeverfahrens zum Ausdruck und

---

457 L/B/D-L/*Sonntag*, § 648a BGB Rn. 37.
458 BT-Drs. 18/6281, 120.
459 BT-Drs. 18/6281, 120.
460 BT-Drs. 18/6281, 120.
461 Immenga/Mestmäcker/*Kling*, § 133 GWB Rn. 8; Beck VergabeR/*Berger*, § 133 GWB Rn. 11.

unterscheidet sich von den beidseitigen vertraglichen und gesetzlichen Kündigungsrechten im System des BGB.[462]

Dogmatisch entspricht das Kündigungsrecht nach § 133 Abs. 1 GWB dem eines wichtigen Grundes. Dafür spricht zum einen, dass der öffentliche Auftrag gemäß § 133 Abs. 1 GWB während der Vertragslaufzeit ohne eine Frist gekündigt werden kann und zum anderen die Rechtsfolge des § 133 Abs. 2 S. 1 GWB, wonach im Falle einer Kündigung eines öffentlichen Auftrages gemäß § 133 Abs. 1 GWB der Auftragnehmer grundsätzlich einen seinen bisherigen Leistungen entsprechenden Teil der Vergütung verlangen kann. Nur im Falle des § 133 Abs. 1 Nr. 2 GWB steht dem Auftragnehmer gemäß § 133 Abs. 2 S. 2 GWB ein Anspruch auf die Vergütung insoweit nicht zu, als seine bisherigen Leistungen infolge der Kündigung für den öffentlichen Auftraggeber nicht von Interesse sind.

§ 133 Abs. 3 GWB stellt zuletzt klar, dass die Berechtigung, Schadensersatz zu verlangen, durch die Kündigung nicht ausgeschlossen wird und soll auf diese Weise die Interessen des Auftragnehmers wahren.

(2) Anwendungsbereich

Die Vorschrift gilt für die Kündigung von öffentlichen Aufträgen. Dabei handelt es sich gemäß § 103 Abs. 1 GWB um entgeltliche Verträge zwischen öffentlichen Auftraggebern oder Sektorenauftraggebern und Unternehmen über die Beschaffung von Leistungen, die die Lieferung von Waren, die Ausführung von Bauleistungen oder die Erbringung von Dienstleistungen zum Gegenstand haben. Daneben muss der Vertragsgegenstand den jeweiligen Schwellenwert nach § 106 Abs. 2 GWB erreicht haben. Das Kündigungsrecht ist gemäß § 142 GWB entsprechend auf von Sektorenauftraggebern erteilte öffentliche Aufträge unter Beachtung der Ausnahmen gemäß §§ 137–140 GWB anwendbar. Ebenfalls ist das Kündigungsrecht auf Konzessionsverträge im Sinne von § 105 GWB gemäß § 154 Nr. 4 GWB entsprechend anwendbar.

(3)Vorgesehene Kündigungsgründe

Als Kündigungsgründe sieht § 133 Abs. 1 Nr. 1 GWB die Vornahme einer wesentlichen Änderung vor, die nach § 132 GWB ein neues Vergabeverfahren

---

462 Beck VergabeR/*Berger,* § 133 GWB Rn. 11.

erfordert hätte, in Nr. 2 das Vorliegen eines zwingenden Ausschlussgrundes nach § 123 Abs. 1 bis 4 GWB des Auftragnehmers zum Zeitpunkt der Zuschlagserteilung, und in Nr. 3 ein Kündigungsrecht für den Fall, dass der öffentliche Auftrag aufgrund einer schweren Verletzung der Verpflichtungen aus dem Vertrag über die Arbeitsweise der Europäischen Union oder aus den Vorschriften dieses Teils, die der Europäische Gerichtshof in einem Vertragsverletzungsverfahren gemäß Art. 258 AEUV festgestellt hat, nicht an den Auftragnehmer hätte vergeben werden dürfen.

(4) Verhältnis zur Kündigung aus wichtigem Grund gemäß § 648a BGB

Der Vorschrift des § 133 GWB lässt sich keine Sperrwirkung gegenüber anderen Kündigungsgründen entnehmen. Damit gilt § 648a BGB als speziellere Regelung des § 314 BGB für einen Werkvertrag unverändert fort. Die Gesetzesbegründung hat dazu klargestellt, dass die in § 133 Abs. 1 GWB normierten Kündigungsgründe nicht abschließend sind, sondern die bislang bestehenden Möglichkeiten zur Beendigung von öffentlichen Aufträgen erweitern sollen.[463] Damit wird das beiderseitige Recht der Beteiligten zur Geltendmachung eines vertraglich vereinbarten oder eines gesetzlich anerkannten Kündigungsrechts wie § 648a BGB nicht berührt.[464] Das kann allerdings nur für Kündigungsgründe gelten, die außerhalb des Vergaberechts begründet sind.[465] Bei spezifischen Vergaberechtsverstößen, die nicht unter die in § 133 Abs. 1 GWB eng formulierten Kündigungsgründe fallen, wird nach den Grundsätzen des BGB kein Kündigungsrecht aus wichtigem Grund bestehen. Denn eine Kündigung nach § 648a BGB ist regelmäßig nur möglich, wenn die zur Kündigung führenden Gründe im Risikobereich des Kündigungsgegners liegen.[466] Sind die Vorgänge hingegen dem Einflussbereich des Kündigenden und dessen eigener Interessensphäre zuzuordnen, kann eine Kündigung aus wichtigem Grund nur in Ausnahmefällen gerechtfertigt sein.[467] Die Regelungen des Vergaberechts sind ausschließlich an den öffentlichen Auftraggeber adressiert, welcher

---

463 BT-Drs. 18/6281, 120.
464 BT-Drs. 18/6281, 120 bezüglich der Anwendbarkeit von § 314 BGB; siehe auch Immenga/Mestmäcker/*Kling*, § 133 GWB Rn. 9.
465 MüKoEuWettbR/*Jaeger*, § 133 GWB Rn. 1.
466 Siehe nur BGH NJW 2013, 2021 (2022).
467 Siehe bereits § 3 B I.

diese somit kennen und beachten muss.[468] Das ergibt sich auch aus § 97 Abs. 6 GWB, wonach die Unternehmen einen Anspruch darauf haben, dass der Auftraggeber die Regeln über das Verfahren einhält und nicht umgekehrt. Damit ist stets eine einseitige Rechtsverletzung des Auftraggebers gegeben.[469] Insbesondere bei Bauverträgen steht dem öffentlichen Auftraggeber ein Anordnungsrecht nach § 650b Abs. 2 BGB oder nach Maßgabe der VOB/B zu, sodass dieser den Leistungsumfang im Sinne von § 133 Abs. 1 Nr. 1 GWB wesentlich zu ändern befugt ist, ohne dass der Auftragnehmer dies verhindern könnte.[470] Dementsprechend kann der öffentliche Auftraggeber die Kündigung aus wichtigem Grund nicht damit begründen, dass er selbst im Wege einer vergaberechtswidrigen Auftragserteilung gegen gesetzliche Vorschriften verstoßen hat. Eine Kündigung aus wichtigem Grund durch den Auftraggeber wäre nach den allgemeinen Grundsätzen nur dann möglich, wenn die vergaberechtswidrige Auftragsvergabe auf einer Pflichtverletzung des erfolgreichen Bieters beruhen würde.[471] Da aber beinah jede vergaberechtswidrige Auftragserteilung eine schuldhafte Pflichtverletzung des Auftraggebers darstellt, ist ein solcher Fall praktisch kaum denkbar.[472] Nach der Dogmatik der Kündigungsrechte des BGB würde vielmehr bei einer Kündigung durch den Besteller ohne einem dem Unternehmer anzulastenden Kündigungsgrund eine freie Kündigung mit entsprechender Vergütungsfolge nach § 648 S. 2 BGB in Betracht kommen.[473] Daraus folgt, dass der Auftraggeber auf das vergaberechtseigene Kündigungsrecht des § 133 GWB angewiesen ist, wenn er einen vergaberechtswidrig zustande gekommenen Auftrag kündigen möchte.[474] Mithin kann auch eine zeitlich früher gewünschte Kündigung im Falle des § 133 Abs. 1 Nr. 3 GWB nicht auf § 648a Abs. 1 BGB gestützt werden.[475] Hätte der Gesetzgeber gewollt, dass bereits vor der Feststellung durch den EuGH im Rahmen eines Vertragsverletzungsverfahren ein Kündigungsrecht bestehen soll, hätte er dies normie-

---

468 *Bitterich*, NJW 2006, 1845 (1848 f.)
469 Gabriel/Krohn/Neun VergabeR-HdB/*Freytag*, § 37 Rn. 21; Willenbruch/Wieddekind/Hübner/*Scharen*, § 133 GWB Rn. 18.
470 Röwekamp ua, GWB/*Geitel*, § 133 GWB Rn. 16.
471 Ziekow/Völlink/*Braun*, § 133 GWB Rn. 38.
472 Ziekow/Völlink/*Braun*, § 133 GWB Rn. 38; Willenbruch/Wieddekind/Hübner/*Scharen*, § 133 GWB Rn. 18.
473 Röwekamp ua, GWB/*Geitel*, § 133 GWB Rn. 17.
474 Ziekow/Völlink/*Braun*, § 133 GWB Rn. 38.
475 Ähnlich NK-Vergaberecht/*Ritzenhoff*, § 133 GWB Rn. 7.

ren müssen.[476] Vielmehr ist der enge Anwendungsbereich der vergaberechtlichen Kündigungsgründe gerechtfertigt, da sich das Kündigungsrecht des § 133 GWB dogmatisch als systemwidrig erweist.

(5) Möglichkeit der Teilkündigung

Fraglich ist, ob ebenfalls eine Teilkündigung im Rahmen von § 133 GWB in Betracht kommt.[477] Wie die Wertung des § 648a Abs. 2 BGB zeigt, muss eine solche grundsätzlich auch einem öffentlichen Auftraggeber bei einem Werkvertrag zustehen und ist daher nicht generell als unzulässig anzusehen. Dafür spricht auch, dass dem Auftraggeber hinsichtlich der Ausübung des Kündigungsrechts Ermessen zusteht und somit Raum für eine Teilkündigung besteht.[478] Gegen die Zulässigkeit der Teilkündigung spricht auch kein übergeordneter vergaberechtlicher oder unionsrechtlicher Grundsatz.[479] Zudem stellt die Teilkündigung und die damit verbundene Teil-Neuausschreibungspflicht eine wirtschaftliche und haushaltsgerechte Vorgehensweise dar, da der Auftraggeber nicht ein vollständig neues Vergabeverfahren durchführen muss.[480]

Ob eine Teilkündigung tatsächlich in Betracht kommt, hängt von dem jeweiligen Kündigungstatbestand ab. Vor dem Hintergrund, dass § 133 Abs. 1 Nr. 2 GWB für eine Kündigung an zwingende Ausschlussgründe des Auftragnehmers nach § 124 Abs. 1 bis 4 GWB anknüpft, dürfte eine Teilkündigung nur in Ausnahmefällen in Betracht kommen.[481] Die Ausschlussgründe beziehen sich auf die Erfüllung gewisser Straftatbestände, die in keinem konkreten Bezug zur Auftragsabwicklung stehen müssen und mithin nicht auf einen Teil des Auftrags beschränkt sind. Eine Kündigung gemäß § 133 Abs. 1 Nr. 2 GWB bezieht sich angesichts der besonderen Bindung an das Gesetz bei öffentlichen Akteuren daher naturgemäß auf das gesamte Vertragsverhältnis. Eine Teilkündigung kommt lediglich dann in Betracht, wenn die sofortige Kündigung des gesamten Vertrages zu schwerwiegenden

---

476 *Tugendreich*, EWeRK 2016, 235 (236).
477 So *Püstow/Meiners*, EuZW 2016, 325 (329).
478 Beck VergabeR/*Berger*, § 133 GWB Rn. 22.
479 Ziekow/Völlink/*Braun*, § 133 GWB Rn. 62.
480 Ziekow/Völlink/*Braun*, § 133 GWB Rn. 61.
481 Immenga/Mestmäcker/*Kling*, § 133 GWB Rn. 13.

Versorgungsengpässen in der Zeit bis zu einer erfolgreichen rechtmäßigen Neuvergabe führen würde.[482]

Bei den Kündigungsgründen gemäß § 133 Abs. 1 Nr. 1 und Nr. 3 GWB ist eine Teilkündigung gerechtfertigt, wenn sich der Verstoß entsprechend § 648a Abs. 2 BGB auf einen abgrenzbaren Teil des Vertrages bezieht. Wenn mithin bei § 133 Abs. 1 Nr. 1 GWB nur der Änderungsauftrag vergaberechtswidrig zustande gekommen ist, während der ursprüngliche Auftrag ordnungsgemäß geschlossen wurde oder bei § 133 Abs. 1 Nr. 3 GWB die Feststellung des Verstoßes auf einen abgrenzbaren Teil beschränkt ist, ist eine Teilkündigung möglich. Insofern ist der Kündigungsgrund bei einer Teilkündigung im Rahmen von § 133 Abs. 1 GWB kongruent mit dem zu kündigenden Teil. Das ist bei einer Teilkündigung aus wichtigem Grund gemäß § 648a Abs. 2 BGB nicht zwingend der Fall.[483] Vor dem Hintergrund, dass die Kündigungsgründe die Gesetzmäßigkeit der Verwaltung und die Pflicht zu einer effektiven Umsetzung des Unionsrechts (*effet utile*) sicherstellen sollen, ist eine solche Auslegung jedoch notwendig.[484]

(6) Pflicht zur Teilkündigung im Rahmen von § 133 Abs. 1 Nr. 1 und Nr. 3 GWB

Weitergehend könnte man eine Pflicht zur Teilkündigung im Rahmen von § 133 Abs. 1 Nr. 1 und Nr. 3 GWB annehmen, wenn sich der Kündigungsgrund bloß auf einen Teil des Vertrages bezieht. Da diese Kündigungsgründe nicht der Sphäre des Auftragnehmers zuzuordnen sind, sondern einzig dem Verantwortungsbereich des öffentlichen Auftraggebers entspringen, erscheint es unbillig, die Vergütungsfolgen einer Kündigung aus wichtigem Grund vorzusehen.[485] Denn nach den Grundsätzen des BGB steht dem Auftraggeber für diese Fälle grundsätzlich nur das freie Kündigungsrecht nach § 648 S. 1 BGB mit der entsprechenden Vergütungsfolge gemäß § 648 S. 2 BGB zur Verfügung. Vor diesem Hintergrund stellt sich die Frage, ob der Kündigungsberechtigte den gesamten Auftrag kündigen kann oder ob ihn vielmehr eine Pflicht trifft, lediglich den vergaberechtswidrig zustande gekommenen Änderungsauftrag beziehungsweise Teil zu kündigen.

---

482 Immenga/Mestmäcker/*Kling,* § 133 GWB Rn. 13.
483 Siehe dazu bereits § 3 B III.
484 BT-Drs. 18/6281, 120.
485 Röwekamp ua, GWB/*Geitel,* § 133 GWB Rn. 16; *Kapellmann/Schiffers/Markus,* Vergütung, Nachträge und Behinderungsfolgen beim Bauvertrag Rn. 1389.

Nach dem Wortlaut des § 133 GWB kann der öffentliche Auftraggeber „einen öffentlichen Auftrag" kündigen. Das legt zunächst nahe, dass der öffentliche Auftraggeber den gesamten Vertrag kündigen kann. Wenn man die Möglichkeit der Teilkündigung grundsätzlich zugrunde legt, könnte sich daraus ein Wahlrecht des Auftraggebers ergeben. Dies würde der Auslegung des § 648a Abs. 2 BGB entsprechen.[486] Eine solches Wahlrecht ginge allerdings weit über den Sinn und Zweck von § 133 GWB und Art. 73 der Richtline 2014/24/EU hinaus.[487] Dieser besteht darin, die Kündigung eines vergaberechtswidrig zustande gekommenen Auftrages zu ermöglichen.[488] Wenn jedoch bei § 133 Abs. 1 Nr. 1 GWB lediglich der Änderungsauftrag und möglicherweise bei § 133 Abs. 1 Nr. 3 GWB nur ein Teil des Vertrages vergaberechtswidrig zustande gekommen ist, nicht hingegen der ursprüngliche Auftrag beziehungsweise der restliche Auftrag, dann ist zu dieser Zweckerreichung nur eine Teilkündigung notwendig.[489] Um den Auftragnehmer nicht mit den unbilligen Vergütungsfolgen zu belasten, bedarf mithin nur der vergaberechtswidrig zustande gekommene Teil einer Kündigung. Durch die Teilkündigung des Änderungsauftrages wird im Falle des § 133 Abs. 1 Nr. 1 GWB der Zustand wiederhergestellt, der vor der vergaberechtswidrig vorgenommenen Änderung bestand.[490] Entsprechendes gilt für den Kündigungsgrund nach § 133 Abs. 1 Nr. 3 GWB. Die Teilkündigung stellt sich in einem solchen Fall nach dem Rechtsgedanken des Verhältnismäßigkeitsgrundsatzes anders als im Rahmen von § 648a Abs. 2 BGB als ein milderes Mittel dar.[491] Denn insbesondere bei § 133 Abs. 1 Nr. 1 GWB wird der ursprünglich ausgehandelte Auftrag erhalten und es liegt kein Eingriff in das Äquivalenz- und Ordnungsgefüge des Vertrages vor.[492] Es wäre zudem nach dem Rechtsgedanken des § 242 BGB widersprüchlich, wenn der Kündigungsgrund aus der Sphäre des öffentlichen Auftraggebers stammt und sich dieser dann des gesamten Vertrages entledigen kann,

---

486 Siehe dazu bereits § 3 B II und III.
487 *Kapellmann/Schiffers/Markus,* Vergütung, Nachträge und Behinderungsfolgen beim Bauvertrag Rn. 1389; vgl. Gabriel/Krohn/Neun VergabeR-HdB/*Freytag,* § 37 Rn. 27; Beck VergabeR/*Berger,* § 133 GWB Rn. 22.
488 OLG Düsseldorf NZBau 2021, 743 Rn. 63.
489 *Püstow/Meiners,* EuZW 2016, 325 (329); NK-Vergaberecht/*Ritzenhoff,* § 133 GWB Rn. 9.
490 *Kapellmann/Schiffers/Markus,* Vergütung, Nachträge und Behinderungsfolgen beim Bauvertrag Rn. 1389.
491 MüKoEuWettbR/*Jaeger,* § 133 GWB Rn. 8; Beck VergabeR/*Berger,* § 133 GWB Rn. 22.
492 Vgl. bereits § 2 B III 1.

obwohl nur ein Teil vom Kündigungsgrund erfasst ist. Mithin lässt sich eine Pflicht zur Teilkündigung in den Fällen des § 133 Abs. 1 Nr. 1 und Nr. 3 GWB begründen.[493]

bb. Kündigungsrecht in der VOB/B

(1) Überblick über die Kündigungsgründe

§ 8 Abs. 4 S. 1 Nr. 1 S. 1 VOB/B sieht einen Kündigungsgrund für den Auftraggeber vor, wenn der Auftragnehmer aus Anlass der Vergabe eine Abrede getroffen hatte, die eine unzulässige Wettbewerbsbeschränkung darstellt. Unter den Begriff der Vergabe fällt sowohl die Vergabe im Wege der öffentlichen Ausschreibung als auch die freihändige Vergabe.[494] Die Vorschrift erfasst insbesondere Verstöße gegen § 1 GWB in Form von Preisabsprachen und aufeinander abgestimmten Verhaltens unabhängig davon, ob eine Strafbarkeit nach §§ 263, 298 StGB vorliegt.[495] Derartige Absprachen führen allgemein zur Nichtigkeit gemäß § 134 BGB. Da Folgeverträge im Sinne von Leistungsaustauschverträgen mit kartellfremden Dritten von der Nichtigkeit nicht erfasst werden und somit wirksam sind, wird dem Auftraggeber das Kündigungsrecht aus wichtigem Grund eingeräumt.[496] Von der Vorschrift sind nicht nur Submissions- und Kartellabsprachen, sondern auch sonstige wettbewerbsfeindliche Handlungen erfasst, wie etwa Verstöße gegen das UWG, die Verbreitung unwahrer, geschäftsschädigender Tatsachen, die Zahlung von Schmiergeldern sowie die Abwerbung von Personal der Mitbewerber.[497] Denn durch die Regelung soll dem Grundgedanken des lauteren Wettbewerbes im Allgemeinen Rechnung getragen werden.[498]

---

493 So auch Ziekow/Völlink/*Braun*, § 133 GWB Rn. 62; *Kapellmann, Kapellmann/Schiffers/Markus*, Vergütung, Nachträge und Behinderungsfolgen beim Bauvertrag Rn. 1389.
494 NWJS/*Vogel*, § 8 VOB/B Rn. 125.
495 Leinemann/*Franz*, § 8 VOB/B Rn. 180.
496 Leinemann/*Franz*, § 8 VOB/B Rn. 181; BeckOK VOB/B/*Brüninghaus*, § 8 Abs. 4 VOB/B Rn. 1 (Stand: 30.03.2023).
497 Leinemann/*Franz*, § 8 VOB/B Rn. 183, Ingenstau/Korbion/*Joussen*, § 8 Abs. 4 VOB/B Rn. 12, 14; Staudinger/*Peters*, § 648a BGB Rn. 20; Kapellmann/Messerschmidt/*Lederer*, § 8 VOB/B Rn. 119; a.A. BeckOK VOB/B/*Brüninghaus*, § 8 VOB/B Rn. 3 (Stand: 30.03.2023); NWJS/*Vogel*, § 8 VOB/B Rn. 128, die aber jeweils eine Kündigung aus sonstigem wichtigem Grund für einschlägig halten.
498 Ingenstau/Korbion/*Joussen*, § 8 Abs. 4 VOB/B Rn. 11.

Zudem ist in § 8 Abs. 4 S. 1 Nr. 2 VOB/B ein Kündigungsgrund normiert, sofern der Vertrag im Anwendungsbereich des 4. Teils des GWB geschlossen wurde und der Auftragnehmer wegen eines zwingenden Ausschlussgrundes zum Zeitpunkt des Zuschlags nicht hätte beauftragt werden dürfen (lit. a) oder bei wesentlicher Änderung des Vertrages oder bei Feststellung einer schweren Verletzung der Verträge über die Europäische Union und die Arbeitsweise der Europäischen Union durch den Europäischen Gerichtshof (lit. b). Diese Inkorporation der Kündigungsgründe nach § 133 Abs. 1 GWB in die VOB/B folgt daraus, dass gemäß § 2 S. 2 VgV iVm § 8a EU Abs. 1 S. 1 VOB/A öffentliche Auftraggeber in ihren Vergabeunterlagen für öffentliche Bauaufträge (§ 2 S. 2 VgV iVm § 1 EU VOB/A) vorzuschreiben haben, dass die VOB/B Bestandteil des Bauvertrages wird und dient daher mittelbar der Umsetzung des Art. 73 der Richtlinie 2014/24/EU. Das Kündigungsrecht nach § 133 GWB kommt bei Bauverträgen daher selten direkt zur Anwendung, sondern primär über § 8 Abs. 4 Nr. 2 VOB/B.

§ 8 Abs. 5 VOB/B weitet die Kündigungsmöglichkeit nach § 8 Abs. 4 Nr. 2 lit. b VOB/B auf das Verhältnis zwischen Hauptunternehmer und Nachunternehmer sowie die gesamte Nachunternehmerkette aus. Wenn also zwischen dem Auftragnehmer und dem Nachunternehmer die VOB/B vereinbart ist, steht dem Auftragnehmer gemäß § 8 Abs. 5 S. 1 VOB/B gegenüber dem Nachunternehmer ein Kündigungsrecht zu, wenn der Hauptauftrag gemäß § 8 Abs. 4 Nr. 2 lit. b VOB/B gekündigt wurde. Eine solch weitreichende Erstreckung des Kündigungsrechts auf Nachunternehmer sieht § 133 GWB nicht vor. Aufgrund der damit einhergehenden Beschränkung des Vergütungsanspruchs auf die bereits erbrachten Leistungen, obwohl dogmatisch ein freies Kündigungsrecht mit entsprechender Vergütungsfolge einschlägig wäre, stößt die Vorschrift auf AGB-rechtliche Bedenken.[499]

(2) Möglichkeit der Teilkündigung

§ 8 Abs. 4 S. 1 Nr. 1 S. 2 VOB/B sowie § 8 Abs. 4 Nr. 2 lit. a S. 2 VOB/B ordnen an, dass § 8 Abs. 3 Nr. 1 S. 2 VOB/B und Nr. 2 bis 4 VOB/B entsprechend gelten. Damit steht dem Auftraggeber insbesondere die Möglichkeit der Teilkündigung bei einem in sich abgeschlossenen Teil der

---

[499] *Kapellmann/Schiffers/Markus,* Vergütung, Nachträge und Behinderungsfolgen beim Bauvertrag Rn. 1389.

vertraglichen Leistung zu.[500] Angesichts des eindeutigen Wortlauts der Verweisung hat sich die Streitfrage in der vorherigen Fassung der VOB/B erledigt, ob es sich dabei um eine Rechtsfolgenverweisung handelt oder ob auch auf § 8 Abs. 3 Nr. 1 S. 2 VOB/B aF verwiesen wird, unter dessen Voraussetzungen eine Teilkündigung möglich war.[501] Der Annahme eines Rechtsfolgenverweises lag die Überlegung zugrunde, dass eine unzulässige Wettbewerbsrede anders als bei Mängeln oder Verzug stets das gesamte Vertragsverhältnis belastet, sodass nur eine Beendigung des gesamten Vertrages in Betracht kommen sollte.[502] Die nunmehr vorgesehene Möglichkeit Teilkündigung entspricht daher der Auslegung der Teilkündigung nach § 648a Abs. 2 BGB.[503] Die Möglichkeit der Teilkündigung kann allerdings uneingeschränkt nur für den Kündigungsgrund gemäß § 8 Abs. 4 S. 1 Nr. 1 S. 1 VOB/B hinsichtlich unzulässiger Wettbewerbsbeschränkungsabreden gelten, nicht hingegen für den Kündigungsgrund nach § 8 Abs. 4 S. 1 Nr. 2 lit. a S. 1 VOB/B, wenn der Auftragnehmer wegen eines zwingenden Ausschlussgrundes zum Zeitpunkt der Vergabe nicht hätte beauftragt werden dürfen. Aufgrund der Gesetzmäßigkeit der Verwaltung kann eine Teilkündigung in dieser Konstellation nur ausnahmsweise in Betracht kommen.[504] Für die Kündigungsgründe nach § 8 Abs. 4 S. 1 Nr. 2 lit. b S. 1 VOB/B ist die Teilkündigung nicht vorgesehen. Dies ist auch nicht notwendig, da nach hier vertretener Auffassung die Kündigung auf den vergaberechtswidrigen Teil zu beschränken ist und das Kündigungsrecht daher nur in diesem Umfang besteht.[505]

---

500 Ebenso Ingenstau/Korbion/*Joussen,* § 8 Abs. 4 VOB/B Rn. 15; sehr kritisch NWJS/ *Vogel,* § 8 VOB/B Rn. 131, wonach die Möglichkeit der Teilkündigung wenig durchdacht erscheint und der Verweis daher wortlautgetreu nur auf die Kündigungsfolgen zu beziehen ist.

501 Siehe dazu Kapellmann/Messerschmidt/*Lederer,* § 8 VOB/B Rn. 130; für einen Rechtsfolgenverweis in der damaligen Fassung beispielsweise Beck VOB/B/*Althaus,* § 8 VOB/B Rn. 6.

502 So Beck VOB/B/*Althaus,* § 8 VOB/B Rn. 6; *Lang,* BauR 2006, 1956 (1959).

503 Siehe bereits § 3 B III.

504 Siehe dazu § 3 B IV 1 e aa (5).

505 Siehe dazu § 3 B IV 1 e aa (6); a.A. BeckOK VOB/B/*Brüninghaus,* § 8 Abs. 4 VOB/B Rn. 32 ff. (Stand: 30.04.2023).

(3) Rechtmäßige zeitliche Beschränkung in § 8 Abs. 4 S. 2 VOB/B gegenüber dem Kündigungsrecht gemäß § 133 GWB?

Nach § 8 Abs. 4 S. 2 VOB/B ist die Kündigung innerhalb von 12 Werktagen nach Bekanntwerden des Kündigungsgrundes auszusprechen und ist somit fristgebunden. § 133 GWB enthält hingegen ein solches Fristerfordernis nicht. Dies könnte für die Unwirksamkeit der zeitlichen Beschränkung in Bezug auf den Kündigungsgrund gemäß § 4 S. 1 Nr. 2 VOB/B sprechen.[506] Dagegen spricht, dass der Auftragnehmer nicht weitergehend unangemessen benachteiligt wird, wenn der Auftraggeber in seinen AGB in Form der VOB/B ein ihm danach zeitlich unbefristet zur Verfügung stehendes außerordentliches Kündigungsrecht zeitlich einschränkt.[507] Allerdings wollte der Gesetzgeber dem öffentlichen Auftraggeber während der Laufzeit des Vertrages bei Vorliegen der vorgesehenen Konstellationen ein Kündigungsrecht gewähren, ohne an eine Frist gebunden zu sein.[508] Zudem ist von der europäischen Richtlinie 2014/24/EU eine Umsetzung des außerordentlichen unbefristeten Kündigungsrechtes während der Vertragslaufzeit bei Vorliegen der besonderen Kündigungsgründe gefordert, sodass bei einer zeitlichen Befristung ein Umsetzungsdefizit besteht.[509] Daher muss das Kündigungsrecht nach § 133 Abs. 1 GWB unbefristet bestehen. Vor diesem Hintergrund lässt sich eine Unwirksamkeit der Klausel wegen Verstoßes gegen § 133 Abs. 1 GWB annehmen.[510] Grundsätzlich darf sich der öffentliche Auftraggeber als Verwender der VOB/B nach Treu und Glauben allerdings nicht auf eine bestehende Unwirksamkeit dieser zeitlichen Beschränkung berufen.[511] Er muss er sich an diese Vorgabe halten, um die Unwirksamkeit der Kündigung oder eine Umdeutung in eine freie Kündigung mit entsprechender Vergütungsfolge zu vermeiden.[512] Allerdings kann hier eine unionsrechtkonforme Auslegung der Klausel angezeigt sein.

---

506 MüKoEuWettbR/*Jaeger*, § 133 GWB Rn. 6; Ziekow/Völlink/*Braun*, § 133 GWB Rn. 20.
507 Ingenstau/Korbion/*Joussen*, § 8 Abs. 4 VOB/B Rn. 47.
508 BT-Drs. 18/6281, 120.
509 Kapellmann/Messerschmidt/*Lederer*, § 8 VOB/B Rn. 134; ebenso Ingenstau/Korbion/*Joussen*, § 8 Abs. 4 VOB/B Rn. 47.
510 So MüKoEuWettbR/*Jaeger*, § 133 GWB Rn. 6; nach Ziekow/Völlink/*Braun*, § 133 GWB Rn. 20 tritt die Bestimmung hinter dem GWB zurück; Leinemann/*Franz*, § 8 VOB/B Rn. 204 spricht sogar von einem Redaktionsversehen.
511 Siehe nur BGH BauR 2016, 1467; BGH BauR 1998, 634 (636).
512 Röwekamp ua, GWB/*Geitel*, § 133 GWB Rn. 6.

cc. Kündigungsrecht beim BGB-Werkvertrag

Fraglich ist, ob Kartell- und Wettbewerbsverstöße regelmäßig auch einen wichtigen Grund nach § 648a Abs. 1 BGB darstellen. Ein derartiger Verstoß gegen Kartell- oder Wettbewerbsverbote lässt grundsätzlich auf die Unzuverlässigkeit des Unternehmers schließen, sodass der Besteller das Vertrauen in eine ordnungsgemäße Vertragsausführung verliert.[513] Angesichts der bereits dargestellten besonderen Kündigungsrechte ergibt sich für die Kündigung aus wichtigem Grund gemäß § 648a Abs. 1 BGB nur ein Anwendungsbereich, wenn kein öffentlicher Auftraggeber beteiligt ist oder mit dem Unternehmer VOB/B nicht vereinbart wurde.

Bei Vorliegen des Kündigungsgrundes kommt ebenfalls eine Teilkündigung in Betracht. Insbesondere ist die Argumentation, dass der Kündigungsgrund regelmäßig das gesamte Vertragsverhältnis ergreift und somit eine Teilkündigung nicht in Betracht kommt, auf einen BGB-Vertrag nicht übertragbar.[514] Eine Teilkündigung kommt insbesondere in Betracht, wenn Teile des Vertrages von dem Verstoß unberührt blieben. So auch bei einem Generalunternehmervertrag, wenn der Verstoß durch einen Sub- oder Nachunternehmer begangen worden ist.

f. Insolvenz des Unternehmers

aa. Kündigungsrecht nach der VOB/B

Nach § 8 Abs. 2 Nr. 1 VOB/B steht dem Auftraggeber ferner ein Kündigungsrecht zu, wenn der Auftragnehmer seine Zahlungen einstellt, von ihm oder zulässigerweise vom Auftraggeber oder einem anderen Gläubiger das Insolvenzverfahren (§§ 14 und 15 InsO) beziehungsweise ein vergleichbares gesetzliches Verfahren beantragt ist, ein solches Verfahren eröffnet wird oder dessen Eröffnung mangels Masse abgelehnt wird. Die VOB/B ermöglicht dem Auftraggeber daher allein aufgrund der Insolvenz des Auftragnehmers die Kündigung des Vertrages. Die Möglichkeit der Teilkündigung ist hingegen nicht vorgesehen.

---

513 Leinemann/Kues/*Geheeb*, § 648a BGB Rn. 18; L/B/D-L/*Sonntag*, § 648a BGB Rn. 38.
514 So vor der Reform aber *Lang*, BauR 2006, 1956 (1959).

Das insolvenzabhängige Kündigungsrecht nach § 8 Abs. 2 Nr. 1 VOB/B steht in einem Spannungsverhältnis mit dem Wahlrecht des Insolvenzverwalters gemäß § 103 Abs. 1 und 2 InsO, wonach er bei einem zum Zeitpunkt der Eröffnung des Insolvenzverfahrens des Schuldners noch nicht oder nicht vollständig erfülltem gegenseitigen Vertrag anstelle des Schuldners den Vertrag weiterhin erfüllen oder eine solche Erfüllung ablehnen kann. Das Wahlrecht des Insolvenzverwalters wird durch § 119 InsO abgesichert, wonach Vereinbarungen, durch die im Voraus die Anwendung der § 103 bis 118 InsO ausgeschlossen oder beschränkt wird, unwirksam sind. Durch die damit bezweckte Anreicherung der Masse soll die gleichmäßige Befriedigung aller Gläubiger sichergestellt werden.[515] Dem Schutze des Wahlrechts kommt daher über § 119 InsO eine gewisse Vorwirkung ab dem Zeitpunkt zu, in dem wegen eines zulässigen Insolvenzantrages mit der Eröffnung des Insolvenzverfahrens ernsthaft zu rechnen ist.[516] Daher sind die zeitlich der Verfahrenseröffnung vorgelagerten normierten Konstellationen in § 8 Abs. 2 Nr. 1 Var. 2 VOB/B nicht von vornherein aus dem Anwendungsbereich des § 119 InsO herauszunehmen. Insofern berühren lediglich der Kündigungsgrund der Zahlungseinstellung gemäß § 8 Abs. 2 Nr. 1 Var. 1 VOB/B und der der Ablehnung des Verfahrens mangels Masse gemäß § 8 Abs. 2 Nr. 1 Var. 4 VOB/B das Wahlrecht des Insolvenzverwalters nicht.[517] Im Übrigen stellt sich die Frage der Unwirksamkeit des § 8 Abs. 2 Nr. 1 VOB/B nach § 134 BGB wegen Verstoßes gegen 119 InsO.[518] Ein Verstoß gegen § 119 InsO kommt nicht in Betracht, wenn die Klausel eng an eine gesetzliche Lösungsmöglichkeit angelehnt ist, da diese von § 119 InsO unberührt bleiben.[519] Eine solche findet sich zunächst in dem jederzeitigen freien Kündigungsrecht gemäß § 648 S. 1 BGB, womit die Regelung in ihren

---

515 Andres/Leithaus/*Andres,* § 119 InsO Rn. 1.

516 BGHZ 195, 348 Rn. 19.

517 Kapellmann/Messerschmidt/*Lederer,* § 8 VOB/B Rn. 70; nach KPB/*Tintelnot,* § 119 InsO Rn. 25 ist bereits die Zahlungseinstellung von der Vorwirkung des § 119 InsO erfasst.

518 Für eine Unwirksamkeit OLG Frankfurt/Main BauR 2015, 1332; *Franke,* BauR 2007, 774 (784); Leinemann/*Franz,* § 8 VOB/B Rn. 103; Kayser/Thole/*G. Schmidt,* § 119 InsO Rn. 7; KPB/*Tintelnot,* § 119 InsO Rn. 25; Braun/*Hartwig,* § 119 InsO Rn. 13.

519 Ausführlich dazu BGHZ 210, 1 Rn. 25 allerdings ausdrücklich nur hinsichtlich des Eigenantrags des Unternehmers; ebenfalls für die Wirksamkeit einer solchen Klausel OLG Celle BauR 2015, 676; OLG Koblenz NZI 2014, 807; OLG Schleswig NJW 2012, 1967; OLG Düsseldorf BauR 2006, 1908; *Timmermans,* BauR 2001, 321 (323); *Huber,* NZI 2014, 49 (53); *Karge,* BauR 2016, 420 (423); Ingenstau/Korbion/*Schmitz,* § 8 Abs. 2 VOB/B Rn. 10 ff.; MüKoBGB/*Busche,* § 648a BGB Rn. 21.

Voraussetzungen sogar hinter denen des § 8 Abs. 2 Nr. 1 VOB/B zurückbleibt.[520] Insofern wird primär kein Recht zur Beendigung des Vertrages im Insolvenzfall vereinbart, sondern eine Beschränkung des Vergütungsanspruchs des Unternehmers, welche zwar zu einer Masseschmälerung führen kann, allerdings nicht mit dem durch § 119 InsO geschützten Wahlrecht des Insolvenzverwalters kollidiert.[521] Zudem kann seit der Reform die Regelung der Kündigung aus wichtigem gemäß § 648a Abs. 1 BGB herangezogen werden, welche ein spezielles Kündigungsrecht für den Werkvertrag vorsieht.[522] Die Insolvenz des Unternehmers begründet nach der Systematik des § 648a Abs. 1 BGB allerdings nicht per se einen wichtigen Grund, sondern nur nach den jeweiligen Umständen des Einzelfalls. Damit erscheint die Wirksamkeit der Klausel unter diesem Aspekt erneut in Frage gestellt.[523] Ausgehend von dem Grundsatz der Privatautonomie steht es den Parteien jedoch frei, einzelne Kündigungsgründe zu vereinbaren.[524] Im Kern geht es daher um die Frage, welche Grenzen sich in Bezug auf die Vereinbarung eines vertraglichen Lösungsrechts im Falle der Insolvenz ergeben.[525]

Das Gesetz enthält keine ausdrückliche Regelung, inwieweit mittelbare Beeinträchtigungen des Wahlrechts durch vertragliche Lösungsklauseln von § 119 InsO erfasst werden.[526] Die gesetzlichen Regelungen der Insolvenzordnung respektieren grundsätzlich die Privatautonomie und greifen nur punktuell im Rahmen von §§ 107 Abs. 2 S. 1, 112, 105 S. 1 InsO in diese ein.[527] Gleichzeitig bringt aber § 119 InsO die Wertung des Fortbestehens der vertraglichen Bindung im Insolvenzfall zum Ausdruck.[528] Diese Kollision ist dahingehend aufzulösen, dass ein Eingriff in die Privatautonomie infolge der Unwirksamkeit der insolvenzabhängigen Lösungsklausel wegen Verstoßes gegen § 119 InsO dann in Betracht kommt, wenn auf Grundlage der wechselseitigen Interessen kein berechtigter Grund für ein Lösungs-

---

520 BGHZ 210, 1 Rn. 26.
521 *Timmermans*, BauR 2001, 321 (322); Kapellmann/Messerschmidt/*Lederer*, § 8 VOB/B Rn. 71; BGHZ 210, 1 Rn. 53.
522 *Wellensiek/Kurtz*, DZWir 2018, 26 (30).
523 So D/L/O/P/S/*Oberhauser* Das neue Bauvertragsrecht, § 3 Rn. 36.
524 *Huber*, NZI 2014, 49 (53); BeckOGK/*Kessen*, § 648a BGB Rn. 32 (Stand: 01.04.2023).
525 BGH NJW 2023, 603 Rn. 34.
526 BGH NJW 2023, 603 Rn. 33.
527 *Hoffmann*, KTS 2018, 343 (362).
528 BGH NJW 2023, 603 Rn. 40.

recht allein aufgrund des Insolvenzfalls besteht und folglich die Risiken aus der Vertragsdurchführung allein auf die zukünftigen Insolvenzgläubiger verlagert werden.[529] Es muss bei objektiver Betrachtung eine Umgehung der zwingenden Regelung des § 103 InsO vorliegen.[530] Die Regelung des § 8 Abs. 2 Nr. 1 VOB/B verfolgt hingegen berechtigte Interessen des Auftraggebers, Vorsorge für die im Insolvenzfall des Auftragnehmers besondere Risikoerhöhung in Bezug auf die weitere Vertragserfüllung und die damit einhergehenden Schäden zu treffen.[531] Gemessen an § 648a Abs. 1 BGB liegt bei typisierender Betrachtung somit ein wichtiger Grund vor.[532]

Nach alledem ist die Regelung des § 8 Abs. 2 Nr. 1 VOB/B mangels Verstoßes gegen § 119 InsO wirksam.[533] Allerdings kann das Kündigungsrecht im Einzelfall nach Treu und Glauben ausgeschlossen sein, wenn der Kündigende kein schutzwürdiges Interesse an diesem hat.[534] So kann dem Auftraggeber das Kündigungsrecht nach § 8 Abs. 2 Nr. 1 VOB/B verwehrt sein, wenn die Durchführung des Vertrages infolge der Insolvenz nicht weiter erschwert wird oder er das Kündigungsrecht ausnutzt, um höhere Preise durchzusetzen.[535]

bb. Kündigungsrecht aus wichtigem Grund nach dem BGB

Der Gesetzgeber sah im Zuge der Reform davon ab, einen speziellen Kündigungsgrund für den Fall der Insolvenz zu normieren, um der Vielgestaltigkeit der Lebensverhältnisse Rechnung zu tragen.[536] Gleichzeitig stellte der Gesetzgeber im Zuge dessen klar, dass die Insolvenz in der Praxis häufig einen wichtigen Grund zur Beendigung des Werkvertrages darstellen wird.[537] Für die Annahme eines wichtigen Grundes im Falle der Insolvenz sind nach dem Normverständnis des § 648a Abs. 1 BGB stets die Umstände

---

529 BGH NJW 2023, 603 Rn. 43; enger Kayser/Thole/*G. Schmidt*, § 119 InsO Rn. 7.
530 BGH NJW 2023, 603 Rn. 31.
531 Vgl. BGH NJW 2023, 603 Rn. 64.
532 Vgl. BGH NJW 2023, 603 Rn. 54; siehe dazu noch im Einzelnen § 3 B IV f bb.
533 i.E. ebenso Soergel/*Buchwitz*, § 648a BGB Rn. 30; *Wellensiek/Kurtz*, DZWir 2018, 26 (30).
534 BGH NJW-RR 1988, 1381; BGH NJW 2023, 603 Rn. 55.
535 KG Urt.v. 23.12.2016 – 7 U 69/15, BeckRS 2016, 125143 (abrufbar in beck-online); BeckOGK/*Kessen*, § 648a BGB Rn. 32, 35 (Stand: 01.04.2023); vgl. *Hoffmann*, KTS 2018, 343 (364 f.), wonach dem Vertragspartner kein Reuerecht zukommen dürfe.
536 BT-Drs. 18/8486, 50.
537 BT-Drs. 18/8486, 50.

des Einzelfalls maßgeblich. Dabei sind die Sanierungschancen des angeschlagenen Unternehmens und das Interesse des Bestellers an einem möglichst störungsfreien Bauablauf gegeneinander abzuwägen.[538]

Bei einem Bauvertrag, der durch gegenseitiges Vertrauen geprägt ist, sind für den Besteller die Leistungsfähigkeit und die Zuverlässigkeit des Unternehmers bei Vertragsschluss von entscheidender Bedeutung.[539] Durch eine Insolvenz indiziert der Unternehmer jedoch genau das Gegenteil. Die weitere Vertragsdurchführung birgt im Falle der Insolvenz des Unternehmers für den Besteller hohe Risiken, da es mangels Liquidität regelmäßig zu Unterbrechungen der Bautätigkeit kommt, die zu einer verspäteten Fertigstellung und infolgedessen zu weiteren Folgeschäden führen.[540] Wenn das Unternehmen hingegen gute Sanierungschancen hat, wird der Insolvenzverwalter regelmäßig sein Wahlrecht dahingehend ausüben, den Vertrag gemäß § 103 Abs. 1 InsO weiter auszuführen und dem Geschäftsverkehr die störungsfreie Aufrechterhaltung des Geschäftsbetriebs in Aussicht stellen.[541] Auf diese Weise kann der Insolvenzverwalter das Bauvorhaben abschließen und die dafür vereinbarte Vergütung für die Insolvenzmasse gewinnen.[542] Wenn der Verwalter vor diesem Hintergrund zeitnah erklärt, die Arbeiten ohne wesentliche Unterbrechungen auszuführen und die Durchführung durch geeignete Unterlagen wie ein Sanierungsgutachten nachvollziehbar darlegen kann, werden die Risiken für den Besteller geringhalten und die Unzumutbarkeit der weiteren Vertragsdurchführung kann damit im Einzelfall widerlegt werden.[543] Unzumutbar ist die weitere Fortführung des Vertrages für den Besteller dagegen, wenn der Unternehmer seine Arbeiten eingestellt hat und nicht mehr auf der Baustelle erscheint.[544]

In der Praxis wird es selten vorkommen, dass der Verwalter zeitnah die Fortführung der Bauleistung ohne wesentliche Unterbrechung erklärt

---

538 BT-Drs. 18/8486, 50.
539 BT-Drs. 18/8486, 50; BGHZ 96, 34 (38); *Valerius/Gstöttner*, NZBau 2008, 486 (487); *Timmermans*, BauR 2001, 321 (322).
540 BT-Drs. 18/8486, 50; L/B/D-L/*Sonntag*, § 648a BGB Rn. 46; BeckOGK/*Kessen*, § 648a BGB Rn. 26 (Stand: 01.04.2023).
541 BT-Drs. 18/8486, 50.
542 BT-Drs. 18/8486, 50.
543 Nach BT-Drs. 18/8486, 50 kann im Falle einer Sanierung im Rahmen eines „Schutzschirmverfahrens" nach § 270b InsO die dort geforderte Bescheinigung als erste Orientierung dienen, wodurch die nicht offensichtliche Aussichtslosigkeit der Sanierung dokumentiert wird.
544 BT-Drs. 18/8486, 50.

und dies mithilfe eines Sanierungsgutachtens nachweisen kann.[545] Dies gilt insbesondere bei einem Eigeninsolvenzantrag des Unternehmers, da vor der Eröffnung des Insolvenzverfahrens kein Verwalter existiert.[546] Dem Besteller ist es in der Regel nicht zumutbar, die Eröffnung des Insolvenzverfahrens und die Entscheidung des Insolvenzverwalters bezüglich der weiteren Durchführung des Vertrages abzuwarten, da der Prozess bis zur endgültigen Entscheidung erfahrungsgemäß einen längeren Zeitraum in Anspruch nimmt und Aussagen eines bis dahin bestellten nur vorläufigen Insolvenzverwalters für das spätere Verfahren keine Bindungswirkung erzeugen.[547] In dieser Zeit können dem Besteller bereits erhebliche Schäden entstehen. Der Besteller hat daher insbesondere bei einem Eigeninsolvenzantrag des Unternehmers ein erheblich überwiegendes Interesse daran, sich frühzeitig vom Vertrag lösen zu können, ohne gegenüber dem Insolvenzverwalter gemäß § 648 S. 2 BGB zur Zahlung einer Vergütung für nicht erbrachte Leistungen verpflichtet zu sein.[548] Der Unternehmer hat mit seinem Eigenantrag selbst zum Ausdruck gebracht, dass ihm die finanziellen Mittel fehlen, um seiner Vorleistungspflicht nachzukommen und er keine Gewähr mehr für eine ordnungsgemäße Vertragserfüllung geben kann.[549] Zudem kann der Insolvenzverwalter, der sodann mit der Eröffnung des Insolvenzverfahrens an die Stelle des Unternehmers als Schuldner tritt, nicht dasselbe Vertrauen wie der Schuldner vor dem Eröffnungsantrag in Anspruch nehmen.[550] Aufgrund des Prinzips der unbeschränkten Vermögenshaftung hat der Schuldner ohne Rücksicht auf ein gesondertes Verschulden für seine Leistungsfähigkeit einzustehen und seine fehlende Liquidität nach § 276 Abs. 1 BGB auch dann zu vertreten, wenn er gemäß § 15a InsO zur Antragstellung verpflichtet gewesen ist.[551] Die Interessen des Bestellers sind in dieser Konstellation vorrangig zu bewerten. Daher liegt bei einem Eigeninsolvenzantrag regelmäßig ein wichtiger Grund nach § 648a Abs. 1 vor.[552] Allerdings dürfen dennoch nicht die Umstände des

545 *Matthies*, NZBau 2016, 481 (483).
546 *Matthies*, NZBau 2016, 481 (483).
547 BGHZ 210, 1 Rn. 34; Ingenstau/Korbion/*Joussen*, Vor §§ 8 und 9 VOB/B Rn. 29.
548 BGHZ 210, 1 Rn. 33.
549 BGHZ 210, 1 Rn. 36.
550 BGHZ 210, 1 Rn. 37; a.A. wohl bei vertretbaren Leistungen Kayser/Thole/*G. Schmidt*, § 119 InsO Rn. 7.
551 BGHZ 210, 1 Rn. 59.
552 BGHZ 210, 1; OLG Schleswig NJW 2012, 1967 (1968); Leinemann/Kues/*Geheeb*, § 648a BGB Rn. 15; *Gartz*, NZBau 2018, 404 (405).

Einzelfalls und insbesondere bestehende Sanierungschancen aus den Augen verloren werden.

Bezüglich der anderen in § 8 Abs. 2 VOB/B genannten Konstellationen ist ebenfalls in der Regel ein wichtiger Grund gemäß § 648a Abs. 1 BGB gegeben.[553] Auch hier ist jedoch im Einzelfall abzuwägen, ob dem Besteller die weitere Vertragsausführung aufgrund einer positiven Fortführungsprognose zumutbar ist. Da eine Sanierung bei Eröffnung des Insolvenzverfahrens unwahrscheinlich ist beziehungsweise bei einer Abweisung der Eröffnung des Insolvenzverfahrens mangels Masse gar ausscheidet, wird auch hier oftmals ein Kündigungsgrund nach § 648a Abs. 1 BGB bestehen.[554] Im Falle der Eröffnung des Insolvenzverfahrens kann es ebenfalls infolge der Schwebezeit während der Entscheidung über das Wahlrecht durch den Insolvenzverwalter gemäß § 103 InsO zu erheblichen Schäden des Bestellers kommen, welche die Unzumutbarkeit der weiteren Vertragsausführung begründen.[555] Ein Kündigungsgrund scheidet hingegen aus, wenn der Besteller nach der Entscheidung des Verwalters zur Durchführung des Vertrages eine Kündigung versäumt und es zu keinen weiteren Störungen des Bauablaufes kommt.[556] Auch die Zahlungseinstellung rechtfertigt regelmäßig einen wichtigen Grund. Die Zahlungseinstellung und die Insolvenzantragstellung unterscheiden sich nur dadurch, dass die Zahlungseinstellung als Indiz für den Insolvenzgrund der Zahlungsunfähigkeit der Insolvenzantragstellung zeitlich vorausgeht.[557] Allerdings ist der Nachweis der Zahlungseinstellung für den Besteller schwieriger zu führen, sodass ein darauf gestützter Kündigungsgrund für den Besteller mit einem erheblichen Risiko verbunden ist.[558] Bei der Beantragung des Eröffnungsverfahrens durch den Besteller oder einen anderen Gläubiger oder eines vergleichbaren gesetzli-

---

553 *Valerius/Gstöttner*, NZBau 2008, 486 (488); *Matthies*, NZBau 2016, 481 (484); ähnlich *Oetker/Maultzsch*, Vertragliche Schuldverhältnisse, § 8 Rn. 267; in diese Richtung auch *Timmermans*, BauR 2001, 321 (323); differenzierend L/B/D-L/*Sonntag*, § 648a BGB Rn. 48.

554 L/B/D-L/*Sonntag*, § 648a BGB Rn. 47.

555 A.A. wohl BGHZ 216, 10 Rn. 30 in Bezug auf einen Werklieferungsvertrag. Angesichts der Besonderheiten des Falles war hierin aber keine Abkehr der Rechtsprechung zumindest im Hinblick auf einen Eigenantrag zu sehen; ebenso *Wellensiek/Kurtz*, DZWir 2018, 26 (29); Ingenstau/Korbion/*Joussen*, Vor §§ 8 und 9 VOB/B Rn. 27.

556 *Matthies*, NZBau 2016, 481 (484).

557 *Matthies*, NZBau 2016, 481 (484).

558 *Matthies*, NZBau 2016, 481 (484); Messerschmidt/Voit/*Voit*, § 8 VOB/B Rn. 4.

chen Verfahrens könnte es hingegen an einem wichtigen Grund fehlen.[559] Dafür könnte sprechen, dass im Vergleich zum Eigenantrag noch keine Prognose über die tatsächliche Leistungsfähigkeit des Unternehmers getroffen werden kann. Allerdings muss der Gläubiger gemäß § 14 Abs. 1 S. 1 InsO für den Antrag neben seiner Forderung und dem Eröffnungsgrund auch ein rechtliches Interesse an der Durchführung des Insolvenzverfahrens glaubhaft machen. Insofern hat der Besteller bereits Grund zu der Annahme, dass der Bauvertrag nicht mehr störungsfrei durchgeführt werden wird. Dies gilt auch, wenn ein Dritter den Antrag gestellt hat, denn wenn der Unternehmer nicht mehr in der Lage ist, die Forderungen von Lieferanten und Nachunternehmern zu begleichen, wird er auch der Werkherstellung nicht weiter nachkommen können.[560] Auch insofern kann daher ein wichtiger Grund zur Kündigung gegeben sein.

Ein wichtiger Grund im Falle der Insolvenz des Unternehmers scheidet hingegen von vornherein aus, wenn der Vertrag erst nach dem Insolvenzantrag und damit in Kenntnis dessen geschlossen wurde.[561]

Im Hinblick auf die Teilkündigung ist anzumerken, dass der Kündigungsgrund der Insolvenz seiner Natur nach das gesamte Vertragsverhältnis betrifft und der Besteller daher regelmäßig den gesamten Vertrag beenden wollen wird. Im Falle einer Insolvenz sind regelmäßig auch die Interessen weiterer Gläubiger involviert, die klare Verhältnisse verlangen und zu berücksichtigen sein können.[562] Daher wird eine teilweise Kündigung nur selten in Betracht kommen.[563] Allerdings ist die Teilkündigung von Gesetzes wegen dennoch vorgesehen und daher bei Vorliegen eines Kündigungsgrundes möglich, wenn diese dem Interesse des Bestellers entspricht. Das kann ausnahmsweise der Fall sein, wenn sich für einen Teilbereich des Werkes kein neuer Unternehmer finden lässt oder bei einem Generalunternehmervertrag der Subunternehmer von der Insolvenz betroffen ist.

---

559 So L/B/D-L/*Sonntag*, § 648a BGB Rn. 48.

560 *Valerius/Gstöttner*, NZBau 2008, 486 (488).

561 Vgl. BGHZ 216, 10 bezüglich einzelner Werklieferungsverträge als Teil eines Rahmenvertrages; siehe dazu auch schon § 3 B I.

562 *Lang*, BauR 2006, 1956 (1959).

563 *Lang*, BauR 2006, 1956 (1959).

g. Baustillstand/Unterbrechung

Nach § 6 Abs. 7 S. 1 VOB/B haben beide Vertragsparteien ein Recht zur Kündigung des Bauvertrages, wenn eine Unterbrechung länger als drei Monate dauert. Eine Teilkündigung ist nicht ausdrücklich vorgesehen. Eine solche könnte allerdings faktisch dann angenommen werden, wenn die Regelung auch auf Teilleistungen angewendet werden kann.[564] Dafür spricht, dass nur in diesem Umfang ein Stillstand beziehungsweise eine Unterbrechung vorliegt.

Da der Besteller ein schützenswertes Interesse an einer zügigen Herstellung des Werks hat, erscheint es sachgerecht, die Regelungsmaterie gemäß § 6 Abs. 7 S. 1 VOB/B auf einen BGB-Werkvertrag zu übertragen.[565] Der länger andauernde Stillstand beziehungsweise die Unterbrechung an sich stellt demnach regelmäßig einen wichtigen Grund gemäß § 648a Abs. 1 BGB dar. Der Unternehmer erweckt beim Besteller über einen längeren Zeitraum hinweg den Eindruck, dass dieser seiner Pflicht zur Herstellung des Werks nicht mehr nachkommt. Hervorzuheben ist bei diesem Kündigungsgrund die gemäß § 648a Abs. 3 iVm § 314 Abs. 2 BGB erforderliche Fristsetzung nach Ende des dreimonatigen Stillstandes beziehungsweise der Unterbrechung, da ansonsten der Kündigungsgrund verwirkt ist.[566] Die andere Seite könnte nämlich ansonsten den Eindruck erhalten, dass der Stillstand akzeptiert wird.

Wenn sich der Baustillstand auf einen abgrenzbaren Teil des geschuldeten Werks bezieht, kann auch eine Teilkündigung gemäß § 648a Abs. 2 BGB im Interesse des Kündigenden liegen. Bei einer derart langen Unterbrechung liegt es regelmäßig nicht im Interesse des Bestellers einen nicht betroffenen Teil des Stillstandes beziehungsweise der Unterbrechung zu kündigen. Auch bei einem Baustillstand ist daher naturgemäß der wichtige Grund auf den gekündigten Teil beschränkt.

---

564 Offenlassend *Bötzkes*, BauR 2016, 429 (431).
565 Leinemann/Kues/*Geheeb*, § 648a BGB Rn. 37; L/B/D-L/*Sonntag*, § 648a BGB Rn. 55.
566 L/B/D-L/*Sonntag*, § 648a BGB Rn. 55.

h. Straftaten und sonstiger Verstoß gegen die Kooperationspflichten

Die Begehung einer Straftat durch den Unternehmer hat in aller Regel die vollständige und nachhaltige Zerstörung des innerparteilichen Vertrauens zur Folge.[567] Demnach wird eine Teilkündigung nur ausnahmsweise dem Interesse des Bestellers entsprechen. Das kann der Fall bei der Beteiligung eines Generalunternehmers sein, wenn nur einer der beauftragten Nachunternehmern eine Straftat begeht oder der nach der Teilkündigung noch auszuführende Teil des Werks nur durch den beauftragten Unternehmer durchgeführt werden kann.

Im Übrigen berechtigt auch jeder sonstige schwerwiegende Verstoß gegen die Kooperationspflicht zur Kündigung aus wichtigem Grund. Das ist beispielsweise anzunehmen, wenn der Unternehmer die vollständige Erbringung der Leistung von der Bedingung einer Nachtragsbeauftragung unverhandelbar abhängig macht.[568] Denn die Parteien sind aufgrund der Kooperationspflicht vorrangig dazu angehalten, über die Notwendigkeit oder die Art und Weise einer Anpassung auch außerhalb des § 650b BGB zu verhandeln und eine einvernehmliche Lösung anzustreben.[569] Wenn das vertragswidrige Verhalten nur einen Teil der Gesamtleistung betrifft, ist ebenfalls eine Teilkündigung für den Besteller von Interesse.[570]

2. Kündigungsgründe des Unternehmers

a. Verzug des Bestellers

Nach § 9 Abs. 1 Nr. 2 VOB/B kann der Auftragnehmer den Vertrag kündigen, wenn der Auftraggeber eine fällige Zahlung nicht leistet oder sonst in

---

567 Vgl. BGHZ 141, 357 (364) zur Bestechlichkeit des Unternehmers; gleiches gilt für die Annahme von Provisionen des Architekten für die Vermittlung von Aufträgen von einem Bauhandwerker BGH NJW 1997, 1915.
568 OLG Brandenburg BauR 2003, 1734.
569 OLG Brandenburg BauR 2003, 1734 (1735).
570 So lag auch der Fall des OLG Brandenburg BauR 2003, 1734, wonach nur die Teilleistung betreffend Stahl-Glas-Türenelemente und Stahl-Glaselemente gekündigt werden sollten.

Schuldnerverzug gerät. Eine Teilkündigung ist bei Kündigungsrechten des Unternehmers in der VOB/B nicht ausdrücklich vorgesehen.[571]

Bei Zahlungsverzug des Bestellers kann in der Regel auch ein wichtiger Grund gemäß § 648a Abs. 1 BGB angenommen werden, beispielsweise wenn der Besteller kontinuierlich die vertraglich vereinbarten Zahlungsfristen nicht einhält oder wenn er regelmäßig unberechtigte Abzüge vornimmt.[572] Der Umstand, dass der Besteller lediglich eine Rechnung nicht beglichen hat, begründet hingegen nicht ohne Weiteres einen Kündigungsgrund.[573] Selbiges gilt für nicht bezahlte strittige Nachtragsleistungen, solange der Grund und die Höhe der Nachtragsforderung von den Parteien noch ausgehandelt wird.[574] Insofern ist stets eine gewisse Erheblichkeit erforderlich.[575]

Voraussetzung für die Annahme eines Kündigungsgrundes wegen Verzug des Bestellers ist gemäß § 286 Abs. 1 BGB zunächst das Vorliegen einer fälligen Forderung. Daneben ist nach § 286 Abs. 1 BGB eine Mahnung erforderlich, wenn diese nicht nach § 286 Abs. 2 BGB entbehrlich ist. Die Fälligkeit der Werklohnforderung und damit einhergehend der Verzug des Bestellers scheiden aus, wenn der Besteller aufgrund von Mängeln ein Leistungsverweigerungsrecht geltend machen kann.[576] Einer besonderen Geltendmachung des Leistungsverweigerungsrechts bedarf es nicht.[577] Daher ist mit der Kündigung wegen Zahlungsverzuges ein nicht unerhebliches Risiko verbunden.[578] Wenn der Unternehmer daraufhin die Leistung unberechtigt einstellt, kann dies sogar eine Kündigung aus wichtigem Grund seitens des Bestellers rechtfertigen.[579]

Die Teilkündigung gemäß § 648a Abs. 2 BGB steht ebenfalls dem Unternehmer zu. Bei Verzug des Bestellers kommt eine Teilkündigung des Unternehmers insbesondere in Betracht, wenn sich der Verzug auf einen Teilbe-

---

571 Für die Zulässigkeit der Teilkündigung im Rahmen von § 9 VOB/B Kapellmann/Messerschmidt/*v. Rintelen*, § 9 VOB/B Rn. 75a.

572 L/B/D-L/*Sonntag*, § 648a BGB Rn. 30; vgl. auch OLG Köln BauR 2023, 513 (518).

573 Vgl. BGH NJW-RR 2006, 1309 (1310).

574 L/B/D-L/*Sonntag*, § 648a BGB Rn. 30; Beck VOB/B/*Jansen*, § 2 Abs. 5 VOB/B Rn. 123.

575 Vgl. OLG Köln BauR 2023, 513 (518).

576 Siehe dazu noch § 4 A II.

577 BGH NJW-RR 2003, 1318; nach OLG Celle NJW-RR 2000, 234 hat der Besteller allerdings nachvollziehbare Gründe anzugeben.

578 BeckOF Baurecht/*Börgers*, 2.2.9.1. Kündigung durch den Auftragnehmer wegen Zahlungsverzugs des Auftraggebers Anm. 2 (Stand: 01.11.2019).

579 Siehe bereits § 3 B IV 1 b.

reich beschränkt, weil der Besteller beispielsweise nur für diesen Bereich unberechtigte Abzüge vorgenommen hat. Wenn der Besteller hingegen insgesamt mit der Entrichtung der Vergütung in Verzug gerät, impliziert das wiederholte Fehlverhalten hinsichtlich der Zahlungsverpflichtungen eine generelle Unzuverlässigkeit und mangelnde Leistungsfähigkeit des Bestellers, sodass der Unternehmer den Vertrag insgesamt beenden wollen wird. Der Unternehmer hat überwiegend kein Interesse daran, Werkleistungen für den Besteller zu erbringen, ohne eine entsprechende Vergütung zum Fälligkeitstermin zu erhalten. Insofern verfehlt die Teilkündigung ihren Ausgangspunkt der Wirtschaftlichkeit.

b. Unberechtigte Leistungsverweigerung des Bestellers

Auf Seiten des Bestellers kommt als unberechtigte Leistungsverweigerung nach den dargestellten Grundsätzen insbesondere das unberechtigte Zurückhalten von Abschlagszahlungen oder die Zurückhaltung der Schlusszahlung aufgrund eines doppelten Mängeleinbehalts gemäß § 641 Abs. 3 BGB in Betracht.[580] Ebenso ist ein Kündigungsgrund anzunehmen, wenn der Besteller die weitere Leistungserbringung durch den Unternehmer endgültig nicht mehr zulässt und somit die Erfüllung des Vertrages verweigert.[581] Im Rahmen der unberechtigten Leistungsverweigerung seitens des Bestellers ist wiederum zu berücksichtigen, ob diese als endgültige Erfüllungsverweigerung einzuordnen ist oder sich das Kündigungsrecht aus den Begleitumständen ergibt.[582]

Im Falle von Nachtragsstreitigkeiten stellt sich ebenfalls die Frage, ob ein Kündigungsrecht bei unberechtigter Nichtzahlung einer geänderten Vergütung gemäß § 650c BGB aufgrund der Möglichkeit einer einstweiligen Verfügung nach § 650d BGB ausscheidet. Der Unternehmer könnte aufgrund der Kooperationspflicht dazu veranlasst sein, eine einstweilige Verfügung gemäß § 650d BGB zu erwirken, statt den Vertrag wegen der Weigerungshaltung des Bestellers zu kündigen.[583] Ein Kündigungsrecht würde dann nur in Betracht kommen, wenn der Besteller der einstweiligen

---

580 OLG Celle NJW-RR 2000, 234; *Langen*, BauR 2022, 320 (321).
581 Leinemann/Kues/*Geheeb*, § 648a BGB Rn. 29.
582 Siehe dazu bereits § 3 B IV 1 b.
583 So wohl L/B/D-L/*Sonntag*, § 648a BGB Rn. 59.

Verfügung nicht nachkommt.[584] Dem Wortlaut des § 650d BGB lässt sich eine solche Verpflichtung zur Erwirkung einer einstweiligen Verfügung allerdings nicht entnehmen. Auch § 648a BGB statuiert nicht, dass eine einstweilige Verfügung gemäß § 650d BGB einer Kündigung gegenüber vorrangig ist.[585] Durch die einstweilige Verfügung soll dem Unternehmer ermöglicht werden, im einstweiligen Verfügungsverfahren schnell einen Titel für den geänderten Vergütungsanspruch zu erwirken.[586] Ihn trifft hingegen keine Verpflichtung hierzu. Dem Unternehmer ist es nicht zuzumuten, den Vertrag weiter auszuführen, wenn die Gegenseite vehement die Entrichtung einer entsprechenden Vergütung verweigert.[587] Auch das dem Unternehmer zustehende Leistungsverweigerungsrecht kann die Kündigung aus wichtigem Grund nicht ausschließen, wenn die Schwelle des wichtigen Grundes erreicht ist.[588] Mithin steht § 650d BGB der Möglichkeit zur Kündigung aus wichtigem Grund nicht entgegen.[589]

Aus aktuellem Anlass ist in diesem Zusammenhang insbesondere auch die Weigerung zur Vertragsanpassung bei Störung der Geschäftsgrundlage zu erwähnen.[590] Dies stellt ebenfalls eine Verletzung der Kooperationspflicht dar und berechtigt zur Kündigung.[591]

Eine Teilkündigung durch den Unternehmer bei einer unberechtigten Leistungsverweigerung seitens des Bestellers kommt ebenso nur in Betracht, wenn sich die unberechtigte Leistungsverweigerung auf einen Teil beschränkt und dieser Teil gekündigt werden soll.

c. Kein Kündigungsrecht bei Insolvenz des Bestellers

Die VOB/B normiert keinen Kündigungsgrund für den Unternehmer bei Insolvenz des Bestellers. Daher wäre auch beim VOB/B-Vertrag ein Rückgriff auf § 648a Abs. 1 BGB geboten. Für ein solches Kündigungsrecht könnte sprechen, dass ebenso der Besteller das Vertrauensverhältnis zwi-

---

584 L/B/D-L/*Sonntag*, § 648a BGB Rn. 59.
585 *Langen*, BauR 2022, 320 (337) hinsichtlich des Rechts zur Leistungsverweigerung; ebenso Kompendium des Baurechts/*Kniffka*, Teil 4 Rn. 374.
586 BT-Drs. 18/8486, 57.
587 Vgl. Kompendium des Baurechts/*Kniffka*, Teil 4 Rn. 374.
588 A.A. wohl Leinemann/Kues/*Geheeb*, § 648a BGB Rn. 28.
589 B/R/H/P/*Voit*, § 648a BGB Rn. 3.
590 Siehe zur Störung der Geschäftsgrundlage noch § 5 B.
591 BGH NJW 1969, 233 (234).

schen den Parteien zerstört, wenn feststeht, dass dieser der Entrichtung des Werklohns als seiner vertraglichen Hauptleistungspflicht dauerhaft oder zumindest nachhaltig nicht nachkommen kann.[592] Dafür spricht auch das Prinzip der unbeschränkten Vermögenshaftung.[593] Dagegen spricht allerdings, dass die persönlichen Eigenschaften des Bestellers für den Unternehmer bei Vertragsschluss anders als im umgekehrten Verhältnis wohl eher eine untergeordnete Rolle spielen dürften.[594] Das ist aber gerade der zentrale Punkt einer Kündigung aus wichtigem Grund gestützt auf die Insolvenz. Zudem ist der Unternehmer trotz seiner Vorleistungspflicht ausreichend über § 321 BGB geschützt.[595] Insofern ist eine Differenzierung zwischen Geldleistungs- und Sach- sowie Dienstleistungsgläubigern im Rahmen einer Kündigung aus wichtigem Grund wegen Insolvenz des Vertragspartners erforderlich.[596] Die Zumutbarkeitsschwelle ist folglich für den Unternehmer höher anzusetzen als für den Besteller. Ansonsten würde sich das Kündigungsrecht des Unternehmers als ein insolvenzbezogenes Reuerecht darstellen.[597] Darüber hinaus ist der Unternehmer durch die bereits bestehenden Kündigungsrechte ausreichend geschützt, da er nach § 650f Abs. 1 BGB eine Sicherheit vom Besteller anfordern und bei Unterlassen den Vertrag nach Maßgabe des § 650f Abs. 5 Alt. 2 BGB kündigen kann oder er den Unternehmer wegen ausstehender Zahlungen oder Mitwirkungshandlungen in Verzug setzen und den Vertrag somit wie bereits erläutert aus wichtigem Grund gemäß § 648a Abs. 1 BGB beziehungsweise nach § 643 BGB kündigen kann.[598] Im Unterschied zu einer Kündigung allein gestützt auf die Insolvenz des Bestellers ist in diesen Fällen eine zusätzliche Vertragsverletzung eingetreten, die einen Vertrauensverlust rechtfertigt. Daher scheidet ein Kündigungsrecht des Unternehmers im Falle der Insolvenz des Bestellers in der Regel aus.[599] Insofern kommt auch eine Teilkündigung nicht in Betracht.

---

592   Ingenstau/Korbion/*Joussen,* Vor §§ 8 und 9 VOB/B Rn. 24.
593   Siehe bereits § 3 B IV 1 f bb.
594   Ingenstau/Korbion/*Joussen,* Vor §§ 8 und 9 VOB/B Rn. 24.
595   BGH NJW 2023, 603 Rn. 52 bezüglich einer einer insolvenzabhängigen Lösungsklausel.
596   BGH NJW 2023, 603 Rn. 52.
597   *Hoffmann,* KTS 2018, 343 (365).
598   L/B/D-L/*Sonntag,* § 648a BGB Rn. 42; zur Kündigung nach § 643 BGB sowie § 650f Abs. 5 Alt. 2 BGB siehe noch § 5 A I und III.
599   L/B/D-L/*Sonntag,* § 648a Rn. 42; wohl auch BeckOGK/*Kessen,* § 648a BGB Rn. 34 (Stand: 01.04.2023), a.A. Ingenstau/Korbion/*Joussen,* Vor §§ 8 und 9 VOB/B Rn. 24;

d. Sonstige Kündigungsgründe

Unter den sonstigen Kündigungsgründen sollen Einzelfälle zusammengefasst werden, die ebenfalls zu einer erheblichen Erschütterung des Vertrauensverhältnisses führen können. Darunter fallen insbesondere Straftaten und Verstöße gegen gesetzliche Vorschriften seitens des Bestellers. Wenn der Besteller beispielsweise dem Unternehmer einen gefälschten Scheck überreicht und dieser im Vertrauen auf dessen Echtheit zu dem Vorhaben erhebliche finanzielle Dispositionen trifft, ist der Tatbestand des Betrugs gemäß § 263 StGB erfüllt und die Annahme eines wichtigen Grundes gerechtfertigt.[600] Ein wichtiger Grund ist ebenfalls anzunehmen, wenn der Besteller nebenher Mitarbeiter des Unternehmers schwarz beschäftigt.[601] Dabei darf es jedoch nicht darauf ankommen, ob der Besteller die Mitarbeiter des Unternehmers während der Arbeitszeit oder nach Feierabend zur Schwarzarbeit verleitet, da unabhängig davon ein schwerwiegender Vertrauensbruch durch den Verstoß gegen ein gesetzliches Verbot gegeben ist.[602] Zudem animiert der Besteller die Mitarbeiter des Unternehmers ohne sein Wissen dazu, Arbeiten auszuführen, die der Unternehmer durch seinen Geschäftsbetrieb auch regulär hätte selbst ausführen können.[603]

Der dreimonatige Stillstand beziehungsweise Unterbrechung entsprechend § 6 Abs. 7 S. 1 VOB/B stellt auch für den Unternehmer einen Kündigungsgrund dar, da es diesem nach Ablauf einer angemessenen Frist nicht zumutbar ist, vergeblich auf die Durchführung des Vertrages zu warten und weitere Aufträge abzulehnen, weil er seine Ressourcen für das stillstehende beziehungsweise unterbrochene Bauvorhaben bereithalten muss.[604]

Daneben lässt sich ein wichtiger Grund auch dann bejahen, wenn der Besteller auf einer Bauausführung beharrt, die gegen die anerkannten Re-

---

so bei einem Eigenantrag des Bestellers Kniffka ibrOK BauvertrR/*Schmitz*, § 648a BGB Rn. 12 (Stand: 06.03.2023).
600 Ingenstau/Korbion/*Joussen,* Vor §§ 8 und 9 VOB/B Rn. 24.
601 OLG Köln NJW 1993, 73 (74); für eine Kündigung aus wichtigem Grund durch den Besteller bei dringendem Verdacht auf Schwarzarbeit LG Potsdam NZBau 2019, 510.
602 So auch Ingenstau/Korbion/*Joussen,* Vor §§ 8 und 9 VOB/B Rn. 24; anders hingegen OLG Köln NJW 1993, 73 (74).
603 Ingenstau/Korbion/*Joussen,* Vor §§ 8 und 9 VOB/B Rn. 24.
604 L/B/D-L/*Sonntag*, § 648a BGB Rn. 55.

geln der Technik und gesetzliche Vorschriften verstößt und die den Unternehmer sogar der Gefahr von Bußgeldern aussetzen.[605]

Auch mangelhafte Vorleistungen des Bestellers berechtigen den Unternehmer ausnahmsweise zur Kündigung aus wichtigem Grund, wenn mit an Sicherheit grenzender Wahrscheinlichkeit feststeht, dass dadurch die Werkleistung des Unternehmers schwere Mängel erleiden oder dies zu einem erheblichen Schaden führen wird und der Besteller sich weigert, Abhilfe zu schaffen.[606]

Während sich in den letzteren Fällen eine Teilkündigung als sinnvoll erachten lässt, weil sich der Verstoß auf einen Teil der Bauausführung beschränkt und der Unternehmer gleichzeitig ein Interesse an der weiteren Vertragsausführung haben kann, lässt sich dies im Hinblick auf Straftaten und bei Verstößen gegen gesetzliche Vorschriften selten annehmen, da das gesamte Vertrauensverhältnis nachhaltig zerstört wird. Die Teilkündigung wird dann nur in Ausnahmefällen dem Interesse des Unternehmers entsprechen.

3. Zwischenfazit zu den einzelnen Kündigungsgründen

Die Kodifikation von Richterrecht hat ihren Sinn und Zweck in der Schaffung von Legitimation, Transparenz und Rechtssicherheit.[607] Diese Zielsetzung hat der Gesetzgeber mit der Normierung der Generalklausel verfehlt. Auch wenn die dargestellten Kündigungsgründe regelmäßig einen wichtigen Grund im Sinne von § 648a Abs. 1 BGB darstellen, dürfen in der Rechtsanwendung nicht die Umstände des Einzelfalls vernachlässigt werden. Auch können diese naturgemäß keinen Anspruch auf Vollständigkeit erheben. Insbesondere mit Blick auf die Rechtssicherheit wäre die – wenigstens regelbeispielhafte – Normierung einzelner Kündigungsgründe sinnvoll gewesen.[608] Um die Vorschrift entwicklungsoffen zu gestalten und um alle Sachverhaltskonstellationen zu erfassen, hätte der Gesetzgeber regeln können, dass insbesondere in den aufgeführten Fällen eine Kündigung aus

---

605 Ähnlich OLG München, Urt. v. 28.11.1979 – 15 U 2001/79 nv.; siehe auch Werner/Pastor/*Rodemann,* Kapitel 5 Rn. 1726.
606 OLG Düsseldorf NJW-RR 1988, 211.
607 *Dauner-Lieb,* in Ernst/Zimmermann (Hrsg.), Zivilrechtswissenschaft und Schuldrechtsreform, 305 (306).
608 So auch *Langen,* NZBau 2015, 658 (660); *Schmidt,* NJW-Spezial 2017, 684.

wichtigem Grund möglich ist. Die Vorschrift wäre praxisorientierter und würde gleichzeitig den Erwägungsgründen Rechnung tragen.[609] Allerdings ist die allgemeine Formulierung wohl letztlich dem Umstand geschuldet, dass die Kündigung einheitlich für alle Werkverträge kodifiziert wurde. Bei einem Bauvertrag ist das Kooperationsverhältnis der Parteien verantwortlich für eine enge Vertrauensbeziehung, was Zentrum der Argumentation der Kündigungsgründe ist und sich auf andere Werkverträge nicht unbedingt übertragen lässt.[610] Der Bauvertrag lässt sich insofern aufgrund seiner Besonderheiten nicht ausnahmslos in das System des allgemeinen Werkrechts einordnen.[611] Vorzugswürdig wäre daher eine Verortung der Kündigungsgründe im Abschnitt des Bauvertrages, welche auf die zentrale Norm des § 648a BGB verweist, oder die Normierung eines speziellen Kündigungstatbestands im Untertitel des Bauvertrages. Der Begründungsaufwand der einzelnen Kündigungsgründe zeigt, dass der Rechtsanwender ohne die spezifische Normierung einzelner Kündigungsgründe auch nach der Kodifizierung des Kündigungsrechts mit der Normauslegung im Einzelfall vor Herausforderungen gestellt ist. Dies führt zu erheblichen Risiken, denn letztlich ist die Grenze, wann die Vertrauensbasis zerstört ist, subjektiv geprägt. Da die Ausfüllung des wichtigen Grundes damit weiterhin der Rechtsprechung überlassen wird, wird die Legitimation sowie die Transparenz der Regelung verfehlt. Es ist daher wünschenswert, dass der Gesetzgeber in dieser Hinsicht eine Korrektur vornimmt. Hinsichtlich der Kündigungsgründe ist festzuhalten, dass eine Teilkündigung je eher in Betracht kommt, desto weniger die Pflichtverletzung des Unternehmers das Vertrauensverhältnis belastet. Ansonsten wird das Interesse regelmäßig dahin gehen, die vollständige Kündigung des Vertrages zu erklären, es sei denn die Bedeutung des Vorhabens steht dem entgegen. Die Ausführungen ergeben zudem den Befund, dass Teilkündigungen in der Praxis überwiegend auf einer Bestellerkündigung beruhen.

C. Formelle Erfordernisse einer (Teil-)Kündigung aus wichtigem Grund

Nach § 648a Abs. 3 BGB sind die allgemeinen Vorschriften gemäß § 314 Abs. 2 und Abs. 3 BGB anwendbar. Durch das danach bestehende Erforder-

---

609 *Langen*, NZBau 2015, 658 (660).
610 Siehe nur OLG Celle NZI 2022, 65 (67) hinsichtlich eines Schulbeförderungsvertrag.
611 Siehe dazu bereits § 2 A II 2 a.

nis einer Abmahnung oder Abhilfeaufforderung gemäß § 314 Abs. 2 BGB bei einer Pflichtverletzung und der Kündigungsfrist nach § 314 Abs. 3 BGB wird die Kündigungsmöglichkeit eingeschränkt. Aufgrund der systematischen Stellung gilt dies für die Voll- und Teilkündigung gleichermaßen. Daneben ist zu prüfen, ob etwaige Form- und Begründungserfordernisse bestehen.

I. Abmahnung oder Abhilfeaufforderung bei Pflichtverletzung

Sofern der wichtige Grund in der Verletzung einer Pflicht aus dem Vertrag besteht, ist gemäß § 648a Abs. 3 BGB iVm § 314 Abs. 2 S. 1 BGB die Kündigung erst nach erfolglosem Ablauf einer zur Abhilfe bestimmten Frist oder nach erfolgloser Abmahnung zulässig. Zwischen der zur Abhilfe gesetzten Frist und der Abmahnung besteht nach dem Wortlaut der Vorschrift ein Alternativverhältnis. Eine Abhilfefrist ist erforderlich, wenn die Pflichtverletzung selbst oder deren Folgen noch andauern, hingegen hat eine Abmahnung zu erfolgen, wenn die Pflichtverletzung zum Zeitpunkt der Kenntnis des Kündigenden nicht mehr fortwirkt.[612] Vor diesem Hintergrund hat die Abmahnung eine Rüge- und Warnfunktion.[613] Für den Fall einer Pflichtverletzung muss aus der Erklärung des Kündigenden daher deutlich werden, dass die weitere vertragliche Zusammenarbeit auf dem Spiel steht und für den Fall weiterer Verstöße rechtliche Konsequenzen angedacht sind.[614] Denn die Funktion einer Abmahnung besteht darin, dem Schuldner die Vertragswidrigkeit seines Verhaltens vor Augen zu führen und ihm so eine Korrektur seines Verhaltens zu ermöglichen.[615] Eine wirksame Abhilfeaufforderung setzt entsprechend voraus, dass die Fristsetzung eine konkret beschriebene sowie eindeutige Abhilfemaßnahme enthält und die Kündigung angedroht wird.[616]

Nach § 648a Abs. 3 BGB iVm § 314 Abs. 2 S. 2 BGB findet § 323 Abs. 2 Nr. 1 und 2 BGB für die Entbehrlichkeit der Bestimmung einer Frist zur Abhilfe und für die Entbehrlichkeit einer Abmahnung entsprechende An-

---

612 MüKoBGB/*Gaier*, § 314 BGB Rn. 37; *v. Hase*, NJW 2002, 2278 (2280).
613 Leinemann/Kues/*Geheeb*, § 648a BGB Rn. 49.
614 BGH NJW 2012, 53; a.A. *v. Hase*, NJW 2002, 2278 (2280), wonach die Rüge des vertragswidrigen Verhaltens ausreicht.
615 BGH NJW 2012, 53 (54).
616 Leinemann/Kues/*Geheeb*, § 648a BGB Rn. 51.

wendung. Demnach ist eine Frist im Falle einer endgültigen Erfüllungsverweigerung nicht notwendig, da die damit verfolgte Warnfunktion nicht ihren Zweck erfüllen kann.[617] Daneben ist eine Frist entbehrlich, wenn ein relatives Fixgeschäft vorliegt. In Abgrenzung zum absoluten Fixgeschäft, welches bei Säumnis mangels Nachholbarkeit der Leistung zur Unmöglichkeit gemäß § 275 Abs. 1 BGB führt, ist ein relatives Fixgeschäft gegeben, wenn eine Leistungszeit genau bestimmt ist und die Rechtzeitigkeit für den Gläubiger derart wesentlich ist, dass der Vertrag mit der Einhaltung der Frist „stehen und fallen" soll.[618] In der Regel stellen vertragliche Ausführungsfristen bei Bauverträgen kein relatives Fixgeschäft dar.[619] Dies gilt sowohl für im Bauablaufplan vorgesehene Fristen, die schon deshalb keine Vertragsfristen sind wie sich aus § 5 Abs. 1 S. 2 VOB/B entsprechend ergibt, als auch für verbindliche Vertragsfristen.[620] Denn die Herstellung des Werks ist in aller Regel nachholbar und soll nicht mit der Einhaltung der Frist „stehen und fallen".

Nach § 648a Abs. 3 iVm § 314 Abs. 2 S. 3 BGB ist die Bestimmung einer Frist zur Abhilfe und eine Abmahnung auch dann entbehrlich, wenn besondere Umstände vorliegen, die unter Abwägung der beiderseitigen Interessen die sofortige Kündigung rechtfertigen. Das bedeutet, dass eine Pflichtverletzung vorliegen muss, die so erheblich ist, dass sie einerseits einen wichtigen Grund rechtfertigt und andererseits die sofortige Beendigung des Vertrages erfordert.[621] Daher können nur solche Umstände eine Entbehrlichkeit der Frist rechtfertigen, die objektiv das Vertrauensverhältnis derart und unwiderruflich zerstören, dass eine Abmahnung beziehungsweise Abhilfefrist sinnlos ist.[622] Als Beispiel von den angeführten Kündigungsgründen dient das Begehen von Straftaten des anderen Teils.

II. Kündigungsfrist gemäß § 648a Abs. 3 iVm § 314 Abs. 3 BGB

Im Gegensatz zum Rücktritt kann der zur Kündigung Berechtigte gemäß § 648a Abs. 3 BGB iVm § 314 Abs. 3 BGB nur innerhalb einer angemesse-

---

617 BGH NJW 2011, 2872 (2873); MüKoBGB/*Ernst*, § 323 BGB Rn. 105.
618 RGZ 51, 347 (348); RGZ 101, 361 (363); BGHZ 110, 88 Rn. 22; B/R/H/P/H. *Schmidt*, § 323 BGB Rn. 29, 31.
619 L/B/D-L/*Sonntag*, § 648a BGB Rn. 77.
620 L/B/D-L/*Sonntag*, § 648a BGB Rn. 77.
621 L/B/D-L/*Sonntag*, § 648a BGB Rn. 78.
622 BeckOGK/*Martens*, § 314 BGB Rn. 66 (Stand: 15.04.2023).

nen Frist kündigen, nachdem er vom Kündigungsgrund Kenntnis erlangt hat. Hintergrund dieses Erfordernisses ist, dass der Kündigungsgegner in angemessener Zeit Klarheit darüber erhalten soll, ob von der Kündigungsmöglichkeit Gebrauch gemacht wird und soll damit Rechtsunsicherheit vermeiden.[623] Zudem kann nach längerer Zeit nicht mehr angenommen werden, dass für den anderen Teil ein weiteres Festhalten am Vertrag unzumutbar ist.[624] Die Norm verhindert somit, dass sich der Kündigende widersprüchlich verhält, wenn er einerseits den Vertrag für längere Zeit weiterführt, aber andererseits die Unzumutbarkeit der weiteren Vertragsfortführung behauptet.[625] Anders als in § 626 Abs. 2 BGB ist in § 648a Abs. 3 BGB keine Frist vorgegeben. Gleichwohl kann die dort vorgesehene zweiwöchige Frist als Anhaltspunkt dienen.[626] Eine Kündigung innerhalb dieser Frist kann angesichts der Bedeutung der Folgen eines Kündigungsrechts nicht als verspätet angesehen werden.[627] Im Übrigen kommt es für die Bemessung der Frist erneut auf die Umstände des Einzelfalls an. Kriterien der Einzelfallbewertung können die Komplexität des Werks sein, die Auswirkungen der Kündigung auf die Herstellung des Werks sowie die Interessen des Bestellers an dem herzustellenden Erfolg.[628] Dem Kündigenden muss insofern eine angemessene Überlegungsfrist zukommen.[629] Die Frist beginnt mit positiver Kenntnis des Kündigenden, hingegen reicht grob fahrlässige Unkenntnis nicht aus.[630] Die Bestimmung des Zeitpunkts der Kenntniserlangung kann Probleme bereiten, wenn der wichtige Grund in einer Vielzahl von Pflichtverletzungen über einen gewissen Zeitraum hinweg zu sehen ist, die nur in ihrer Gesamtheit die Schwelle des wichtigen

---

623 BT-Drs. 14/6040, 178.

624 BT-Drs. 14/6040, 178; MüKoBGB/*Busche*, § 648a BGB Rn. 7 schlägt daher eine Höchstfrist von zwei Monaten vor; zustimmend NK-BGB/*Lührmann/Raab*, § 648a BGB Rn. 12.

625 NK-BGB/*Lührmann/Raab*, § 648a BGB Rn. 11.

626 *Oetker/Maultzsch*, Vertragliche Schuldverhältnisse, § 8 Rn. 267.

627 *v. Hase*, NJW 2002, 2278 (2279) sieht hierin sogar eine Mindestfrist; a.A. B/R/H/P/ *Lorenz*, § 314 BGB Rn. 24; Leupertz/Preussner/Sienz/*Sienz* BauvertrR, § 648a BGB Rn. 31a.

628 MüKoBGB/*Busche*, § 648a BGB Rn. 7.

629 Vgl. OLG Celle Hinweisbeschl. v. 22.05.2009 – 14 U 45/09, BeckRS 2009, 138412 RN. 6 (abrufbar in beck-online); nach OLG Stuttgart NJW 2018, 1263 Rn. 63 waren fünf Wochen angesichts der Komplexität der Planung eines Hausbaus und dem weiten Fortschritt der Planung akzeptabel; OLG Schleswig Urt. v. 09.03.2022 – 12 U 64/21, BeckRS 2022, 11229 Rn. 91 (abrufbar in beck-online) hatte hingegen sechs Monate als zu lang angesehen.

630 *v. Hase*, NJW 2002, 2278 (2279).

Grundes erreichen.[631] Da die Kenntniserlangung erst ab dem Zeitpunkt des Erreichens der Schwelle des wichtigen Grundes besteht, ist mit der Bestimmung dieses Zeitpunkts ein erhebliches Risiko verbunden.[632] Bei einer Teilkündigung ist darüber hinaus besonders zu beachten, dass hinsichtlich der nicht gekündigten Teile wegen Fristablaufes möglicherweise kein Kündigungsgrund mehr besteht und eine Vollkündigung im Nachgang somit ausscheidet.[633] Daher sollte im Vorhinein eine gründliche Abwägung des Kündigenden erfolgen, ob eine Teilkündigung günstiger für ihn ist.

III. Form und Begründung der (Teil-)Kündigung

§ 648a BGB enthält keine Vorgaben zur Form der Kündigung. Allerdings sieht § 650h BGB für einen Bauvertrag die Schriftform einer Kündigung vor. Ebenso gilt über die Verweisung des § 650q Abs. 1 BGB die Schriftform für Architekten- und Ingenieurverträge. Bei diesen Verträgen bedarf dementsprechend auch die Teilkündigung gemäß § 648a Abs. 2 BGB der Schriftform.[634] Für jeden anderen Werkvertrag folgt daraus, dass ohne eine anderweitige Vereinbarung eine (Teil-)Kündigung formlos möglich ist. Wird jedoch eine etwaig vereinbarte Schriftform nicht eingehalten, so ist die Kündigung grundsätzlich unwirksam. Etwas anderes lässt sich annehmen, wenn eine mündliche Kündigung angenommen wird, da hierin eine konkludente Abbedingung der Schriftform gesehen werden kann.[635]

Auch ist in § 648a BGB kein Erfordernis einer Begründung vorgesehen. Das Schriftformerfordernis des § 650h BGB erfasst nur die Kündigungserklärung.[636] Der Kündigende muss daher den Grund für die Kündigung nicht angeben und ist an bereits geäußerte Kündigungsgründe nicht gebunden.[637] Somit ist auch keine Bezugnahme auf eine zuvor erfolgte Abmahnung erforderlich.[638] Entscheidend ist, ob der wichtige Grund im Zeit-

---

631 Siehe dazu bereits § 3 B I.
632 NK-BGB/*Lührmann/Raab,* § 648a BGB Rn. 14.
633 L/B/D-L/*Sonntag,* § 648a BGB Rn. 64.
634 BeckOGK/*Kessen,* § 650h Rn. 10 (Stand: 01.04.2023).
635 Kniffka ibrOK BauVertrR/*Schmitz,* § 648a BGB Rn. 28 (Stand: 06.03.2023); daneben kommt eine einvernehmliche Vertragsaufhebung in Betracht, siehe noch § 4 B V.
636 BeckOGK/*Kessen,* § 650h BGB Rn. 13 (Stand: 01.04.2023).
637 Kompendium des Baurechts/*Kniffka,* Teil 8 Rn. 22; *Popescu,* BauR 2016, 577 (578 ff.).
638 L/B/D-L/*Sonntag,* § 648a BGB Rn. 85.

punkt der Kündigung tatsächlich vorlag.[639] Das hat zur Folge, dass der Kündigende die Kündigungsgründe sogar nachschieben kann und diese somit nachträglich geltend gemacht werden können.[640] Allerdings werden nachgeschobene Kündigungsgründe, welche in einer Pflichtverletzung bestehen, häufig nicht den sonstigen formellen Anforderungen wie dem Erfordernis einer Abmahnung genügen.[641] Vor diesem Hintergrund empfiehlt es sich, die Kündigungsgründe umfassend im Kündigungsschreiben zu benennen.[642]

Gegen das Nachschieben von Kündigungsgründen kann eingewendet werden, dass dem Kündigenden dadurch ungerechtfertigte Vorteile verschafft würden, da er bereits bei bloßen Verdachtsmomenten vorsorglich eine Kündigung erklären könnte, um den Sachverhalt erst im Nachgang abschließend aufzuklären und sich sodann auf diese Gründe zu berufen.[643] Ein solches Vorgehen wäre zwar möglich, jedoch setzt sich der Kündigende damit dem Risiko aus, dass sich seine Kündigung als unwirksam erweist.[644] Das kann beispielsweise zur Folge haben, dass die Kündigung des Bestellers aus wichtigem Grund in eine freie Kündigung mit entsprechenden Vergütungsfolgen umgedeutet wird.[645] Es besteht daher nur ein geringes Missbrauchsrisiko.[646]

Anders als der Kündigungsgrund selbst kann die Abgrenzung bei einer Teilkündigung nicht nachgeschoben werden, da sie Bestandteil der Kündigungserklärung sein muss.[647] Wie der Kündigende dem Kündigungsempfänger die Abgrenzbarkeit mitteilt, steht ihm frei. Dies kann beispielsweise mit Hinweis auf die Position im Leistungsverzeichnis oder durch die entsprechende Vorlage von Plänen erfolgen. Fehlt es gänzlich an einer solchen Abgrenzung liegt keine Teilkündigung, sondern eine Vollkündigung vor.[648]

---

639 BGH NJW 2018, 50 Rn. 24.
640 BGHZ 82, 100 (109); BGHZ 163, 274 (277).
641 Leinemann/Kues/*Geheeb*, § 648a BGB Rn. 43.
642 Kompendium des Baurechts/*Kniffka*, Teil 8 Rn. 23.
643 Siehe Soergel/*Buchwitz*, § 648a BGB Rn. 33.
644 Siehe BGH NJW 1975, 825 (826).
645 Ausführlich zu den Folgen einer unberechtigten Kündigung aus wichtigem Grund siehe § 4 B.
646 So auch Soergel/*Buchwitz*, § 648a BGB Rn. 33.
647 Leupertz/Preussner/Sienz/*Sienz* BauvertrR, § 648a BGB Rn. 26.
648 Leupertz/Preussner/Sienz/*Sienz* BauvertrR, § 648a BGB Rn. 26.

D. Möglichkeit der Teilkündigung eines Bauträgervertrages?

In § 650u Abs. 2 BGB findet sich ein Ausschlussgrund hinsichtlich der Kündigung aus wichtigem Grund für den Bauträgervertrag. Dieser Ausschluss soll kritisch hinterfragt und daraufhin untersucht werden, ob der Ausschluss auch eine Teilkündigung aus wichtigem Grund gemäß § 648a Abs. 2 BGB erfasst.

I. Der Bauträgervertrag

Das Gesetz definiert den Bauträgervertrag in § 650u Abs. 1 S. 1 BGB. Dabei handelt es sich um einen Vertrag, der die Errichtung oder den Umbau eines Hauses oder eines vergleichbaren Bauwerks zum Gegenstand hat und der zugleich die Verpflichtung des Unternehmers enthält, dem Besteller das Eigentum an dem Grundstück zu übertragen oder ein Erbbaurecht zu bestellen oder zu übertragen. Der Erwerber erhält damit neben dem Grundstück sämtliche Planungs- und Bauleistungen aus einer Hand.[649] Der Bauträgervertrag ist ein gesetzlich geregelter typengemischter Vertrag mit werk- und kaufvertraglichen Elementen.[650] § 650u Abs. 1 S. 2 BGB statuiert daher, dass für die Bauverpflichtung des Bauträgers grundsätzlich die Vorschriften des Werkvertragsrechts gelten, soweit sich aus den nachfolgenden Vorschriften nichts anderes ergibt. Hingegen finden gemäß § 650u Abs. 1 S. 3 BGB für den Anspruch auf Übertragung des Eigentums an dem Grundstück oder auf Übertragung oder Bestellung des Erbbaurechts die Vorschriften über den Kauf Anwendung.

II. Ausschluss der Kündigung aus wichtigem Grund gemäß § 650u Abs. 2 BGB

1. Ausschluss der Kündigung aus wichtigem Grund durch den Gesetzgeber

Gemäß § 650u Abs. 2 BGB findet auf den Bauträgervertrag weder die Vorschrift der freien Kündigung gemäß § 648 BGB noch die der Kündigung aus wichtigem Grund gemäß § 648a BGB Anwendung. Die Möglichkeit

---

649 *Reiter*, JA 2018, 241 (248).
650 Jauernig/*Mansel*, § 650u BGB Rn. 3.

der freien Kündigung wurde im Hinblick auf das wirtschaftliche Ziel eines Bauträgervertrages ausgeschlossen.[651] Dies entsprach bereits der Rechtsprechung des BGH vor der Reform.[652] Denn der Bauträger ist grundsätzlich zur Erbringung einer Gesamtleistung von Grundstücksveräußerung und Bauwerkserrichtung nicht nur verpflichtet, sondern auch berechtigt.[653] Die verschiedenen Elemente sind für den Bauträger aus kalkulatorischen und bautechnischen Gründen untrennbar miteinander verknüpft.[654] Die Folge einer freien Kündigung wäre, dass der Erwerber das Grundstück beziehungsweise den Grundstücksanteil verlangen und gleichzeitig die Bauleistung durch einen anderen Bauunternehmer durchführen lassen könnte.[655] Könnte der Erwerber dies ohne Vorliegen eines Kündigungsgrundes herbeiführen, würde dies der Einheitlichkeit des Bauträgervertrages und damit seiner Rechtsnatur als solcher sowie dessen wirtschaftlichen Ziel zuwiderlaufen.[656]

Daneben lehnt der Gesetzgeber aber auch die Kündigung des Bauträgervertrages aus wichtigem Grund gemäß § 648a BGB ab. Der BGH hingegen hatte ein solches Vorgehen für zulässig erachtet.[657] Den Ausschluss dieser Möglichkeit begründet der Gesetzgeber damit, dass es sich bei der anderslautenden Entscheidung des BGH um eine Einzelfallentscheidung mit Ausnahmecharakter handele.[658] Mit Blick auf die Einheitlichkeit des Vertrages und die Ausübung der aus diesem entspringenden Rechte, solle es künftig auch bei Vorliegen eines wichtigen Grundes nicht mehr möglich sein, sich teilweise von einem Bauträgervertrag zu lösen. Vielmehr sei nur noch eine Gesamtabwicklung des Vertrages im Rahmen eines Rücktritts möglich. Ein Rücktrittsrecht könne sich nach geltendem Recht bei Mängeln des Werks aus § 634 Nr. 3 iVm §§ 636, 323, 326 Abs. 5 BGB ergeben. Bei Vorliegen gravierender nicht leistungsbezogener Pflichtverletzungen durch den Bauträger sei ein Rücktritt nach § 324 iVm § 241 Abs. 2 BGB möglich.

---

651 BT-Drs. 18/8486, 72.
652 BGH NJW 1986, 925.
653 BT-Drs. 18/8486, 72.
654 BT-Drs. 18/8486, 72; so auch BGH NJW 1986, 925 (926).
655 BT-Drs. 18/8486, 72.
656 BT-Drs. 18/8486, 72.
657 BGH NJW 1986, 925.
658 BT-Drs. 18/8486, 72.

2. Ausschluss der Kündigung aus wichtigem Grund als Fehlentscheidung des Gesetzgebers

Anders als der Gesetzgeber meint, sollte dem Erwerber nach der von ihm zitierten Entscheidung des BGH bei genauerer Betrachtung grundsätzlich und nicht einzelfallabhängig ein auf die Bauleistung bezogenes Kündigungsrecht zugestanden werden, wenn ein wichtiger Grund vorliegt und der Bauträger ihm somit Veranlassung zur Kündigung gegeben hat.[659] Dies ist sachgerecht, da im Falle eines zerrütteten Vertrauensverhältnisses nicht davon ausgegangen werden kann, dass noch eine störungsfreie Vertragsdurchführung erfolgen kann.[660] Daher ist eine Ausnahme von dem Grundsatz gerechtfertigt, den Bauträgervertrag einheitlich abzuwickeln.[661] Das Recht zur Kündigung aus wichtigem Grund bedarf erst dort einer Einschränkung, wo im Einzelfall schützenswerte Belange einer solchen Rechtsausübung entgegenstehen. Das ist beispielsweise gegeben, wenn die Kündigung zur Stilllegung des gesamten Bauvorhabens führen würde und deshalb nur unter Beteiligung der anderen Erwerber wie beispielsweise bei einer Wohnungseigentümergesellschaft oder bei Erwerbern von Reihenhäusern erfolgen kann.[662] Eine solche Abwägungsentscheidung bei der Anerkennung eines wichtigen Grundes entspricht der gesetzlichen Konzeption der generalklauselartigen Kodifizierung in § 648a Abs. 1 BGB. Die Ausgestaltung in Form einer Generalklausel wurde gerade mit der Vielgestaltigkeit der Lebensverhältnisse begründet.[663] Entgegenstehende Belange hätten daher innerhalb der vorzunehmenden Interessenabwägung Berücksichtigung finden können. Dennoch hat der Gesetzgeber ein solches Regel-Ausnahme Verhältnis nun umgekehrt und die Kündigung aus wichtigem Grund für den Bauträgervertrag ausnahmslos ausgeschlossen.

Dabei verkennt der Gesetzgeber, dass der Rücktritt und die damit einhergehende Rückabwicklung nicht nur zum Verlust des Erfüllungsanspruchs in Form der Eigentumsübertragung führt, sondern auch die Auflassungsvormerkung aufgrund ihrer Akzessorietät gegenstandslos wird.[664]

---

659 Siehe BGH NJW 1986, 925; gegen das Vorliegen einer Einzelfallentscheidung auch *Karczewski*, NZBau 2018, 328 (337).

660 MüKoBGB/*Busche*, § 650u BGB Rn. 23.

661 BGH NJW 1986, 925 (926).

662 Siehe BGH NJW 1986, 925 (926); *Pause/Vogel*, Bauträgerkauf, Kapitel 5 Rn. 263, wonach in diesem Fall ein Mehrheitsbeschluss sämtlicher Erwerber notwendig ist.

663 BT-Drs. 18/8486, 50.

664 BGH NJW 2001, 2249; *Karczewski*, NZBau 2018, 328 (337).

Die Eintragung einer Vormerkung gehört gemäß § 3 Abs. 1 S. 1 Nr. 2 MaBV neben dem Ausschluss eines Rücktrittsrechts auf Seiten des Bauträgers nach § 3 Abs. 1 S. 1 Nr. 1 MaBV zu den dem Bauträger auferlegten besonderen Sicherungsmechanismen. Diese sollen eine potentielle Vermögensschädigung des Erwerbers verhindern, die aus der Verpflichtung des Erwerbers resultieren kann, bereits vor der endgültigen Eigentumsverschaffung einen erheblichen Teil der Vergütung leisten zu müssen.[665] Durch die Eintragung der Auflassungsvormerkung können die Ansprüche des Erwerbers hingegen nicht mehr beeinträchtigt werden, wodurch er insbesondere auch im Falle eines steckengebliebenen Baus geschützt ist.[666] Die Vormerkung ist insbesondere im Falle der Insolvenz des Bauträgers gemäß § 106 Abs. 1 InsO besonders gesichert. Aufgrund der bereits durch den Erwerber geleisteten Zahlungen soll der Baufortschritt auf dem Grundstück wirtschaftlich dem Erwerber zustehen.[667] Dieser Zweck wird bei einem Rücktritt vom gesamten Vertrag vereitelt, da die Wirkungen der Vormerkung entfallen und der Erwerber hinsichtlich seiner bereits geleisteten Zahlungen mithin schutzlos gestellt ist.[668] Dem Erwerber steht letztlich nur ein ungesicherter Anspruch auf Rückzahlung der bereits geleisteten Abschlagzahlungen gemäß § 346 Abs. 1 BGB zu.[669] Damit wird dem Erwerber das Risiko der Insolvenz des Bauträgers auferlegt.[670] Gegenüber dem Grundbuchberichtigungsanspruch des Bauträgers gemäß § 894 BGB nach erfolgtem Rücktritt bleibt dem Erwerber zwar noch ein Zurückbehaltungsrecht für die bereits gezahlten Raten gemäß § 273 Abs. 1 BGB, allerdings kann er sich gegenüber Dritten, deren Rechte durch die gegenstandslose Vormerkung beeinträchtigt werden, nicht darauf berufen und daneben ist ein solches auch nicht insolvenzfest.[671] Der Erwerber kann seine Forderung dann nur als Insolvenzgläubiger gemäß § 38 InsO geltend machen und erhält nur eine quotale Befriedigung. Vor allem bei Verzug des Bauträgers aber auch bei erheblichen Mängeln vor der Abnahme war die Kündigung aus wichtigem Grund damit die einzige Möglichkeit, um eines der grundlegenden Struk-

---

665 BGH NJW 1986, 925 (927).
666 BGH NJW 1986, 925 (927).
667 BGH NJW 1986, 925 (927).
668 BGH NJW 1986, 925 (927).
669 BGH NJW 1986, 925 (927); *Vogel*, BauR 2018, 717 (718).
670 *Theuersbacher*, ZNotP 2022, 173 (179).
671 BGH NJW 1986, 925 (927); BGH NJW 2009, 1414; Messerschmidt/Voit/*Thode*, § 650u BGB Rn. 37.

turprobleme des Bauträgervertrages aufgrund des Vormerkungsmodells zu lösen.[672]

Da der Rücktritt mithin den Erwerber zwingt, eine Sicherung für seine bisher geleisteten Raten aufzugeben, wird man diesem nur schwerlich zu einem solchen Vorgehen raten können.[673] Damit ist der Erwerber in dem Vertrag mit dem vertragsuntreuen Bauträger gefangen. Dies ist angesichts des Umstandes, dass das Beendigungsinteresse des vertragstreuen Erwerbers im Falle eines wichtigen Grundes vorrangig zu bewerten ist, nicht interessengerecht.[674] Weiterhin wird das vom Gesetzgeber mit der Reform erklärte Ziel, insbesondere den Verbraucherschutz im Bauvertragsrecht zu stärken, durch den Ausschluss der Kündigung aus wichtigem Grund verfehlt.[675] Denn regelmäßig sind an einem Bauträgervertrag Verbraucher beteiligt, die sich den Traum eines Eigenheims erfüllen wollen.[676] Zudem ist auch die Kündigung aus wichtigem Grund für den Bauträger der interessengerechtere Rechtsbehelf, wenn er ein auf die Bedürfnisse des Bestellers abgestimmtes Haus baut, welches nach dem Rücktritt für den Bauträger schlecht verwertbar ist.[677] Der Verweis auf den Rücktritt ist daher auch für den Bauträger nachteilhaft, wenn der Erwerber einen wichtigen Grund zur Kündigung verursacht.[678] Auch ist ein ausnahmslos zwingendes Bedürfnis zum Erhalt des gesamten Bauträgervertrages durch den vollständigen Ausschluss der Kündigung aus wichtigem Grund nicht ersichtlich.[679] Denn auch im Falle der Insolvenz führt die Ablehnung des Insolvenzverwalters der Vertragserfüllung gemäß § 103 Abs. 2 InsO aufgrund der Sicherung der Vormerkung nach § 106 Abs. 1 S. 1 InsO dazu, dass der Erwerber den Anspruch auf Eigentumsübertragung behält, während der bauvertragliche Teil beendet wird, sodass ebenfalls eine Teilung des Vertrages erfolgt.[680]

Damit ist es im Ergebnis unzumutbar, dem Erwerber ein Kündigungsrecht aus wichtigem Grund vorzuenthalten und ihn auf den Rücktritt zu

---

672 *Koeble*, BauR 2017, I (II).
673 *Basty*, MittBayNot 2017, 445 (446).
674 BGH NJW 1986, 925 (927).
675 BT-Drs. 18/8486, 1.
676 *Jötten*, BauR 2021, 1.
677 Siehe dazu bereits § 2 A II 1 c bb (2).
678 Kompendium des Baurechts/*Koeble*, Teil 10 Rn. 289.
679 L/B/D-L/*J. Langen*, § 650u BGB Rn. 58.
680 BGH NJW 1986, 925 (927) zur Konkursordnung.

verweisen.[681] Beim Ausschluss der Kündigung aus wichtigem Grund handelt sich nach alledem um eine Fehlentscheidung des Gesetzgebers.[682] Dies gilt zumindest so lange wie an dem Vormerkungsmodell mit den einhergehenden Schutzlücken festgehalten wird.

3. Alternative Lösungen?

Aufgrund dieser unbefriedigenden Situation wird teilweise vertreten, dass das vor der Reform durch Richterrecht herausgebildete Kündigungsrecht aus wichtigem Grund neben der Regelung des § 648a BGB weiterhin zugunsten des Erwerbers angewendet werden soll.[683] Insofern sei § 648a BGB nur in seiner konkreten Ausgestaltung unanwendbar. Der Gesetzgeber könne die Kündigung aus wichtigem Grund nicht generell bei auf Dauer angelegten Verträgen wie dem Bauträgervertrag ausschließen. Gegen eine solche Sichtweise spricht, dass das nunmehr in § 648a BGB geregelte Kündigungsrecht das vor der Reform hergeleitete Kündigungsrecht ersetzt.[684] Zudem ist nicht ersichtlich, dass der Ausschluss des Gesetzgebers unwirksam ist, auch wenn man den Ausschluss als verfehlt bewertet.[685] Ferner kommt auch eine analoge Anwendung des § 648a BGB angesichts des eindeutigen Wortlautes der Vorschrift mangels Vorliegens einer planwidrigen Regelungslücke nicht in Betracht.[686] Ebenso scheidet ein Teilrücktritt aufgrund der Unteilbarkeit des Bauträgervertrages mit Blick auf die wirtschaftliche Einheit aus.[687] Letztlich bleibt den Parteien im Nachgang nur die Möglichkeit einer einvernehmlichen Vertragsbeendigung. Eine solche wird jedoch wenig zielführend sein, da Ausgangspunkt immer die Vertragsuntreue der einen Partei ist und diese Partei aufgrund der besseren Ausgangsposition die Konditionen diktieren oder ablehnen kann.[688] Die Parteien sind daher hinsichtlich der Vertragsbeendigung nach der Reform schutzlos gestellt.

---

681 L/B/D-L/*J. Langen,* § 650u BGB Rn. 58; Werner/Pastor/*Rodemann,* Kapitel 5 Rn. 1712.
682 *Grziwotz,* NZBau 2018, 218 (224); *Vogel,* BauR 2018, 717 (718).
683 So Kompendium des Baurechts/*Koeble,* Teil 10 Rn. 287; *Koeble,* BauR 2017, I (II).
684 *Karczewski,* NZBau 2018, 328 (337).
685 *Jötten,* BauR 2021, 1 (3).
686 *Theuersbacher,* ZNotP 2022, 173 (180); *Vogel,* BauR 2018, 717 (718); *Pause/Vogel,* Bauträgerkauf, Kapitel 5 Rn. 265.
687 *Theuersbacher,* ZNotP 2022, 173 (180); *Pause/Vogel,* Bauträgerkauf, Kapitel 5 Rn. 264; L/B/D-L/*J. Langen,* § 650u BGB Rn. 55.
688 L/B/D-L/*J. Langen,* § 650u BGB Rn. 61.

III. Geltung des Ausschlussgrundes gemäß § 650u Abs. 2 BGB für die Teilkündigung?

Angesichts der Argumentation des Gesetzgebers, den Bauträgervertrag als zusammengesetzten Vertrag in seiner Gesamtheit erhalten zu wollen, stellt sich die Frage, ob der Ausschluss auch für die Teilkündigung gemäß § 648a Abs. 2 BGB uneingeschränkt gilt. Anders als bei einer Kündigung des gesamten werkvertraglichen Teils nach § 648a Abs. 1 BGB wird bei einer Teilkündigung gemäß § 648a Abs. 2 BGB nur ein Teil dessen aus dem Vertrag herausgelöst. Somit bleibt der Vertrag in seiner Zusammensetzung von kauf- und werkvertraglichem Teil erhalten. Eine Aufspaltung findet gerade nicht statt. Für den Erwerber ist die Möglichkeit der Teilkündigung von großer Bedeutung, da er bei gravierenden Mängeln vor Abnahme und bei erheblichem Verzug in Teilbereichen nicht gezwungen ist, den kompletten Vertrag im Wege des Rücktritts rückabzuwickeln.[689] Der Wortlaut des § 650u Abs. 2 BGB spricht zunächst dafür, dass der Ausschluss die Regelung des § 648a BGB in seiner Gesamtheit erfasst. Allerdings könnte der Ausschluss von § 648a Abs. 2 BGB zur Zielsetzung des Erhalts eines einheitlichen Vertrages nicht erforderlich im Sinne des Verhältnismäßigkeitsgrundsatzes gewesen sein. Dem Gesetzgeber kommt dabei eine Einschätzungsprärogative zu. Insofern spricht für den vollständigen Ausschluss, dass die Wirkungen einer Teilkündigung einer solche Aufspaltung nahekommen, wenn der abgrenzbare Teil so weit ausgedehnt wird, dass der werkvertragliche Teil kaum noch zutage tritt. Da sich das Kündigungsrecht aus wichtigem Grund gemäß § 648a BGB wie die bisherigen Ausführungen verdeutlichen stets anhand des Einzelfalls beurteilt, ist es jedoch unbillig an dieser Stelle eine Grenze zugunsten der Rechtssicherheit zu ziehen. Wenn der Gesetzgeber das Ziel erklärt, den zusammengesetzten Vertrag in seiner Gesamtheit erhalten zu wollen, dann muss die Teilkündigung in diesem Lichte ausgelegt werden und kann nicht beinah auf das gesamte Vertragsverhältnis erstreckt werden. Das Missbrauchsrisiko darf nicht dazu führen, diese Möglichkeit gänzlich auszuschließen. Da die Teilkündigung gemäß § 648a Abs. 2 BGB einen wichtigen Grund voraussetzt, ist es ebenfalls nicht unbillig, den werkvertraglichen Teil teilweise zu kündigen, da das Beendigungsinteresse des Kündigenden als vorrangig zu bewerten ist. Vor dem Hintergrund, dass die Teilkündigung eine stets mögliche Alternative

---

689 *Koeble*, BauR 2017, I (II).

zur Vollkündigung darstellt, ist auch eine Entkopplung von der Vollkündigung möglich.[690] Die Möglichkeit der Teilkündigung würde somit zu einem angemesseneren Interessenausgleich als der vollständige Ausschluss des Kündigungsrechts führen. Es ist daher nur wünschenswert, wenn der Gesetzgeber zumindest die Teilkündigung gemäß § 648a Abs. 2 BGB für zulässig erklärt.

E. Abdingbarkeit des Teilkündigungsrechts

I. Die Teilkündigung aus wichtigem Grund als gesetzliches Leitbild

Das Kündigungsrecht aus wichtigem Grund kann in den AGB der Parteien nicht ausgeschlossen werden. Zwar gibt es keine den §§ 569 Abs. 5, 723 Abs. 3 BGB vergleichbare Regelung über die Unwirksamkeit eines vertraglichen Ausschlusses des Kündigungsrecht, jedoch zählen § 648a BGB als auch § 314 BGB in ihrem Grundgehalt zum gesetzlichen Leitbild und stellen zudem zwingendes Recht dar.[691] Insofern kann das Kündigungsrecht auch individualvertraglich nicht völlig ausgeschlossen werden.[692] Dem steht jedoch nicht entgegen, das Kündigungsrecht zu modifizieren. So können Einzelheiten wie die Frist der Kündigungserklärung, die Form und Kündigungsfolgen abgeändert werden, sofern das Recht zur Kündigung nicht wesentlich erschwert wird.[693] Ebenso können einzelne Kündigungsgründe, welche einen wichtigen Grund indizieren, vereinbart werden.[694] Allerdings sind unter Berücksichtigung des § 309 Nr. 4 BGB Bestimmungen unwirksam, die das Erfordernis einer Fristsetzung beziehungsweise Abmahnung ausschließen, sofern der wichtige Grund in einer Pflichtverletzung besteht.[695] Auch ist nach dem Sinn und Zweck einer Kündigung aus wichtigem Grund eine Frist, die den Kündigenden dazu zwingt, nach Ausspruch einer Kündigung für einen gewissen Zeitraum am Vertrag weiterhin

---

690 Siehe dazu bereits § 3 B III.
691 B/R/H/P/*Lorenz*, § 314 BGB Rn. 28 bezüglich § 314 BGB.
692 Vgl. BGH Urt. v. 04.04.1973 – VIII ZR 47/72, BeckRS 1973, 31125503 (abrufbar in beck-online); Leupertz/Preussner/Sienz/*Sienz* BauvertrR, § 648a BGB Rn. 47.
693 L/B/D-L/*Sonntag*, § 648a BGB Rn. 121; Leinemann/Kues/*Geheeb,* § 648a BGB Rn. 87.
694 BGH NJW-RR 1988, 1381.
695 Leinemann/Kues/*Geheeb,* § 648a BGB Rn. 88.

festzuhalten unwirksam.[696] Daneben stellt die Voraussetzung des abgrenzbaren Teils des geschuldeten Werks der Teilkündigung gemäß § 648a Abs. 2 BGB ein gesetzliches Leitbild dar.[697] Der Gesetzgeber wollte angesichts der verschieden gebündelten Leistungen, den Beteiligten ein solches Recht unter der Voraussetzung des abgrenzbaren Teils des geschuldeten Werks einräumen.[698] Die Teilkündigung kann in AGB nur bei nicht abgrenzbaren Leistungen oder aufgrund der Einheitlichkeit des Vertrages ausgeschlossen werden. Der Ausschluss hat in einem solchen Fall allerdings nur deklaratorischen Charakter, da sich ein abgrenzbarer Teil in einem solchen Fall ohnehin nicht bestimmen lässt. Insofern ist auch keine unangemessene Benachteiligung gegeben. Dies ist bei Bauleistungen als ein verkörpertes Werk kaum denkbar, allerdings in Bezug auf andere Werkverträge. Nicht abgrenzbar ist beispielsweise eine einzelne Flugleistung.[699] Anders als in AGB wird man individualvertraglich eine Teilkündigung auch bei Bauleistungen ausschließen können.

II. Unwirksamkeit der Teilkündigungsmöglichkeit nach § 8 Abs. 3 Nr. 1 S. 2 VOB/B

Die Teilkündigung beim VOB/B-Bauvertrag setzt gemäß § 8 Abs. 3 Nr. 1 S. 2 VOB/B einen in sich abgeschlossenen Teil der Leistung voraus. Damit werden höhere Anforderungen an die Möglichkeit der Teilkündigung aufgestellt als dies bei § 648a Abs. 2 BGB der Fall ist, wonach es sich lediglich um einen abgrenzbaren Teil handeln muss.[700] Darin könnte ein Verstoß gegen § 307 Abs. 2 Nr. 1 BGB liegen. Dabei ist im Falle der VOB/B zu beachten, dass eine Inhaltskontrolle einzelner Bestimmungen nach Maßgabe des § 310 Abs. 1 S. 3 BGB ausscheidet, wenn die VOB/B gegenüber einem Unternehmer, einer juristischen Person des öffentlichen Rechts oder einem öffentlich-rechtlichen Sondervermögen verwendet wird und diese in der jeweils zum Zeitpunkt des Vertragsschlusses geltenden Fassung ohne inhaltliche Abweichung insgesamt einbezogen ist. Daneben findet keine Inhaltskontrolle statt, wenn die VOB/B durch den Auftraggeber gestellt

---

696 NJW-RR 1990, 156.
697 Leinemann/Kues/*Geheeb*, § 648a BGB Rn. 91.
698 BT-Drs. 18/8486, 51.
699 Teilbar ist hingegen der Hin- und Rückflug siehe AG Köln NJW-RR 2008, 214 (215).
700 Siehe dazu bereits § 3 A II.

wird, da sich dieser als Verwender nicht darauf berufen kann, dass die Regelung der VOB/B ihn benachteiligt.[701] So steht es diesem frei, sich durch die Verwendung der Klausel des § 8 Abs. 3 Nr. 1 S. 2 VOB/B selbst zu benachteiligen.

Sofern im Übrigen ausnahmsweise der Auftragnehmer Verwender der VOB/B als AGB ist, stellt sich die Frage, ob in der Beschränkung der Teilkündigung auf einen in sich abgeschlossenen Teil eine unangemessene Benachteiligung gemäß § 307 Abs. 1 BGB liegt. Durch das Erfordernis des in sich abgeschlossenen Teils wird die Teilkündigung, wie die bisherige Praxis zeigt, praktisch kaum möglich sein.[702] Eine Teilkündigung ist demnach in Fällen ausgeschlossen, wo sie für die Parteien sinnvoll wäre.[703] Der Gesetzgeber wollte die hohen Anforderungen des in sich abgeschlossenen Teils reduzieren und hat die Voraussetzung als unnötig hohe Hürde bezeichnet.[704] Damit hat er sich von einer solch strengen Handhabung ausdrücklich distanziert. Die Klausel des § 8 Abs. 3 Nr. 1 S. 2 VOB/B ist damit aufgrund des Verstoßes gegen ein gesetzliches Leitbild im Sinne von § 307 Abs. 2 Nr. 1 BGB unwirksam.[705]

F. Darlegungs- und Beweislast

Die Darlegungs- und Beweislast für das Vorliegen der Voraussetzungen einer Teilkündigung aus wichtigem Grund gemäß § 648a Abs. 2 BGB obliegt demjenigen, der diese erklärt hat. Das bedeutet, dass der Kündigende die Abgrenzbarkeit der geschuldeten Teilleistung sowie den wichtigen Grund darlegen und beweisen muss, da es sich dabei um eine rechtsvernichtende Einwendung hinsichtlich dieses Teils gegen einen wirksam zustande gekommenen Werkvertrag handelt.[706] Etwas anderes gilt nur, wenn die Darlegungs- und Beweislast nach den allgemeinen Regeln der anderen Vertragspartei obliegt.[707] Das ist insbesondere der Fall, wenn sich der Besteller gestützt auf erhebliche Mängel vor der Abnahme oder wegen Verzugs

---

701 OLG Düsseldorf ZfBR 2023, 360 (363); *Kniffka*, BauR 2017, 1759 (1776).
702 Siehe bereits § 3 A II.
703 *Kniffka*, BauR 2017, 1759 (1775).
704 BT-Drs. 18/8486, 51.
705 NWJS/*Vogel*, § 8 VOB/B Rn. 165; Kniffka ibrOK BauVertrR/*Schmitz*, § 648a BGB Rn. 102 (Stand: 06.03.2023); Leinemann/*Franz*, § 8 VOB/B Rn. 178d.
706 Vgl. BGH NJW-RR 1990, 1109; L/B/D-L/*Sonntag*, § 648a BGB Rn. 60.
707 L/B/D-L/*Sonntag*, § 648a BGB Rn. 60.

des Unternehmers auf einen wichtigen Grund beruft. Hinsichtlich dieser materiell-rechtlichen Tatsache bleiben die allgemeinen Regeln der Darlegungs- und Beweislast anwendbar. Daraus folgt, dass der Unternehmer im Streitfall beweisen muss, dass er sich nicht in Verzug befand, weil er sich beispielsweise auf Behinderungstatbestände seitens des Bestellers berufen und sich somit gemäß § 286 Abs. 4 BGB exkulpieren kann.[708] Ebenso muss der Unternehmer die Mangelfreiheit seiner nicht abgenommenen Leistungen beweisen und nicht der Besteller.[709] Bei den formellen Voraussetzungen der Kündigung handelt es sich um rechtsvernichtende Einwendungen gegen die Erklärung der Kündigung, sodass dem Kündigungsgegner die Darlegungs- und Beweislast obliegt.[710]

G. Fazit zu den Tatbestandsvoraussetzungen der Teilkündigung gemäß § 648a Abs. 2 BGB

Die Tatbestandsvoraussetzungen der Teilkündigung werfen bei näherer Betrachtung einzelne Probleme in rechtlicher als auch in tatsächlicher Hinsicht auf. Die zentrale Voraussetzung des abgrenzbaren Teils des geschuldeten Werks ist weit auszulegen und führt nur im Einzelfall dazu, dass eine Teilkündigung ausscheidet, nämlich wenn der Unternehmer durch die Abgrenzbarkeit unzumutbar belastet wird. Dabei stellt die Teilkündigung eine stets mögliche Alternative zur Vollkündigung dar. In der Kombination mit der weiten Auslegung des abgrenzbaren Teils führt dies damit insbesondere für den Besteller zu einer Erweiterung der Handlungsmöglichkeiten im Falle vertragswidrigen Verhaltens des Unternehmers.[711] Allerdings wird der Anwendungsbereich der Teilkündigung durch die Voraussetzung des wichtigen Grundes bestimmt und erfährt somit eine erhebliche Einschränkung an Rechtssicherheit. Der wichtige Grund muss dabei nicht kongruent zum abgrenzbaren Teil sein, da die Beurteilung, ob das Vertrauensverhältnis zerstört ist, naturgemäß nur im Ganzen erfolgen kann. Eine künstliche Begrenzung der Unzumutbarkeit ist daher kaum praktikabel. Im Übrigen sind auch die formellen Anforderungen an eine Teilkündigung zu beachten. Die Teilkündigung findet auf den Bauträgervertrag keine Anwendung, obwohl dies sachlich angemessen wäre. Mit der Normierung der Teilkündigung

---

708 OLG Frankfurt/Main NZBau 2020, 89.
709 Siehe nur BGH NJW 2009, 360 (361); OLG Frankfurt/Main NZBau 2020, 89.
710 KG BauR 2020, 147.
711 Ebenso *Schmidt*, NJW-Spezial 2017, 684 (685).

in § 648a Abs. 2 BGB besteht nunmehr ein gesetzliches Leitbild, unter welchen Voraussetzungen eine solche zulässig ist. Dies hat insbesondere Auswirkungen auf die Klausel des § 8 Abs. 3 Nr. 1 S. 2 VOB/B.

§ 4. Rechtsfolgen der Teilkündigung gemäß § 648a Abs. 2 BGB

A. Rechtsfolgen einer wirksamen Teilkündigung aus wichtigem Grund

Nachdem die Voraussetzungen einer Teilkündigung erläutert wurden, werden nun die Rechtsfolgen einer solchen dargestellt. Zunächst wird dabei auf die Rechtsfolgen einer wirksamen Teilkündigung aus wichtigem Grund eingegangen. Diese unterscheiden sich von einer Kündigung des gesamten Vertrages nur geringfügig. Danach sollen aufgrund der Fehleranfälligkeit die Folgen einer unberechtigten Teilkündigung aus wichtigem Grund beleuchtet werden.

I. Teilweiser Erfüllungsanspruch bei Teilkündigung

Wenn die Voraussetzungen der Kündigung aus wichtigem Grund vorliegen, entfällt die Leistungspflicht des Unternehmers zum Zeitpunkt der Kündigungserklärung für die Zukunft und der Vertrag beschränkt sich auf die bereits erbrachten Leistungen. Da aber bei einer Teilkündigung ein Teil der noch auszuführenden Leistung nicht von der Kündigung erfasst wird, steht dem Besteller bezüglich dieses Teils somit weiterhin ein Erfüllungsanspruch gemäß § 631 Abs. 1 BGB zu. Hinsichtlich des gekündigten Teils treten dagegen die dieselben Wirkungen wie bei einer Vollkündigung ein. Der Vertrag wird somit in zwei Teile gespalten.[712]

II. Auswirkungen auf die Mängelrechte

Von der (Teil-)Kündigung bleiben Mängelbeseitigungsansprüche des Bestellers hinsichtlich der Mängel an der bereits erbrachten Werkleistung unberührt, da der Vertrag nur für die Zukunft beendet wird und für diese Leistungen weiterhin die Rechtsgrundlage bildet.[713] Dem Besteller steht bei Mängeln gegenüber dem Werklohnanspruch des Unternehmers ein Leis-

---

712 Siehe dazu bereits § 2 B I.
713 *Thode*, ZfBR 1999, 116 (122); *Gartz*, NZBau 2018, 404 (405).

tungsverweigerungsrecht gemäß § 320 BGB zu.[714] Mängelrechte bestehen allerdings nicht, soweit die Leistung kündigungsbedingt unvollständig ist.[715] Allein diese Abgrenzung kann sich im Einzelfall schwierig gestalten.[716] Das Problem dürfte allerdings bei einer Teilkündigung durch die im Gegensatz zu der Vollkündigung bestehende Voraussetzung des abgrenzbaren Teils entschärft werden.

Der Unternehmer ist somit für die bis zum Kündigungszeitpunkt erbrachte Leistung verpflichtet, aber auch berechtigt, die bestehenden Mängel zu beseitigen.[717] Das folgt aus dem Prinzip des Rechts zur zweiten Andienung. Beseitigt der Besteller daher Mängel eigenmächtig, ohne dem Unternehmer vorher die Möglichkeit zur Mängelbeseitigung durch eine Fristsetzung zu gewähren, muss er den vollen Werklohn ohne Abzug entrichten und kann die Kosten für die Mängelbeseitigung sowie einen etwaigen Minderwert des Werks nicht verlangen.[718] Von diesem Grundsatz gibt es allerdings entsprechend der Wertungen des Gesetzgebers nach §§ 637 Abs. 2, 323 Abs. 2 BGB Ausnahmen.[719] Ausgenommen sind zunächst die Mängel, welche die Grundlage für den Kündigungsgrund bilden.[720] Zudem ist eine Aufforderung zur Mängelbeseitigung entbehrlich, wenn die Mängel so gravierend sind, dass eine Nachbesserung nicht mehr möglich ist. Gleiches gilt, wenn der Unternehmer die Mangelhaftigkeit des Werks schlichtweg bestreitet oder er die Beseitigung des Mangels in anderer Weise ernsthaft verweigert.[721] Dem Besteller steht dann unmittelbar ein Anspruch auf Selbstvornahme und Erstattung der dabei entstehenden Kosten zu.[722] Der Besteller hat daher bei einer (Teil-)Kündigung sorgfältig zu prüfen, ob dem Unternehmer ein Recht zur Mängelbeseitigung zusteht.

---

714 OLG Hamm NJW-RR 1995, 657.
715 BGH NJW 1993, 1972 (1973).
716 *Vogel*, BauR 2011, 313 (317).
717 BGH NJW 1988, 140 (141); BGH NJW-RR 2001, 383; BGH NZBau 2004, 611.
718 BGH NJW 1983, 2439 (2440); BGH NJW-RR 1988, 208 (210); *Vogel*, BauR 2011, 313 (317).
719 *Hebel*, BauR 2011, 330 (340).
720 *Vygen/Joussen*, Bauvertragsrecht nach VOB und BGB, Kap. 11.1 Rn. 2697.
721 BGH NJW-RR 2001, 383.
722 *Hebel*, BauR 2011, 330 (340).

III. Bedenkenhinweis des Unternehmers

Die Parteien treffen grundsätzlich wie bei jedem Vertragsverhältnis neben-vertragliche Obhuts-, Fürsorge- und Kooperationspflichten. Dies wurde für den Bauvertrag besonders deutlich hervorgehoben. Aus den Grundsätzen von Treu und Glauben folgt für den Unternehmer eine Prüfungs- und Bedenkenhinweispflicht, da ohne ein „Mitdenken" des Unternehmers der Vertragszweck gefährdet werden würde.[723] Gleichzeitig wird der Unternehmer von seiner Haftung hinsichtlich etwaiger Mängel befreit, wenn er den Besteller rechtzeitig und ordnungsgemäß auf seine Bedenken hinweist.[724] Dies ergibt sich bei Vereinbarung der VOB/B unmittelbar aus § 13 Abs. 3 iVm § 4 Abs. 3 VOB/B und gilt auch entsprechend im Rahmen eines BGB-Vertrages.[725] Da der Unternehmer für den Erfolg des Werks und mithin die Mangelfreiheit einzustehen hat, hat die Prüf- und Hinweispflicht keine haftungsbegründende, sondern haftungsbefreiende Wirkung.[726] Die Grundsätze sind bei einer Teilkündigung entsprechend anzuwenden. Daraus folgt, dass der bisherige Unternehmer den Besteller auf Bedenken hinsichtlich der anerkannten Regeln der Technik hinweisen muss, wenn der gekündigte Leistungsteil für die Mangelfreiheit des verbleibenden Werks von Bedeutung ist, wie beispielsweise beim Weglassen einer lastabtragenden Silikonverfugung bei einer Duschabtrennung.[727] Auch der Nachfolgeunternehmer wird eine solche Prüfung vornehmen müssen, wenn seine Leistung auf die bisherige aufbaut. Die Teilkündigung führt damit zu erweiterten Prüf- und Hinweispflichten der Unternehmer an den Schnittstellen des abgrenzbaren Teils, zu welchen diese ansonsten nicht verpflichtet gewesen wären, weil das gesamte Werk aus einer Hand stammen würde.[728] Dies ist vor dem Hintergrund, dass auf diese Weise die Kündigung des gesamten Vertrages vermieden und den Parteien ermöglicht wird, so weit wie möglich am Vertrag festzuhalten, hinzunehmen.[729] Die Interessen des jeweiligen Unternehmers werden dadurch berücksichtigt, dass sich die Prüf- und Hinweispflichten

---

723 *Langjahr*, BauR 2022, 387.
724 BGHZ 174, 110 Rn. 21; *Langjahr*, BauR 2022, 387.
725 BGHZ 174, 110 Rn. 22; BGH NJW 1987, 644.
726 BGHZ 174, 110 Rn. 22.
727 BeckOGK/*Kessen*, § 648a BGB Rn. 40 (Stand: 01.04.2023); LG Rostock Urt. v. 22.11.2019 – 1 S 177/18, BeckRS 2019, 40540 Rn. 14 (abrufbar in beck-online).
728 So auch B/R/H/P/*Voit*, § 648a BGB Rn. 11.
729 B/R/H/P/*Voit*, § 648a BGB Rn. 11.

im Rahmen des Zumutbaren halten müssen und mithin dort ihre Grenze finden.[730]

IV. Gemeinsame Feststellung des Leistungsstandes, § 648a Abs. 4 BGB

Gemäß § 648a Abs. 4 S. 1 BGB kann jede Vertragspartei von der anderen nach der Kündigung verlangen, dass sie an einer gemeinsamen Feststellung des Leistungsstandes mitwirkt. Die Feststellung des Leistungsstandes betrifft allein die quantitative Bewertung der bis zur Kündigung erbrachten Leistungen und soll damit späterem Streit über den Umfang der erbrachten Leistung vorbeugen.[731] Erforderlich im Rahmen der Leistungsstandfeststellung ist also die Mitwirkung an einem gemeinsamen Aufmaß oder vergleichbaren Handlungen, die eine quantitative Bewertung der Leistung ermöglichen.[732] Nicht erfasst ist somit eine qualitative Bewertung etwa in Bezug auf Mängel. Die Leistungsstandfeststellung hat folglich mangels Billigung des Werks keine der Abnahme vergleichbaren Rechtsfolgen.[733] Sie dient vielmehr der Vorbereitung von Folgeansprüchen wie der Berechnung des Werklohnes oder dem Schadensersatz.[734]

Sollte eine Vertragspartei die Mitwirkung verweigern oder einem von der Vertragspartei innerhalb einer angemessenen Frist bestimmten Termin zur Leistungsstandfeststellung fernbleiben, trifft sie gemäß § 648a Abs. 4 S. 2 BGB die Beweislast für den Leistungsstand zum Zeitpunkt der Kündigung. Nach § 648a Abs. 4 S. 3 BGB gilt dies jedoch nicht, wenn die Vertragspartei infolge eines Umstandes fernbleibt, den sie nicht zu vertreten hat und den sie der anderen Vertragspartei unverzüglich mitgeteilt hat. Mit dieser Rechtsfolge soll ein angemessener Anreiz geschaffen werden, die Parteien auch zu einem Zusammenwirken nach einer Kündigung zu bewegen.[735] Im Übrigen ist die Regelung an § 8 Abs. 7 VOB/B angelehnt, wonach die Vertragspartner nach einer Kündigung zu einem gemeinsamen Aufmaß verpflichtet sind, und soll sich an der hierzu ergangenen Rechtsprechung zur Umkehr der Beweislast orientieren, wenn der Besteller einem Termin zum

---

730 *Langjahr*, BauR 2022, 387 (388).
731 BT-Drs. 18/8486, 51.
732 MüKoBGB/*Busche*, § 648a BGB Rn. 12.
733 BT-Drs. 18/8486, 51.
734 Siehe dazu § 4 V und VII.
735 BT-Drs. 18/8486, 51.

gemeinsamen Aufmaß fernbleibt und eine Überprüfung des einseitig vom Unternehmer genommenen Aufmaßes nicht mehr möglich ist.[736] § 648a Abs. 4 S. 2 und 3 BGB geht allerdings deutlich über diese Rechtsfolgen hinaus, da bereits jedes unentschuldigte Fernbleiben an einer Leistungsstandfeststellung zur Beweislastumkehr führt und zwar unabhängig davon, ob ein neues Aufmaß oder eine Überprüfung möglich ist.[737]

Eine verweigerte Mitwirkung gemäß § 648a Abs. 4 S. 2 Var. 1 BGB kann dabei in einer ausdrücklichen Erklärung bestehen oder sich aus dem Gesamtverhalten wie beispielsweise einer gezielten Verzögerungstaktik ergeben.[738] Die Angemessenheit der Frist nach § 648a Abs. 4 S. 2 Var. 3 BGB bestimmt sich nach den Umständen des Einzelfalls. Die Formulierung der Vorschrift meint mit Blick auf eine reelle Wahrnehmungsmöglichkeit an der Leistungsstandfeststellung, dass zwischen dem Zugang der Terminbestimmung beim Kündigungsempfänger und dem genannten Termin eine angemessene Frist liegen muss und nicht – wie der Wortlaut nahelegen würde – dass die Bestimmung des Termins innerhalb einer angemessenen Frist erfolgen muss.[739] Kriterien für die Bestimmung der Frist sind der Ort der Leistungsstandfeststellung oder etwaige Vorbereitungshandlungen wie das Zusammenstellen von Unterlagen für die Leistungsstandfeststellung.[740] Gemäß dem Sinn und Zweck der Regelung des § 648a Abs. 4 BGB späterem Streit über den Umfang der Leistung vorzubeugen, ist der Termin unverzüglich nach der Kündigung mitzuteilen und sollte möglichst zeitnah anberaumt werden.[741] Ein Fernbleiben gemäß § 648a Abs. 4 S. 3 BGB hat die Vertragspartei nicht zu vertreten, wenn dies auf den Vertragspartner wie eine falsche Terminangabe oder auf Dritte wie einen Verkehrsunfall sowie von außen kommende, unabwendbare Umstände (höhere Gewalt) zurückzuführen ist.[742] Unverzüglichkeit der Mitteilung bedeutet dabei nach § 121 Abs. 1 BGB ohne schuldhaftes Zögern.

---

736 BGH NJW 2003, 2678.
737 *Kniffka*, BauR 2017, 1759 (1778).
738 MüKoBGB/*Busche*, § 648a BGB Rn. 13.
739 Leupertz/Preussner/Sienz/*Sienz* BauVertrR, § 648a BGB Rn. 38.
740 BeckOGK/*Kessen*, § 648a BGB Rn. 52 (Stand: 01.04.2023); MüKoBGB/*Busche*, § 648a BGB Rn. 13 hält einen Vorlauf von zwei Wochen für ausreichend; Ingenstau/Korbion/*Joussen*, Vor §§ 8 und 9 VOB/B Rn. 51 hält hingegen wenige Tage bis eine Woche für angemessen.
741 Kniffka ibrOK BauVertrR/*Schmitz*, § 648a BGB Rn. 48 (Stand: 06.03.2023).
742 MüKoBGB/*Busche*, § 648a BGB Rn. 13.

Die Regelung des § 648a Abs. 4 BGB ist grundsätzlich zu begrüßen und trägt erheblich zur Rechtssicherheit bei.[743] Gerade im Falle der Teilkündigung wird in der Praxis die in § 648a Abs. 4 BGB vorgesehene gemeinsame Leistungsstandfeststellung mit der weiteren Folge einer Beweislastumkehr für den verschuldet Fernbleibenden erheblich an Bedeutung gewinnen.[744] Insbesondere kann ein gemeinsames Aufmaß ein deklaratorisches Schuldanerkenntnis mit entsprechender Bindungswirkung darstellen, wenn die Parteien das Aufmaß endgültig dem Streit oder der Ungewissheit entziehen wollen, was durch Auslegung im Einzelfall zu ermitteln ist.[745] Wenn den Parteien bei einer Teilkündigung aus wichtigem Grund bekannt ist, dass der Besteller die kündigungsbedingt nicht mehr auszuführenden Leistungen durch einen anderen Unternehmer fertigstellen lassen wird und daher eine spätere Überprüfung des Aufmaßes unmöglich wird, spricht viel dafür, von der Annahme eines deklaratorischen Schuldverhältnisses auszugehen.[746] Die Regelung des § 648a Abs. 4 BGB stößt jedoch dort auf ihre Grenzen, wo die Beweislastumkehr mangels eigener Anhaltspunkte des Unternehmers für eine eigene Leistungsstandfeststellung keine Abhilfe für die fehlende Mitwirkung des Bestellers schaffen kann wie beispielsweise bei einem Baustellenverbot.[747] Man wird daher in einem solchen Fall eine Schätzung des Leistungsstandes zulassen müssen.[748] Ansonsten besteht für den Unternehmer eine Schutzlücke.

V. Vergütung

Bei einer Teilkündigung besteht ein Vergütungsanspruch des Unternehmers für die bereits erbrachten Leistungen als auch hinsichtlich der noch zu auszuführenden, von der Teilkündigung nicht erfassten, Leistungen. Die noch auszuführenden Leistungen sind gemäß § 631 Abs. 1 BGB zu vergüten. Da der Unternehmer grundsätzlich vorleistungspflichtig ist, kann die

---

743 *Langen*, NZBau 2015, 658 (661); Soergel/*Buchwitz*, § 648a BGB Rn. 47.
744 Prozesse in Bausachen/*Seewald*, § 5 Rn. 548.
745 BGH NJW 1995, 960; vgl. BGH NJW-RR 2005, 246 (247).
746 Vgl. Leupertz/Preussner/Sienz/*Sienz* BauvertrR, § 648a BGB Rn. 35.
747 Soergel/*Buchwitz*, § 648a BGB Rn. 47.
748 Soergel/*Buchwitz*, § 648a BGB Rn. 47 will dem Unternehmer für den Fall, dass sich die Schätzung später als unzutreffend erweist, sodass er zumindest einen Teil der Prozesskosten trägt, einen materiell-rechtlichen Erstattungsanspruch gegen den Besteller gemäß § 280 Abs. 1 iVm § 648a Abs. 4 S. 1 BGB gewähren.

Vergütung erst nach der Ausführung des Teilwerks und mit der Abnahme dessen erfolgen.[749] § 648a Abs. 5 BGB stellt im Falle der Kündigung daneben klar, dass bereits erbrachte Leistungen abzurechnen sind. Wenn sich die Teilkündigung auf noch nicht ausgeführte Leistungsteile bezieht, sind keine Leistungen erbracht, sodass denklogisch ein Anspruch aus § 648a Abs. 5 BGB ausscheidet. Ansonsten ergeben sich hinsichtlich der bereits erbrachten Leistungen keine Unterschiede zwischen Teil- und Vollkündigung. Hinsichtlich des Umfangs der Vergütung soll im Folgenden danach differenziert werden, ob die Kündigung aus wichtigem Grund durch den Besteller oder den Unternehmer erfolgte.

1. Kleine Kündigungsvergütung bei Kündigung aus wichtigem Grund durch den Besteller

§ 648a Abs. 5 BGB bestimmt, dass der Unternehmer nur berechtigt ist, die Vergütung zu verlangen, die auf den bis zur Kündigung erbrachten Teil des Werks entfällt (kleine Kündigungsvergütung). Durch die Regelung soll klargestellt werden, dass bei einer Kündigung aus wichtigem Grund die Vergütungsfolge des § 648 S. 2 BGB nicht sachgemäß ist.[750] Der Vergütungsanspruch des Unternehmers besteht, soweit die bisher ausgeführten Leistungen – womöglich auch erst nach einer erfolgten Mangelbeseitigung – frei von Mängeln sind.[751]

Eine Ausnahme von der Vergütungspflicht bezüglich der bereits erbrachten Leistungen besteht nach den Grundsätzen von Treu und Glauben, soweit die Arbeiten für den Besteller ohne Wert sind.[752] Dies ist anzunehmen, wenn die Leistungen infolge der Kündigung nicht brauchbar oder ihre Verwertung nicht zumutbar ist.[753] Das ist beispielsweise der Fall, wenn die Leistung so schwerwiegende Mängel aufweist, dass sie nicht nachbesserungsfähig ist.[754] Gleiches gilt, wenn der Nachfolgeunternehmer aus vertretbaren Gründen ablehnt, seine Arbeiten auf die bisher geleisteten Arbeiten aufzubauen.[755] Dies wird bei Planungsleistungen häufiger als bei

---

749 Siehe dazu bereits § 2 A II 2 a.
750 BT-Drs. 18/8486, 52.
751 BGHZ 136, 33 (34); *Hebel*, BauR 2011, 330 (341).
752 BGHZ 136, 33 (39); BGH NZBau 2001, 621 (622).
753 BGHZ 136, 33.
754 BGHZ 136, 33 (39).
755 *Hebel*, BauR 2011, 330 (341).

Bauleistungen vorkommen.[756] Die Beweislast für die Wertlosigkeit der bereits erbrachten Leistung trägt anders als die Mangelfreiheit der Leistung der Besteller.[757]

2. Ungerechtfertigte Begrenzung des Vergütungsanspruchs bei Kündigung aus wichtigem Grund durch den Unternehmer?

Während die Vergütungsfolge des § 648a Abs. 5 BGB bei einer Kündigung aus wichtigem Grund durch den Besteller sachgerecht ist, erscheint dies bei einer Kündigung durch den Unternehmer, welche der Besteller veranlasst hat, zweifelhaft.[758] Auch in diesem Fall tritt nach dem Wortlaut des § 648a Abs. 5 BGB die dort vorgesehene Vergütungsfolge ein. Daher steht dem Unternehmer, wenn er selbst den Vertrag aus wichtigem Grund kündigt, nur ein Anspruch auf die Vergütung der bisher erbrachten Leistungen zu und nicht hinsichtlich der vereinbarten Vergütung abzüglich der ersparten Aufwendungen im Sinne von § 648 S. 2 BGB (große Kündigungsvergütung). Eine weitere Differenzierung hinsichtlich der Vergütungsfolge lehnt der Gesetzgeber mit der Begründung ab, dass der wichtige Grund nicht ausschließlich aus der Sphäre einer Vertragspartei stammen müsse, sodass die Vergütungsfolge auch für die Kündigung durch den Unternehmer gerechtfertigt sei.[759] Diese Annahme ist allerdings gerade dann unzutreffend, wenn sich die Parteien gegenseitig die Verursachung eines wichtigen Grundes vorwerfen und es folglich zu einem Wertungswiderspruch in Bezug auf die Vergütungsregel des § 648 S. 2 BGB kommen kann.[760] Streiten sich die Parteien beispielsweise darüber, wer eine erhebliche Verzögerung des Bauablaufs zu vertreten hat, hängt es oftmals vom Zufall ab, ob die Beendigung des Vertrages durch eine berechtigte Kündigung aus wichtigem Grund seitens des Unternehmers erfolgt oder durch eine vermeintliche Kündigung aus wichtigem Grund durch den Besteller, welche im Wege der Umdeutung wie eine freie Kündigung zu behandeln ist.[761] Bei einer Umdeutung in eine

---

756 Soergel/*Buchwitz*, § 648a BGB Rn. 52.
757 Messerschmidt/Voit/*Oberhauser*, § 648a BGB Rn. 12.
758 So auch bereits Stellungnahme des Bundesrates BR-Drs. 123/16 (Beschluss), 7 f.
759 BT-Drs. 18/8486, 52.
760 *Langen*, NZBau 2015, 658 (661); BeckOGK/*Kessen*, § 648a BGB Rn. 60 (Stand: 01.04.2023).
761 *Langen*, NZBau 2015, 658 (661); BeckOGK/*Kessen*, § 648a BGB Rn. 60 (Stand: 01.04.2023).

freie Kündigung steht dem Unternehmer die große Kündigungsvergütung nach § 648 S. 2 BGB zu.[762] Hat der Unternehmer jedoch zuvor wirksam aus wichtigem Grund gekündigt, kann er nur die kleine Kündigungsvergütung verlangen. Der Unternehmer steht bei einer eigenen Kündigung aus wichtigem Grund daher schlechter als bei einer freien Kündigung des Bestellers. Der Besteller kann vor diesem Hintergrund sogar geneigt sein, den Unternehmer zu einer Kündigung aus wichtigem Grund zu provozieren, um der Vergütungsfolge des § 648 S. 2 BGB zu entgehen.[763] Selbiges gilt für die Situation einer Teilkündigung.

Aufgrund des Wertungswiderspruchs wird bei einer Kündigung aus wichtigem Grund durch den Unternehmer eine analoge Anwendung der Vorschrift des § 648 S. 2 BGB erwogen.[764] Da sich der Gesetzgeber mit der Anwendung der Vergütungsfolge nach § 648 S. 2 BGB auseinandergesetzt und diese mit entsprechender Begründung abgelehnt hat, fehlt es allerdings an einer planwidrigen Regelungslücke als Voraussetzung der Analogie.[765] Auch der klare Wortlaut der Vorschrift spricht gegen die Möglichkeit einer Analogie.[766]

Denkbar ist außerdem ein Rückgriff auf die Regelung des § 326 Abs. 2 BGB im allgemeinen Teil des Schuldrechts.[767] So könnte man annehmen, dass dem Unternehmer bei einer Kündigung die weitere Erfüllung seiner Leistung gemäß § 275 BGB unmöglich geworden ist und er den Anspruch auf die Gegenleistung gemäß § 326 Abs. 2 S. 1 Alt. 1 BGB behält, da der Besteller für den Umstand, aufgrund dessen der Schuldner nach § 275 Abs. 1 bis 3 BGB nicht zu leisten braucht, allein oder weit überwiegend verantwortlich ist, wenn er die Kündigung aus wichtigem Grund verursacht.[768] Gemäß § 326 Abs. 2 S. 2 BGB muss sich der Unternehmer dabei dasjenige anrechnen lassen, was er infolge der Befreiung von der Leistung erspart oder durch anderweitige Verwendung seiner Arbeitskraft erwirbt oder zu erwerben böswillig unterlässt, sodass die vereinbarte Vergütung insoweit

---

762 Siehe dazu noch ausführlich § 4 B III.
763 *Bötzkes*, BauR 2016, 429 (434); *Leinemann*, NJW 2017, 3113 (3114); vgl. *Niemöller*, BauR 1997, 539 (541).
764 *Langen*, NZBau 2015, 658 (661); Grüneberg/*Retzlaff*, § 648a BGB Rn. 14.
765 Ebenso BeckOGK/*Kessen*, § 648a BGB Rn. 60 (Stand: 01.04.2023).
766 A.A. wohl Grüneberg/*Retzlaff*, § 648a BGB Rn. 14, der dem Unternehmer im Ergebnis die große Kündigungsvergütung nach § 648 S. 2 BGB zubilligt.
767 So *Kniffka*, BauR 2017, 1759 (1779).
768 *Kniffka*, BauR 2017, 1759 (1779); Ingenstau/Korbion/*Joussen*, Vor §§ 8 und 9 VOB/B Rn. 56.

zu kürzen ist. Der Anspruch entspräche damit im Ergebnis dem des § 648 S. 2 BGB. Für eine solche Anspruchskonkurrenz von § 326 Abs. 2 BGB und § 648a Abs. 5 BGB könnte der Wortlaut sprechen, wonach sich das „nur" in § 648a Abs. 5 BGB lediglich auf die Rechtsfolge der Kündigung bezieht und nicht auf die durch die Kündigung eingetretene Unmöglichkeit.[769] Aber auch der Rückgriff auf § 326 Abs. 2 BGB dürfte angesichts der klaren gesetzlichen Regelung des § 648a Abs. 5 BGB ausgeschlossen sein. Wenn dem Unternehmer demnach nur die Vergütung, für die bis zur Kündigung erbrachten Leistungen zustehen soll, kann dieses Ergebnis nicht über eine Regelung des allgemeinen Schuldrechts korrigiert werden.[770]

Im Ergebnis kann der Unternehmer daher nach einer Kündigung gemäß § 648a Abs. 5 BGB nur die kleine Kündigungsvergütung verlangen.[771] In rechtspolitischer Hinsicht wäre eine entsprechende Vergütungsfolge des § 648 S. 2 BGB bei einer durch den Besteller veranlassten Kündigung seitens des Unternehmers begrüßenswert.[772] Der Gesetzgeber könnte dazu im Wege einer Überarbeitung des Bauvertragsrechts für diese Fälle einen Rechtsfolgenverweis auf § 648 S. 2 BGB vorsehen.[773]

3. Bewertung der erbrachten Leistungen

Die Höhe der Vergütung für die bisher erbrachten Leistungen richtet sich nach der vertraglich vereinbarten Vergütung in Abhängigkeit von dem Umfang der bereits erbrachten Leistungen. Dazu muss der Unternehmer die bereits erbrachten Leistungen genau bezeichnen, von den nicht erbrachten Leistungen abgrenzen und anhand der vertraglich vereinbarten Vergütung bewerten.[774] Bei einer Teilkündigung ist ein Teil der Leistung weiterhin auszuführen. Daher kann es bei einer Teilkündigung aus wichtigem Grund zu einer Zweiteilung der Abrechnung kommen, nämlich hinsichtlich der noch auszuführenden Leistungen sowie der bereits erbrachten Leistungen des

---

769 *Kniffka,* BauR 2017, 1759 (1779).
770 So auch Ingenstau/Korbion/*Joussen,* Vor §§ 8 und 9 VOB/B Rn. 53; a.A. *Kniffka,* BauR 2017, 1759 (1779).
771 Siehe zur Schadloshaltung des Unternehmers im Wege des Schadensersatzanspruchs § 4 A VII 2.
772 So auch bereits Stellungnahme des Bundesrates BR-Drs. 123/16 (Beschluss),7 f.
773 *Blomeyer,* FS Kainz, § 648a BGB.
774 Kompendium des Baurechts/*Kniffka,* Teil 8 Rn. 49.

gekündigten Teils, wenn der Unternehmer hierfür eine Teilschlussrechnung stellt.[775]

a. Darlegungs- und Beweislast

Der Unternehmer ist sowohl für den Umfang der erbrachten Leistungen als auch für deren preisliche Bewertung darlegungs- und beweisbelastet.[776] Als erbracht gelten alle Leistungen, die zum Zeitpunkt der Kündigung im (Bau-)Werk verkörpert sind oder welche in das Werk eingeflossen sind.[777] Der Besteller muss angesichts der Erfolgsbezogenheit des Werkvertrages den durch den Vertrag geschuldeten Erfolg in diesem Umfang erhalten haben.[778] Die Abgrenzung von erbrachten und nicht erbrachten Leistungen soll durch die vorgenommene Leistungsstandfeststellung nach § 648a Abs. 4 BGB erleichtert werden.[779] Der Unternehmer hat den Vergütungsanspruch schlüssig darzulegen.[780] Dies erfolgt in aller Regel in Form einer Schlussrechnung, da diese beim Bauvertrag neben der Abnahme gemäß § 650g Abs. 4 Nr. 2 BGB eine Fälligkeitsvoraussetzung für den Werklohn darstellt.[781] Die Anforderungen an die Aufschlüsselung in der Schlussrechnung richten sich nach der jeweiligen Abrechnungsmodalität. Bei einem Bauvertrag wird dabei zwischen einem Einheitspreisvertrag und einem Pauschalpreisvertrag unterschieden. Die Darlegungen müssen den Besteller in die Lage versetzen, sich sachgerecht verteidigen zu können.[782]

b. Einheitspreisvertrag

Bei einem Einheitspreisvertrag wird die Vergütung des Unternehmers anhand des Leistungsverzeichnisses bestimmt, welches die zu erbringenden Leistungspositionen mit Einheitspreisen ausweist.[783] Die tatsächlich erb-

---

775 Siehe LG Berlin BauR 2022, 117.
776 NK-BGB/*Lührmann/Raab*, § 648a BGB Rn. 25.
777 OLG Köln NJW-RR 2021, 877; OLG Stuttgart NZBau 2021, 323 Rn. 70.
778 OLG Köln NJW-RR 2021, 877.
779 Siehe dazu bereits § 4 A IV.
780 BGHZ 200, 274 Rn. 22; OLG Köln NJW-RR 2021, 877 Rn. 35.
781 Zum Recht auf Abnahme siehe noch § 4 VI.
782 BGH NJW-RR 2004, 1384.
783 BeckOGK/*Merkle*, § 631 BGB Rn. 420 (Stand: 01.04.2023).

rachten Mengen werden dann mit dem ausgewiesenen Einheitspreis multipliziert.[784] Soweit der Unternehmer nur Teilleistungen einer Leistungsposition erbracht hat, muss der Einheitspreis für die Gesamtleistung in Teilpreise aufgespalten und entsprechend in Absatz gebracht werden.[785] Dies entspricht dann den Abrechnungsmaßstäben bei einem Pauschalpreisvertrag.[786] Nach § 2 Abs. 2 VOB/B ist bei Vereinbarung der VOB/B grundsätzlich ein Einheitspreisvertrag gegeben. Auch beim BGB-Vertrag liegt in der Praxis regelmäßig ein Einheitspreisvertrag vor.[787]

c. Pauschalpreisvertrag

Bei einem Pauschalpreisvertrag verspricht der Unternehmer dem Besteller zu dem vertraglich festgelegten Preis einen vereinbarten Erfolg herbeizuführen, sodass die endgültig zu leistende Vergütung schon mit der im Vertrag ausgewiesenen Summe feststeht.[788] Damit sind alle zur Erreichung dieses Erfolgs erforderlichen Leistungen abgegolten.[789] Das Vergütungsrisiko bei erhöhtem Mehraufwand trägt somit der Unternehmer.[790] Der Pauschalpreisvertrag ist darauf angelegt, die Mengenermittlung durch Abrechnung zu ersparen.[791] Die Abrechnung eines gekündigten und damit vorzeitig beendeten Pauschalpreisvertrages anhand des Vertragspreises ist insofern problematisch, als dass die Leistungen aufgrund der Pauschalierung gerade nicht im Einzelnen bepreist sind.[792]

aa. Abrechnungsmaßstäbe

Die Höhe der Vergütung für die bereits erbrachten Teilleistungen richtet sich nach dem Verhältnis zum Wert der pauschal geschuldeten Gesamt-

---

784 BGHZ 131, 362.
785 BGHZ 200, 274 Rn. 32.
786 Siehe dazu sogleich unter § 4 V 3 c aa.
787 v. Wietersheim/Korbion, Basiswissen Privates Baurecht Rn. 231.
788 MüKoBGB/Busche, § 631 BGB Rn. 93.
789 OLG Koblenz NZBau 2010, 562 (563).
790 NK-BGB/Lederer/Raab, § 631 BGB Rn. 54.
791 MüKoBGB/Busche, § 631 BGB Rn. 93.
792 Siehe Hille, NJW 2015, 2455.

vergütung.[793] Der Unternehmer muss somit die Vergütung anhand des Verhältnisses der bereits erbrachten Leistungen zur vereinbarten Gesamtleistung sowie des Preisansatzes für die Teilleistung zum Pauschalpreis berechnen.[794] Dabei kann der Unternehmer nicht ohne Weiteres die im Vertrag für den erreichten Baustand vorgesehenen Abschlagszahlungen abrechnen, da hierin gerade keine abschließende Bewertung der Leistungen zu sehen ist.[795] Im Hinblick auf den Detaillierungsgrad im Rahmen eines Pauschalpreisvertrages bestehen Unterschiede, welche Auswirkungen auf die Vorgehensweise der Berechnung haben. Insofern ist zwischen einem Globalpreisvertrag und einem Detailpauschalpreisvertrag zu unterscheiden.

Bei einem Detailpauschalpreisvertrag ist ein Leistungsverzeichnis vorhanden, welches einen brauchbaren Anhaltspunkt für die Bewertung der bereits erbrachten Leistungen enthält.[796] Für die Berechnung kann dabei auf die Einheitspreise zurückgegriffen werden, wobei zu prüfen ist, ob im Rahmen der Pauschalierung die Mengen vom Unternehmer zutreffend ermittelt wurden.[797] Im Rahmen dessen sind die Einheitspreise des Angebotsverzeichnisses um einen etwaig pauschal vereinbarten Nachlass zu kürzen.[798] Eine Ausnahme davon besteht, wenn die Pauschalierung des gewährten Nachlasses nur auf einzelne Teilleistungen beschränkt ist und nicht unterschiedslos für alle Teilleistungen vereinbart wurde, was jedoch in der Praxis die Ausnahme darstellt.[799] Der Unternehmer muss sich den Verlust nur für die bereits erbrachten Leistungen anrechnen lassen und kann daher weitere Verluste, die bei ordnungsgemäßer Durchführung des Vertrages entstanden wären, unberücksichtigt lassen.[800] Im Falle von vergütungsfreien Zusatzleistungen ist problematisch, dass die Zusatzleistungen nicht kostenlos erledigt werden, sondern mit der Vergütung der übrigen Leistungen abgegolten werden sollen.[801] Daher ist der ursprüngliche Angebotspreis um den hypothetischen Einheitspreis für die Zusatzleistungen

---

793 BGH NJW 1996, 3270 (3271).
794 BGH BauR 1980, 356; BGH NJW 1995, 2712 (2713); BGH BauR 2002, 1406.
795 BGH NJW-RR 1998, 236.
796 BGH NJW 1996, 3270 (3271).
797 Messerschmidt/Voit/*Oberhauser*, § 648 BGB Rn. 37; OLG Düsseldorf NJW 2020, 71 Rn. 151.
798 BGH NZBau 2013, 433 Rn. 13; BGH NZBau 2000, 424 (426).
799 BGH NZBau 2013, 433 Rn. 13; *Hille*, NJW 2015, 2455 (2456).
800 Kompendium des Baurechts/*Kniffka*, Teil 8 Rn. 55.
801 *Hille*, NJW 2015, 2455 (2456).

zu erhöhen, sodass sich dementsprechend der Nachlass im Verhältnis zur Vergütung erhöht.[802]

Bei einem Globalpreisvertrag ist hingegen ein Leistungsverzeichnis nicht vorhanden. Diesem liegt vielmehr eine zielorientiert formulierte Leistungsbeschreibung zugrunde.[803] Der Unternehmer muss daher die pauschal beschriebene Gesamtleistung zergliedern und Einheitspreise hierfür bilden, wobei die Aufgliederung in Einzelleistungen letztlich der Gesamtleistung entsprechen muss.[804] Dabei sind die Anforderungen an den Detaillierungsgrad allerdings geringer als bei einem üblichen Einheitspreisvertrag anzusetzen.[805] Die Aufstellung ist zuvorderst anhand der Urkalkulation vorzunehmen.[806] Fehlen jegliche Anhaltspunkte aus der Zeit vor Vertragsschluss oder ist die ursprüngliche Angebotskalkulation unbrauchbar, muss der Unternehmer im Nachhinein im Einzelnen eine schlüssige Angebotskalkulation unter Beibehaltung des Preisniveaus anfertigen und der Abrechnung zugrunde legen.[807] Ausreichend ist eine Aufschlüsselung, die dem Verteidigungsinteresse des Bestellers genügt und einem Beweis zugänglich ist.[808] Eine ausreichend aufgegliederte, gewerkbezogene Kalkulation kann zu diesem Zwecke genügen.[809] Die Richtigkeit der Abrechnung bemisst sich nach dem objektiven Wertverhältnis, sodass der Besteller deren Unrichtigkeit einwenden kann.[810]

bb. Vereinfachte Abrechnungsmethoden

Vereinfachungen bei der Abrechnung können bestehen, wenn der Unternehmer mit der Leistungserbringung gerade erst begonnen hat oder nur noch geringfügige Arbeiten ausstehen. Bei einer Abrechnung im Falle von wenig erbrachten Leistungen kann der Unternehmer die Leistung als insgesamt nicht erbracht zugrunde legen und ersparte Aufwendungen hinsicht-

---

802 *Hille*, NJW 2015, 2455 (2456).
803 *Kapellmann/Langen/Berger*, Einführung in die VOB/B Rn. 205.
804 BGH NJW 2000, 2988.
805 Kompendium des Baurechts/*Kniffka*, Teil 8 Rn. 59.
806 OLG Hamm NZBau 2015, 480 Rn. 66.
807 BGH NJW 1996, 3270 (3271); BGH NZBau 2002, 613 (614); *Kapellmann/Langen/Berger*, Einführung in die VOB/B Rn. 205.
808 BeckOGK/*Kessen*, § 648 BGB Rn. 128 (Stand: 01.04.2023).
809 BGH NJW 1999, 2036.
810 *Althaus*, NJW 2015, 2922 (2924).

lich der Gesamtleistung abziehen.[811] Eine solche Berechnung ist allerdings nur wirtschaftlich sinnvoll, wenn nach der Kündigung der gesamte Werklohn wie bei der freien Kündigung gemäß § 648 S. 2 BGB verlangt werden kann, da dies ansonsten auf einen Vergütungsverzicht hinausliefe.[812] Bei geringfügig ausstehenden Leistungen kann der Unternehmer im Rahmen der Abrechnung die nicht erbrachten Leistungen bewerten und von der Gesamtvergütung abziehen, wenn keine kalkulatorischen Verschiebungen zulasten des Bestellers verdeckt werden können.[813] Geringfügig sind die Leistungen, wenn sie bis zu 5 % der Gesamtsumme ausmachen.[814] Grundsätzlich können dabei nicht vom vereinbarten Werklohn der Gesamtleistung die Fertigstellungskosten abgezogen werden, da sich die Kalkulation am Vertragspreis orientieren muss und der Unternehmer keinen ungerechtfertigten Vorteil erhalten soll.[815] Wenn die Fertigstellungskosten durch den Drittunternehmer höher sind, bestehen hingegen keine Bedenken gegen diesen Ansatz.[816] Gleiches gilt, wenn der Besteller ein solches Vorgehen akzeptiert oder diesem nicht widerspricht.[817] Die Aufschlüsselung hat bei einer Teilkündigung allerdings den Vorteil, dass zu den nicht erbrachten Leistungen je nach Zeitpunkt der Abrechnung auch die Leistungen zählen, die aufgrund der nur teilweisen Kündigung noch weiterhin ausgeführt werden sollen. Insofern muss für die spätere Abrechnung der Teil ohnehin aufgeschlüsselt werden.

VI. Recht auf Abnahme

Die Kündigung beendet nicht automatisch das Erfüllungsstadium des Werkvertrages und hat daher auch keine Abnahmewirkungen zur Folge.[818] Insbesondere ist in der Kündigung selbst keine konkludente Abnahme

---

811 BGH NJW-RR 2005, 325 (326); sogenannte Abrechnung „von unten".
812 *Hille*, NJW 2015, 2455 (2458).
813 BGH NJW 2000, 2988 (2991); BGH NJW 2014, 3778 Rn. 11 hinsichtlich einer freien Teilkündigung; sogenannte Abrechnung „von oben".
814 Kompendium des Baurechts/*Kniffka*, Teil 8 Rn. 63; nach OLG Dresden IBRRS 2019, 1944 lagen 6 % über der Geringfügigkeitsschwelle.
815 BeckOGK/*Kessen,* § 648 BGB Rn. 131 (Stand: 01.04.2023); Kompendium des Baurechts/*Kniffka*, Teil 8 Rn. 65; a.A. mit Blick auf den Sinn und Zweck der Vereinfachung der Abrechnung *Hille*, NJW 2015, 2455 (2458).
816 OLG Celle BauR 2008, 100 (101); OLG Düsseldorf NJW 2015, 355.
817 Erman/*Schwenker/Rodemann*, § 648 BGB Rn. 6f.
818 BGHZ 167, 345 Rn. 20.

zu sehen.[819] Daher bedarf auch bei einem gekündigten Werkvertrag die bis dahin erbrachte Leistung des Unternehmers nach der allgemeinen Regelung des § 640 Abs. 1 BGB einer Abnahme.[820] Die Abnahme ist gemäß § 641 Abs. 1 S. 1 BGB beim gekündigten Werkvertrag ebenfalls Voraussetzung für die Fälligkeit des Werklohnes.[821] Es ist kein Grund ersichtlich, an die Fälligkeitsvoraussetzung für die bereits erbrachten Leistungen bei einem gekündigten Werkvertrag geringere Anforderungen anzustellen als bei einem vollständig durchgeführten Vertrag.[822] Auch in § 8 Abs. 7 VOB/B ist vorgesehen, dass der Besteller neben einem Aufmaß auch die Abnahme für die bereits erbrachten Leistungen verlangen kann. Dafür spricht auch die spezielle Regelung für den Bauvertrag gemäß § 650g Abs. 4 Nr. 1 BGB, wonach die Vergütung zu entrichten ist, wenn der Besteller das Werk abgenommen hat oder die Abnahme nach § 641 Abs. 2 BGB entbehrlich ist.[823] Bei einer Teilkündigung treten die Wirkungen der Abnahme hinsichtlich des gekündigten Teils zum Zeitpunkt der Abnahme ein.[824] Für die noch auszuführenden Leistungen hat bei einer Teilkündigung nach Fertigstellung eine separate Abnahme zu erfolgen.

Der Unternehmer hat in diesem Umfang einen Anspruch auf Abnahme, wenn Abnahmereife gemäß § 640 Abs. 1 BGB besteht.[825] Da die gekündigte Werkleistung zwangsläufig unvollständig ist, kommt es auf die vertragskonforme Ausführung der bereits erbrachten Teilleistungen an.[826] Daraus ergibt sich, dass der Besteller bei einer Teilkündigung aus wichtigem Grund gestützt auf erhebliche Mängel nicht zur Abnahme der mangelhaften Teilleistung verpflichtet sein kann. In einem solchen Fall ist die Abnahme entbehrlich und die fehlende Abnahme steht der Fälligkeit nicht entgegen,

---

819 BGHZ 167, 345 Rn. 27.
820 So nunmehr BGHZ 167, 345 = BGH NJW 2006, 2475; so auch bereits *Thode*, ZfBR 1999, 116 (123); zur früheren ständigen Rechtsprechung beispielsweise BGH NJW 1987, 382, wonach eine Abnahme bei einem gekündigten Werkvertrag ausnahmsweise keine Fälligkeitsvoraussetzung war, sondern nur die Erteilung der Schlussrechnung.
821 BGHZ 167, 345 Rn. 22; krit. *Peters*, NZBau 2006, 559 (562).
822 BGHZ 167, 345 Rn. 23; a.A. *Buscher*, BauR 2006, 1294 (1297).
823 *Kapellmann/Langen/Berger*, Einführung in die VOB/B Rn. 244; Messerschmidt/Voit/*Messerschmidt*, § 640 BGB Rn. 163.
824 BGHZ 153, 244 (251) = BGH NJW 2003, 1450 (1452).
825 Vgl. BGHZ 153, 244 (251).
826 BGHZ 167, 345 Rn. 34; *Brügmann/Kenter*, NJW 2003, 2121 (2125); *Kapellmann/Langen/Berger*, Einführung in die VOB/B Rn. 244; a.A. *Buscher*, BauR 2006, 1294 (1297).

weil dem Unternehmer in diesem Fall nicht mehr das Recht zusteht, die Abnahmereife durch Mangelbeseitigung herbeizuführen.[827] Verweigert der Besteller aufgrund von Mängeln bei einem Bauvertrag die Abnahme, kann der Unternehmer gemäß § 650g Abs. 1 bis 3 BGB eine Zustandsfeststellung verlangen.

Ob zudem die Abnahmefiktion nach § 640 Abs. 2 BGB Anwendung findet, erscheint zweifelhaft, da dies die Fertigstellung des Werks erfordert und im Falle einer vorzeitigen Vertragsbeendigung eine Fertigstellung ausscheidet.[828] Andererseits darf der Unternehmer nach der bisherigen Wertung grundsätzlich nicht schlechter stehen als bei einem durchgeführten Vertrag, wenn die Leistung wie beim Bauvertrag gemäß § 640 Abs. 1 BGB der Abnahme in diesem Umfang zugänglich ist.[829] Daneben ist eine Abnahme entbehrlich, wenn ein Abrechnungsverhältnis vorliegt.[830] Das ist der Fall, wenn der Besteller nicht mehr die Erfüllung des Vertrages, sondern nur noch Minderung oder Schadensersatz statt der Leistung verlangt.[831] Gleiches gilt, wenn der Besteller die Abnahme ernsthaft und endgültig ablehnt.[832] Da bei einer Teilkündigung weiterhin eine teilweise Erfüllung des Vertrages erfolgt, liegt die Annahme nahe, dass ein Abrechnungsverhältnis im Falle der Teilkündigung von vornherein ausscheidet.[833] Da die Teilkündigung allerdings zu einer Spaltung des Schuldverhältnisses führt, muss das Abrechnungsverhältnis für jeden Teil gesondert bestimmt werden.[834]

Die Abnahme ist neben der Fälligkeit des Werklohnes Voraussetzung für den Beginn der Verjährungsfrist.[835] Bei einer Teilkündigung folgt daraus, dass gesonderte Verjährungsfristen für den gekündigten Teil eintreten.[836]

---

827 *Kapellmann/Langen/Berger*, Einführung in die VOB/B Rn. 244.
828 *Joussen*, BauR 2018, 328 (335); BeckOGK/*Kessen,* § 648 BGB Rn. 60 (Stand: 01.04.2023).
829 Messerschmidt/Voit/*Messerschmidt*, § 640 BGB Rn. 164.
830 *Jürgens*, BauR 2022, 1695 (1704).
831 BGHZ 167, 345 Rn. 26; BGH NJW 2002, 3019; BGHZ 164, 159 (162); BGH NJW-RR 1998, 1027 (1028).
832 BGH NJW-RR 1998, 1027 (1028); BGH NJW 2000, 133 (134); OLG Düsseldorf NJW-RR 2010, 528.
833 Grüneberg/*Retzlaff,* § 648a BGB Rn. 14.
834 Ebenso *Voit*, BauR 2022, 339 (345), wonach ein Abrechnungsverhältnis für jeden Teil gesondert begründet werden kann.
835 BGHZ 153, 244 (250) = BGH NJW 2003, 1450.
836 *Voit*, BauR 2022, 339 (345).

Die Abnahme stellt nach alledem auch bei einem gekündigten Werkvertrag ein zentrales Ereignis dar.[837]

VII. Weitergehender Schadensersatzanspruch, § 648a Abs. 6 BGB

§ 648a Abs. 6 BGB stellt klar, dass die Berechtigung, Schadensersatz zu verlangen, durch die Kündigung nicht ausgeschlossen wird. Die Vorschrift stellt damit eine Parallelvorschrift zum Verhältnis von Rücktritt und Schadensersatz gemäß § 325 BGB dar. Ansprüche, die über die bisher dargestellten hinausgehen, sind im Wege des Schadensersatzes geltend zu machen. Schadensersatzansprüche kommen dann in Betracht, wenn der wichtige Grund von der gekündigten Partei zu vertreten war.

1. Voraussetzungen des Schadensersatzanspruchs

Gemäß § 280 Abs. 1 S. 2 BGB setzt ein Schadensersatzanspruch stets das Vertretenmüssen der Pflichtverletzung voraus. Dieses wird nach der gesetzlichen Ausgestaltung vermutet. Gemäß § 276 Abs. 1 BGB ist ein schuldhaftes Handeln nur dann ausgeschlossen, wenn weder Vorsatz noch Fahrlässigkeit seitens des Schuldners vorliegt. Probleme können sich hinsichtlich des Verschuldens ergeben, wenn die gekündigte Partei davon ausging, dass ihr Verhalten gerechtfertigt war. Das kommt vor allem bei einer unberechtigten Leistungsverweigerung in Betracht, wenn die gekündigte Partei fälschlicherweise von einem Leistungsverweigerungsrecht ausging.[838] Ein Verschulden kann dann aufgrund eines unverschuldeten Rechtsirrtums ausscheiden. Hieran sind jedoch hohe Anforderungen zu stellen.[839] Der Schuldner muss die Rechtslage sorgfältig prüfen, die höchstrichterliche Rechtsprechung beachten und nötigenfalls Rechtsrat einholen.[840] Ein solcher Irrtum wird daher einen Ausnahmefall darstellen.

Ob ein Schadensersatz neben oder statt der Leistung vorliegt, muss anhand des Begehrens des Anspruchstellers bestimmt werden. Umstritten ist dabei, ob der Schadensersatzanspruch statt der Leistung dogmatisch

---

837 Ebenso Ingenstau/Korbion/*Joussen,* Vor §§ 8 und 9 VOB/B Rn. 54.
838 Siehe BGH NJW 2001, 3114 (3115); *Langen,* BauR 2022, 320 (330).
839 BGH NJW 1974, 1903 (1904).
840 BGH NJW 2001, 3114 (3115); BGH NJW 1994, 2754; BGH NJW 1984, 1028 (1030).

auf § 281 BGB[841] oder § 282 BGB[842] gestützt wird. Aufgrund der identischen Rechtsfolge hat die Entscheidung keine praktischen Auswirkungen. Da § 282 BGB und § 648a BGB dieselbe Regelungssystematik aufweisen, erscheint der Weg über § 282 BGB vorzugswürdig.[843] Denn die zur Kündigung berechtigende Pflichtverletzung ereignet sich in der Herstellungsphase des Werks und damit vor Fälligkeit.[844] Hingegen setzt § 281 Abs. 1 S. 1 BGB dem Wortlaut nach eine fällige Leistung voraus.

2. Typische Schadenspositionen der Vertragsparteien

Bei einer berechtigten Kündigung aus wichtigem Grund durch den Besteller kommt ein Schadensersatzanspruch wegen der zeitlichen Verzögerung durch die Neuvergabe des Auftrags und der Mehrkosten bezüglich der Restfertigstellung des Werks in Betracht.[845] Durch die Beauftragung eines Drittunternehmers entstehen oftmals erhöhte Kosten, da dieser allein wegen der bereits bestehenden Vorleistung einem höheren Gewährleistungsrisiko ausgesetzt ist und zumeist angesichts der günstigeren Verhandlungsposition höhere Preise verlangen wird.[846] Letzteres gilt insbesondere für die Teilkündigung, da hier ein Nebeneinander der Unternehmer besteht. Daneben kann ein Schadensersatz neben der Leistung gemäß § 280 Abs. 1 BGB in Betracht kommen, wenn Schäden an anderen Rechtsgütern als dem Vertragsgegenstand entstehen, wie etwa Finanzierungsschäden, Mietausfälle oder Baustillstandskosten.[847] Die Ansprüche des Bestellers stehen dabei der Werklohnforderung des Unternehmers aufrechenbar gegenüber.[848]

Eine typische Schadensposition bei einer Kündigung durch den Unternehmer ist der entgangene Werklohn für die kündigungsbedingt nicht mehr erbrachten Leistungen. Wenn der Besteller den wichtigen Grund zu vertreten hat, kann der Unternehmer diesen im Wege des Schadensersatzes

---

841 BeckOGK/*Kessen*, § 648a BGB Rn. 62 ff. (Stand: 01.04.2023); D/L/O/P/S/*Oberhauser* Das neue Bauvertragsrecht § 648a BGB Rn. 32; L/B/D-L/*Sonntag*, § 648a BGB Rn. 117.

842 *Langen*, BauR 2022, 320 (330); Staudinger/*Peters*, § 648a BGB Rn. 13; so wohl auch B/R/H/P/*Voit*, § 648a BGB Rn. 18; so für den VOB/B-Vertrag BGHZ 210, 1 Rn. 58.

843 *Langen*, BauR 2022, 320 (331).

844 Siehe dazu bereits § 2 A II 2 c cc.

845 B/R/H/P/*Voit*, § 648a BGB Rn. 18.

846 *Bötzkes*, BauR 2016, 429 (435); L/B/D-L/*Sonntag*, § 648a BGB Rn. 116.

847 *Langen*, BauR 2022, 320 (330).

848 Dazu *Feser*, BauR 2008, 1043.

statt der Leistung geltend machen. Danach ist der Unternehmer gemäß §§ 249 ff. BGB so zu stellen, wie er ohne das zum Schaden führende Verhalten des Bestellers stünde.[849] Auch im Falle einer Teilkündigung hätte der Unternehmer seine Arbeiten vollständig zu Ende führen können.[850] Da der Unternehmer für die bereits erbrachten Leistungen gemäß § 648a Abs. 5 BGB eine Vergütung erhält, liegt der Schaden in der Differenz zu der Gesamtvergütung. Der Unternehmer muss sich jedoch ersparte Aufwendungen und einen etwaigen anderweitigen Erwerb sowie böswillig unterlassenen Erwerb abziehen lassen.[851] Dabei gelten dieselben Maßstäbe wie im Rahmen von § 648 S. 2 BGB.[852] Für eine unterschiedliche Darlegungs- und Beweislast ist kein Grund ersichtlich, was dafür spricht, die Beweislast des § 648 S. 2 BGB bei der Berechnung des Schadensersatzes ebenso für maßgebend zu erachten.[853] Dem Unternehmer kommt somit die sekundäre Darlegungslast, allerdings in Form einer Erstdarlegung hinsichtlich der Bezifferung seiner ersparten Aufwendungen zu, da nur er hierzu in der Lage ist.[854] Bestreitet der Besteller die Höhe der Vergütung und behauptet höhere ersparte Aufwendungen des Unternehmers, trägt dieser hierfür die Darlegungs- und Beweislast.[855] § 648 S. 3 BGB ändert an dieser Darlegungs- und Beweislast nichts.[856] Da auch der Unternehmer im Rahmen des Vergütungsanspruchs nach § 648 S. 2 BGB aufgrund der Umsatzsteuerpflicht bei der Abrechnung zwischen erbrachten und nicht erbrachten Leistungen zu differenzieren hat, unterscheidet sich die Berechnungsweise im Vergleich zur kleinen Kündigungsvergütung mit weitergehendem Schadensersatz praktisch gesehen kaum.[857] Zwar kann damit der Wertungswiderspruch der Vergütungsfolge im Falle einer Kündigung aus wichtigem Grund durch den Unternehmer nicht aufgelöst werden, allerdings wirkt sich der Verweis auf den Schadensersatzanspruch hinsichtlich des vollen Vergütungsanspruchs

---

849 Kniffka ibrOK BauVertrR/*Schmitz*, § 648a BGB Rn. 62 (Stand: 06.03.2023).
850 Vgl. BGH NJW 1969, 419.
851 BGH NJW 1969, 419 (420).
852 BeckOGK/*Kessen*, § 648a BGB Rn. 62 (Stand: 01.04.2023).
853 Vgl. BGH NJW 1969, 419 (420); so auch der Vorschlag von *Kniffka*, BauR 2017, 1759 (1780) unter Hinweis auf die unklare Rechtslage.
854 Grüneberg/*Retzlaff*, § 648 BGB Rn. 9; BGHZ 140, 365 (369); BGH NJW 1997, 259 (260), OLG Düsseldorf NZBau 2022, 30 Rn. 34; KG NJW 2018, 3721 Rn. 59.
855 BGH NJW-RR 2001, 385 (386); OLG Düsseldorf NZBau 2022, 30 Rn. 34; *Niemöller*, BauR 1997, 539 (551).
856 BGH NJW 2011, 1954 Rn. 28; OLG Düsseldorf NZBau 2022, 30 Rn. 34; KG NJW 2018, 3721 Rn. 59.
857 Soergel/*Buchwitz*, § 648a BGB Rn. 49.

oftmals nicht aus.[858] Gleichwohl kann in dem Schadensersatzanspruch allgemein kein vollwertiger Ausgleich für eine einheitliche Vergütungsregel gesehen werden.[859] Dies zeigt sich insbesondere bei einem behaupteten Pauschalierungsgewinn im Rahmen eines Pauschalpreisvertrages, wenn eine „Abrechnung von oben" bei noch geringfügig ausstehenden Leistungen erfolgt.[860] Da dem Unternehmer bei § 648 S. 2 BGB letztlich die gesamte Vergütung zusteht, bleibt eine solche Abrechnungsmethode auch möglich, wenn der Besteller behauptet, dass der Unternehmer Gewinne durch einen geringeren Leistungsumfang als bei Vertragsschluss angenommen erzielt hat.[861] Denn diese bleiben dem Unternehmer unter Heranziehung des § 2 Abs. 7 VOB/B bis zur dort vorgesehenen Grenze vollständig erhalten.[862] Dies ist bei der kleinen Vergütung hingegen nur anteilig der Fall, sodass mitunter eine vollständige Bewertung der ausgeführten Leistungen durch den Unternehmer erforderlich ist.[863]

3. Kürzung des Schadensersatzanspruchs

Sofern den Kündigenden ein Mitverschulden an dem Kündigungsgrund trifft, ist der Schadensersatzanspruch gemäß § 254 Abs. 1 BGB in der Höhe des Mitverschuldensanteils zu kürzen. Dies ist beispielsweise der Fall, wenn der Kündigende den zur Kündigung berechtigenden wichtigen Grund provoziert hat.[864] Da das Verhalten des Kündigenden an der Entstehung des Konflikts mitgewirkt hat und kausal für die Entscheidung zur (Teil-)Kündigung war, stellt sich die Kündigung aus wichtigem Grund als eine Folge von Sorgfaltspflichtverletzungen beider Parteien dar.[865] Der Kündigende ist seiner Kooperationspflicht ebenfalls nicht nachgekommen, auch wenn er letztlich zur Kündigung berechtigt war. In einem solchen Fall ist die

---

858 Soergel/*Buchwitz*, § 648a BGB Rn. 55; Leupertz/Preussner/Sienz/*Sienz* BauvertrR, § 648a BGB Rn. 44 begründet die Ausgewogenheit der Vergütungsregelung hingegen damit, dass dem Unternehmer nur bei fehlendem Verschulden nicht die große Kündigungsvergütung zusteht und in einem solchen Fall kein Wertungswiderspruch zu § 648 S. 2 BGB vorliegt, da die große Kündigungsvergütung ohne Veranlassung des Bestellers nicht gerechtfertigt sei.

859 Grüneberg/*Retzlaff*, § 648a BGB Rn. 14; *Leinemann*, NJW 2017, 3113 (3114).

860 Siehe bereits § 4 A V 3 c bb.

861 KG NJW 2018, 3721 Rn. 83.

862 KG NJW 2018, 3721 Rn. 83.

863 KG NJW 2018, 3721 Rn. 83.

864 Vgl. BGH NJW 2009, 3717 Rn. 31.

865 *Langen*, BauR 2022, 320 (332).

Kürzung des Schadensersatzanspruches interessengerecht. Die Höhe der Kürzung des Schadensersatzanspruches beurteilt sich gemäß § 254 Abs. 1 BGB nach den Umständen des Einzelfalls, insbesondere nach den jeweiligen Verursachungsbeiträgen hinsichtlich des Kündigungsgrundes.

VIII. Konflikt durch wechselseitige (Teil-)Kündigungen

1. Problemstellung

Wenn sich sowohl der Unternehmer als auch der Besteller vertragswidrig verhalten und jeweils eine Teil- oder Vollkündigung aus wichtigem Grund berechtigt erklären, kommt es zu einem Konflikt durch diese wechselseitigen Kündigungen. Im Hinblick auf die Teilkündigung stellt sich diese Problematik nur, wenn sich die beidseitig erklärten Teilkündigungen auf denselben abgrenzbaren Teil beziehen. Wenn die Teilkündigungen hingegen verschiedene abgrenzbare Teile betreffen, ist ein solcher Konflikt nicht gegeben. Ebenso verhält es sich, wenn eine Voll- und Teilkündigung aufeinandertreffen. In diesem Fall setzt sich die Vollkündigung durch, da sie stets das gesamte Vertragsverhältnis erfasst.[866] Aus dem Zusammentreffen beider Kündigungserklärungen resultiert ein Wettlauf der Kündigungen, da die sich aus der Kündigung ergebenden Rechtsfolgen davon abhängen, wer zuerst gekündigt hat.[867] Dadurch kann die materielle Gerechtigkeit beeinträchtigt werden, wenn eine Seite die ihr zustehenden Rechte nur deshalb nicht ausüben kann, weil die andere Seite die Kündigung schneller erklärt hat.[868] Das Problem wiegt noch schwerer, wenn verschiedene Kündigungstatbestände aufeinandertreffen, die unterschiedliche Folgen für die Vergütung des Unternehmers haben.[869] So hat der Unternehmer, der den Vertrag wegen nicht gestellter Sicherheit nach § 650f Abs. 5 S. 1 Alt. 2 BGB kündigt, einen Anspruch auf den vollen Werklohn, also auch hinsichtlich der nicht erbrachten Leistungen, abzüglich der durch die Kündigung ersparten Aufwendungen und anderweitigen Erwerbs (§ 650f Abs. 5 S. 2

---

866 Vgl. den zugrundeliegenden Sachverhalt LG Hamburg Urt. v. 25.10.2018 – 409 HKO 21/15, BeckRS 2018, 47161 (abrufbar in beck-online).
867 KG NJW 2018, 3721 Rn. 64.
868 *Langen*, BauR 2022, 320 (338).
869 Ein solcher Fall lag vermeintlich KG NJW 2018, 3721 zugrunde. Dem Besteller stand letztlich allerdings kein Kündigungsrecht zu, da die Voraussetzungen nicht vorlagen, sodass sich die Problematik eigentlich nicht stellte.

BGB).[870] Wenn der Besteller hingegen aus wichtigem Grund gemäß § 648a Abs. 1 oder 2 BGB wirksam kündigt, steht dem Unternehmer nur der Werklohn für die bereits erbrachten Leistungen zu.[871] Daneben haben die unterschiedlichen Vergütungsformen mitunter prozessuale Folgen für die Verteilung der Darlegungs- und Beweislast.[872] Fraglich ist somit, wie der Interessenkonflikt aufgelöst werden kann.

2. Lösungsansätze

Der entstehende Konflikt durch die wechselseitigen Kündigungen kann im Wesentlichen auf drei verschiedene Arten gelöst werden. In Betracht kommen ein materieller oder zeitlicher Vorrang sowie die Kumulierung beider Kündigungen.[873] Diese Lösungsansätze sollen im Folgenden untersucht werden.

a. Materieller Vorrang

Bei einem materiellen Vorrang der Kündigung ist im Rahmen der Interessenabwägung des wichtigen Grundes zu entscheiden, welcher von mehreren isoliert betrachtet wirksamen Kündigungen der Vorrang zukommen soll.[874] Eine zeitlich vorrangig erklärte Kündigung ist dabei irrelevant.[875] Da letztlich nur eine Kündigung wirksam ist, wird ein Wettlauf der Kündigungen vermieden, dessen Ausgang von Zufälligkeiten oder davon abhängt, welche Partei zuerst weitere Kooperationsversuche ablehnt und zur Kündigung übergeht.[876] Dafür könnte der Rechtsgedanke des § 323 Abs. 6 BGB sprechen.[877] Dagegen spricht jedoch in dogmatischer Hinsicht, dass entsprechend des Rechtsgedankens von § 323 Abs. 6 BGB eine Kündigung des

---

870 Zur Möglichkeit der Teilkündigung im Falle von § 650f Abs. 5 Alt. 2 BGB siehe noch § 5 A III.
871 Siehe dazu bereits § 4 A V 2.
872 Siehe dazu bereits § 4 A VII 2.
873 KG NJW 2018, 3721 Rn. 62.
874 So KG NJW 2018, 3721 Rn. 63; Grüneberg/*Retzlaff*, § 648a BGB Rn. 3; Kapellmann/Messerschmidt/*v. Rintelen*, § 9 VOB/B Rn. 81d.
875 KG NJW 2018, 3721 Rn. 64.
876 KG NJW 2018, 3721 Rn. 64.
877 KG NJW 2018, 3721 Rn. 68.

Kündigenden ausscheidet, wenn er für den Kündigungsgrund überwiegend verantwortlich ist.[878] In Rede steht somit ein einheitlicher Kündigungsgrund, während bei einem Konflikt durch wechselseitige Kündigungen zwei selbstständige Kündigungsgründe vorliegen.[879] Eine Gesamtabwägung auf der Ebene des wichtigen Grundes dahingehend vorzunehmen, welcher Kündigung der Vorrang zukommt, erscheint willkürlich, da nicht abschließend beurteilt werden kann, wann ein vertraglich oder gesetzlich eingeräumter Kündigungsgrund schwerer wiegt als der andere.[880] Entscheidend ist vielmehr, dass er tatsächlich besteht.[881] Die Lösung des materiellen Vorrangs hat damit erhebliche Rechtsunsicherheit zur Folge. Daneben wird bei einem materiellen Vorrang der Charakter der Kündigung als Gestaltungsrecht verkannt. Eine einmal wirksam erklärte Kündigung kann aufgrund der gestaltenden Wirkung nicht im Wege einer wertenden Betrachtung wieder rückgängig gemacht werden.[882] Die Lösung des Kündigungskonfliktes im Wege einer materiellen Gesamtbetrachtung ist daher abzulehnen.

b. Kumulierung beider Kündigungen

Bei einer Kumulierung beider Kündigungen sind die wechselseitigen Kündigungen nebeneinander als wirksam anzusehen, wenn sich jede von ihnen auf einen wichtigen Grund stützen kann.[883] Wenn demnach beide Parteien zu einer Kündigung berechtigt sind und die eine Partei von diesem Recht Gebrauch macht, soll die andere Partei im Rahmen des Abrechnungsverhältnisses wie im Falle einer eigenen Kündigung abrechnen können.[884] Wechselseitige Ansprüche sind demnach zu saldieren.[885] Mithin wird die

---

878 Siehe dazu bereits § 3 B I.
879 OLG Düsseldorf BauR 2020, 1637 (1641); *Prückner*, IBR 2018, 317; Ingenstau/Korbion/*Joussen*, Vor §§ 8 und 9 VOB/B Rn. 83.
880 Zutreffend Ingenstau/Korbion/*Joussen*, Vor §§ 8 und 9 VOB/B Rn. 83.
881 Ingenstau/Korbion/*Joussen*, Vor §§ 8 und 9 VOB/B Rn. 83.
882 MüKoBGB/*Busche*, § 648a BGB Rn. 6; BeckOGK/*Kessen*, § 648a BGB Rn. 23 (Stand: 01.04.2023); dies verkennt Kapellmann/Messerschmidt/*v. Rintelen*, § 9 VOB/B Rn. 81d, wenn mit der Kipp'schen Theorie von den Doppelwirkungen des Rechts argumentiert wird, da auch in diesem Fall das nichtige Rechtsgeschäft nichtig bleibt und nur dessen weitere Rechtswirkungen beseitigt werden sollen.
883 So OLG Celle BauR 2015, 676; *Rodemann*, IBR 2014, 594.
884 OLG Celle BauR 2015, 676 (682).
885 OLG Celle BauR 2015, 676 (682); *Rodemann*, IBR 2014, 594; ebenfalls für eine solche Saldierung der wechselseitige Ansprüche BeckOK VOB/B/*Brüninghaus*, § 9

zeitlich spätere Kündigung so behandelt, als wäre sie wirksam ausgesprochen worden.[886] Dieser Lösung ist zugute zu halten, dass die beiderseitigen Kündigungsrechte Berücksichtigung finden und ein Wettlauf der Kündigungen vermieden wird. Gegen das Konzept der Kumulierung beider Kündigungen spricht jedoch, dass dieses bei unterschiedlichen Vergütungsfolgen zu einseitig ist, da sich hinsichtlich der Vergütungshöhe entweder die des Bestellers oder die des Unternehmers durchsetzt.[887] Auch diesem Lösungsansatz steht letztlich der Prioritätsgedanke der ersten Kündigung entgegen, da die Wirksamkeit der zweiten Kündigung fingiert wird.[888] Damit ist eine Lösung des Kündigungskonfliktes durch die Kumulierung beider Kündigungen ebenfalls abzulehnen.

c. Zeitlicher Vorrang

Letztlich kommt es damit auf einen zeitlichen Vorrang an. Bei einem zeitlichen Vorrang ist chronologisch zu bestimmen, welche Kündigungserklärung zuerst wirksam erklärt worden ist.[889] Für eine solche Lösung spricht der Sinn und Zweck einer Kündigung, den Vertrag für die Zukunft zu beenden.[890] Eine solche Wirkung kann nur die zeitlich erste Kündigung auslösen, da bei Beendigung des Vertrages eine weitere Kündigung ins Leere geht.[891] Aus diesem Grund kann es auch bei wechselseitigen Kündigungen nur auf einen zeitlichen Vorrang der Kündigungen ankommen.[892] Wenn ein Vertragspartner erst verspätet von seinem Kündigungsrecht Gebrauch

---

VOB/B Rn. 27 (Stand: 30.04.2023), der allerdings beiden Parteien aufgrund der eigenen Vertragsuntreue das Kündigungsrecht versagt und aufgrund des beiderseitigen Vertragsbeendigungswillens eine Vertragsaufhebung annimmt.
886 OLG Celle BauR 2015, 676.
887 KG NJW 2018, 3721 Rn. 66.
888 MüKoBGB/*Busche*, § 648a BGB Rn. 6.
889 L/B/D-L/*Sonntag*, § 648a BGB Rn. 59a.
890 Siehe bereits § 2 A I.
891 *Manteufel*, NJW 2018, 3683 (3684).
892 So auch MüKoBGB/*Busche*, § 648a BGB Rn. 6; Ingenstau/Korbion/*Joussen*, Vor §§ 8 und 9 VOB/B Rn. 83; BeckOGK/*Kessen*, § 648a BGB Rn. 23 (Stand: 01.04.2023); *Manteufel*, NJW 2018, 3683 (3684); *Prückner*, IBR 2018, 317; L/B/D-L/ *Sonntag*, § 648a BGB Rn. 59a.

macht, hat er die aus der früheren Kündigungserklärung des Vertragspartners resultierenden Konsequenzen zu tragen.[893]

Dem Umstand, dass dem Kündigungsempfänger ebenfalls ein Kündigungsrecht zustand und dadurch die materielle Gerechtigkeit beeinträchtigt werden kann, kann dabei auf der Rechtsfolgenseite begegnet werden. Wenn der Kündigende ebenfalls eine Vertragsverletzung begangen hat, steht dem Kündigungsempfänger ein Schadensersatzanspruch gemäß § 280 Abs. 1 BGB zu, den er dem Kündigenden entgegenhalten kann.[894] Wenn die Beteiligten dabei ein Mitverschulden an dem jeweiligen Kündigungsgrund trifft, können die jeweiligen Schadensersatzansprüche um diesen Anteil gemäß § 254 BGB zu kürzen sein.[895] Dies setzt allerdings im Einzelfall voraus, dass die Kündigungsgründe in Korrelation zueinanderstehen. Bei unabhängiger Verursachung des Kündigungsgrundes können die jeweiligen Ansprüche hingegen nur gegeneinander aufgerechnet werden. Auf die zeitlich frühere Kündigung kommt es somit letztlich nur für die Beendigungswirkung an.[896] Somit kann den kollidierenden Kündigungsrechten auf Rechtsfolgenseite ausreichend Rechnung getragen werden, ohne dabei zu verkennen, dass zwei verschiedene Kündigungstatbestände vorliegen. Auf diese Weise wird verhindert, dass die kündigende Partei entgegen Treu und Glauben gemäß § 242 BGB einen Vorteil aus der zuerst erklärten Kündigung erhält.[897] Für diese Lösung spricht zudem nach geltender Rechtslage, dass alle weitergehenden Ansprüche über das Institut des Schadensersatzes gemäß § 648a Abs. 6 BGB zu lösen sind und der Unternehmer auch im Falle einer eigenen Kündigung aus wichtigem Grund seinen weitergehenden Werklohn im Wege des Schadensersatzes geltend machen muss.

d. Zwischenergebnis

Im Ergebnis ist bei wechselseitigen Kündigungen entscheidend, welche der Kündigungen zuerst erklärt worden ist. Dies wird einzig der Dogmatik der Kündigung als Gestaltungsrecht gerecht. Der Konflikt durch das beiderseitig bestehende Kündigungsrecht ist auf der Ebene des Schadensersatzes

---

893 MüKoBGB/*Busche*, § 648a BGB Rn. 6.
894 B/R/H/P /*Voit*, § 648a BGB Rn. 18.
895 *Langen*, BauR 2022, 320 (338); Beck HOAI/*Sacher*, § 650q BGB Rn. 640.
896 *Langen*, BauR 2022, 320 (338).
897 Vgl. Ingenstau/Korbion/*Joussen*, Vor §§ 8 und 9 VOB/B Rn. 83.

zu lösen. Auf diese Weise kann den Interessen beider Parteien Rechnung getragen werden.

IX. Fazit zu den Rechtsfolgen einer berechtigten Teilkündigung aus wichtigem Grund

Im Falle einer berechtigten Teilkündigung aus wichtigem Grund wird der Vertrag hinsichtlich des gekündigten Teils wirksam beendet, während hinsichtlich des nicht von der Kündigung erfassten Teils ein weitergehender Erfüllungsanspruch besteht. Dabei führt die Teilkündigung zu erweiterten Prüf- und Hinweispflichten gegenüber der Vollkündigung. Die vorgesehenen Rechtsfolgen der Teilkündigung sind überwiegend interessengerecht und folgen bereits aus dem Wesen der Kündigung als Gestaltungsrecht. Die Regelungen haben insofern nur deklaratorischen Charakter. Einzig bei einer Unternehmerkündigung wäre wünschenswert, dass der Gesetzgeber eine Anpassung des Vergütungsanspruchs gemäß § 648a Abs. 5 BGB vornimmt. Die Probleme bei der Abwicklung des Vertrages im Falle einer Teilkündigung aus wichtigem Grund stellen sich darüber hinaus nicht auf rechtlicher, sondern auf tatsächlicher Ebene. Dies kann den Rechtsanwender im Einzelfall vor eine Herausforderung stellen. Vor diesem Hintergrund kann dem nur durch eine entsprechende Vertragsgestaltung im Vorhinein begegnet werden.

B. Folgen einer unberechtigten Teilkündigung aus wichtigem Grund

Angesichts des weiten Auslegungsspielraums im Rahmen der Tatbestandsmerkmale der Teilkündigung aus wichtigem Grund gemäß § 648a Abs. 2 BGB besteht das Risiko, dass diese vom Gericht überprüft werden und das Vorliegen der Voraussetzungen im Einzelfall negiert wird. Dies gilt zuvorderst im Hinblick auf das Vorliegen eines wichtigen Grundes. Daher sind die Folgen einer unberechtigten Teilkündigung aus wichtigem Grund zu beleuchten.

I. Unwirksamkeit der Teilkündigung

Wenn die Voraussetzungen der Teilkündigung aus wichtigem Grund nicht vorliegen und diese somit unberechtigt erfolgte, ist sie unwirksam.[898] Die Unwirksamkeit kann dabei aus dem Fehlen des wichtigen Grundes sowie der fehlenden Abgrenzbarkeit resultieren. Folglich besteht der Vertrag weiterhin fort, sodass die Vertragspflichten des Unternehmers vollumfänglich aufrechterhalten bleiben.[899] Beruht die Unwirksamkeit auf der fehlenden Abgrenzbarkeit des vermeintlich gekündigten Teils des geschuldeten Werks, erscheint die Unwirksamkeit mit Blick auf den Sinn und Zweck dieser Voraussetzung nicht erforderlich. Daher könnte in diesem Fall erwogen werden, nicht die Unwirksamkeit der Teilkündigung, sondern eine Beweislastumkehr hinsichtlich der unzumutbar gewählten Schnittstellen anzunehmen.[900] Daraus würde folgen, dass Zweifelsfragen hinsichtlich der Leistungsabgrenzung sowie der Gewährleistungsverpflichtung an den Schnittstellen letztlich zulasten des Kündigenden gehen, welcher den Kündigungsausschnitt auf diese Weise gewählt hat.[901] Das ist allerdings eine Rechtsfolge, die vom Gesetz so nicht vorgesehen ist und zu erheblicher Rechtsunsicherheit führt. Sofern eine Tatbestandsvoraussetzung fehlt, führt dies allgemein dazu, dass das ausgeübte Recht unwirksam ist. Die Rechtsfolge einer Beweislastumkehr ist insofern mit der Teilkündigung als Gestaltungsrecht schwerlich vereinbar. Eine Beweislastumkehr kann auch nicht mit einer unzumutbaren Benachteiligung des Unternehmers begründet werden, wenn dieser einer unberechtigten Teilkündigung Folge leistet, denn gerade im Falle einer Teilkündigung durch den Besteller wird der Unternehmer die Abgrenzbarkeit meist besser beurteilen können.[902] Die Rechtsfolge der Unwirksamkeit ist somit angemessen. Dem Unternehmer ist bei Zweifeln hinsichtlich der Abgrenzbarkeit daher zu empfehlen, die Leistung weiterhin anzubieten, um mit der Leistung des gekündigten Teils nicht in Verzug zu geraten.[903]

---

898   Kompendium des Baurechts/*Kniffka*, Teil 8 Bauvertrages Rn. 13; *Schmidt*, NJW 1995, 1313 (1314).

899   BGH NJW 2003, 3474 (3475) für den Fall einer fehlgeschlagenen Kündigung aus wichtigem Grund nach § 8 Abs. 2 Nr. 2–4 VOB/B.

900   So *Kirberger*, BauR 2011, 343 (351) zur Rechtslage vor der Reform.

901   *Kirberger*, BauR 2011, 343 (351).

902   Siehe zu den strengen Vorrausetzungen der Beweislastumkehr ohne gesetzliche Regelung Musielak/Voit/*Foerste*, § 286 ZPO Rn. 37.

903   Zu den daraus resultierenden Schadensersatzansprüchen siehe noch § 4 B VII.

II. Auslegung in eine Teilkündigung hinsichtlich eines zulässig abgrenzbaren Teils oder Umdeutung in eine Vollkündigung?

Wenn die Teilkündigung mangels abgrenzbaren Teils des geschuldeten Werks unwirksam ist, stellt sich die Frage, ob eine Auslegung dahingehend erfolgen kann, dass sie sich auf einen zulässig abgrenzbaren Teil bezieht, oder ob eine Umdeutung in eine Vollkündigung in Betracht kommt. Da die Abgrenzbarkeit ein Tatbestandsmerkmal der Teilkündigung gemäß § 648a Abs. 2 BGB darstellt und nicht nachgeschoben werden kann, ist dies nur in engen Grenzen möglich. Wenn aber der Kündigungsempfänger durch textliche Beschreibung oder mithilfe von Plänen erkennen kann, worin die Abgrenzbarkeit bestehen sollte und lediglich die Benennung falsch erfolgte, ist eine solche Auslegung möglich.[904] Im Übrigen bleibt es bei der Unwirksamkeit der Teilkündigung.

Darüber hinaus kommt eine Umdeutung in eine Vollkündigung in Betracht. Nach § 140 BGB kann ein Rechtsgeschäft umgedeutet werden, wenn ein nichtiges Rechtsgeschäft den Erfordernissen eines anderen entspricht und anzunehmen ist, dass dessen Geltung bei Kenntnis der Nichtigkeit gewollt sein würde. Demnach kommt es entscheidend auf den Parteiwillen an. Eine Umdeutung scheidet vor diesem Hintergrund allerdings regelmäßig aus, da der Kündigende gerade nur einen Teil der Leistung kündigen wollte und nicht das gesamte Vertragsverhältnis.[905] Eine Umdeutung in eine Gesamtkündigung kann nur erfolgen, wenn sich aus den Umständen ergibt, dass der Kündigende alternativ das gesamte Vertragsverhältnis beenden wollte.

Bei Unsicherheiten hinsichtlich der Abgrenzbarkeit ist daher zu empfehlen, eine Vollkündigung statt der Teilkündigung zu erklären und mit dem Vertragspartner über eine teilweise Fortführung des Vertrages zu verhandeln.[906] Der Kündigende würde ansonsten ein doppeltes Risiko tragen, da die Teilkündigung einerseits wegen fehlender Abgrenzbarkeit unwirksam sein kann und andererseits könnte eine später ausgesprochene Vollkündigung nicht innerhalb einer angemessenen Frist gemäß §§ 648a Abs. 3, 314 Abs. 3 BGB erklärt worden sein, ebenfalls mit der Folge der Unwirksamkeit

---

904 Dies erinnert an den Grundsatz *falsa demonstratio non nocet.*
905 *Popescu*, BauR 2016, 577 (582); BGH NJW 2009, 3717 Rn. 25.
906 Kompendium des Baurechts/*Jurgeleit*, Teil 6 Rn. 41.

der Kündigung.[907] In Anlehnung an die bereits dargestellten Grundsätze ist auch hierin keine Selbstwiderlegung hinsichtlich des Kündigungsgrundes zu sehen.

III. Umdeutung in eine freie Teilkündigung

Kündigt der Besteller einen Teil des Vertrages aus wichtigem Grund gemäß § 648a Abs. 2 BGB, ohne dass ein wichtiger Grund vorliegt oder erfolgt die Teilkündigung aus wichtigem Grund nicht innerhalb der vorgesehenen Frist, ist fraglich, ob die Erklärung in eine freie Teilkündigung umgedeutet werden kann. Da dem Unternehmer ein Recht zur freien Kündigung gemäß § 648 S. 1 BGB nicht zusteht, kommt eine Umdeutung bei einer unwirksamen (Teil-)Kündigung aus wichtigem Grund nur bei einer Bestellerkündigung in Betracht.

1. Zulässigkeit der freien Teilkündigung gemäß § 648 S. 1 BGB

Um die Möglichkeit der Umdeutung in eine freie Teilkündigung anzunehmen, müsste eine solche zunächst zulässig sein. § 648 BGB sieht die Möglichkeit der Teilkündigung dem Wortlaut nach nicht vor. Dass der Gesetzgeber im Zuge der Reform die freie Teilkündigung nicht geregelt hat, könnte im Umkehrschluss bedeuten, dass nur eine Teilkündigung aus wichtigem Grund gemäß § 648a Abs. 2 BGB möglich sein soll, jedoch nicht eine freie Teilkündigung. Eine Umdeutung in eine freie Teilkündigung wäre folglich unzulässig. Für eine solche Sichtweise könnte sprechen, dass der historische Gesetzgeber lediglich die Vollbeendigung des Vertrages vorgesehen hatte, indem in den Motiven der Begriff der „Aufhebung des Werkvertrags" verwendet wurde.[908] Mangels Ergänzung der Norm um die Teilkündigungsmöglichkeit fehlt es an einer ausdrücklichen gesetzgeberischen Wertentscheidung dafür, dass dem Unternehmer auch die weitere Ausführung eines teilweise reduzierten Werks zugemutet werden soll.[909] Der Gesetzgeber könnte vielmehr eine Wertung dahingehend vorgenommen haben, dass

---

907 Kompendium des Baurechts/*Jurgeleit,* Teil 6 Rn. 41; siehe zum Problem der Verfristung bereits § 3 C II.

908 Siehe *Mugdan,* Motive II, § 578 BGB S. 280 f.

909 *Abel/Schönfeld,* BauR 2017, 1901 (1908).

der Kündigungsempfänger bei einer Teilkündigung aus wichtigem Grund gemäß § 648a Abs. 2 BGB als weniger schutzwürdig anzusehen ist als im Falle einer freien Teilkündigung. Außerdem lässt sich anführen, dass nicht jeder Fehler im Gesetz als unbeachtliches Redaktionsversehen verstanden werden kann.[910]

Andererseits wird durch die freie Kündigung gemäß § 648 S. 1 BGB die Beendigung des Werkvertrages in das Belieben des Bestellers gestellt. Daher muss es dem Besteller ebenso mit Blick auf Sinn und Zweck der Regelung möglich sein, dem Unternehmer nur einen Teil des Werks zu entziehen, wenn in diesem Umfang das Interesse an der Herstellung entfallen ist.[911] Der Interessenausgleich des Unternehmers findet dabei auf Vergütungsebene statt.[912] Die freie Teilkündigung stellt daher wie die Teilkündigung aus wichtigem Grund eine Alternative zur Vollkündigung dar.

Gegen die Zulässigkeit der freien Teilkündigung wird im Wesentlichen angeführt, dass es sich bei einer freien Teilkündigung nicht um ein Minus zur Vollkündigung handle, sondern um ein *aliud*.[913] Die Reduzierung der Leistung könne unter Umständen nämlich dazu führen, dass der Unternehmer eine neue Einschätzung von Vertragsrisiken wie die der Gewährleistung vornehmen müsse und den Vertrag daher nicht zu diesen Konditionen geschlossen hätte.[914] Kritisch wird weiterhin gesehen, dass der Anspruch des Unternehmers auf Abnahme seiner Leistung vor der Übergabe des Werks mit dem teilweisen Entzug der Leistung nicht wirklich vereinbar sei, wenn sich der gekündigte Teil nicht vollständig isoliert von den restlichen Leistungen ausführen lasse oder die Werkleistung insgesamt ohne den gekündigten Teil erbracht werden könne.[915] Hierfür sei eine gesetzliche Regelung erforderlich, dass bei einer Teilkündigung alle bis zur Kündigung erbrachten Teilleistungen (teil-)abgenommen werden müssten, an der es aber ebenfalls fehle. Gegen dieses Argument spricht, dass eine solche Regelung auch nicht für den Fall der Teilkündigung aus wichtigem Grund vorgesehen ist. Der Anspruch auf Abnahme ergibt sich dabei aus

---

910 So Leupertz/Preussner/Sienz/*Sienz* BauvertrR, § 648a BGB Rn. 22a.

911 MüKoBGB/*Busche*, § 648 BGB Rn. 13; Messerschmidt/Voit/*Oberhauser*, § 648 BGB Rn. 7; BeckOGK/*Kessen*, § 648 BGB Rn. 32 (Stand: 01.04.2023); NK-BGB/*Lührmann/Raab*, § 648 BGB Rn. 7.

912 Siehe zur Zulässigkeit der freien Teilkündigung vor der Reform bereits § 2 B III b bb.

913 *Abel/Schönfeld*, BauR 2017, 1901 (1906).

914 *Abel/Schönfeld*, BauR 2017, 1901 (1905).

915 *Abel/Schönfeld*, BauR 2017, 1901 (1908).

der Rechtsnatur einer Teilkündigung unter Heranziehung der allgemeinen Regelungen der Vollkündigung, wobei unzumutbare Beeinträchtigungen durch die Voraussetzung des abgrenzbaren Teils vermieden werden.

Diese Einwände werfen nach der Reform erneut die allgemeine Problematik einer Teilkündigung bei Fehlen einer gesetzlichen Regelung auf.[916] Im Gegensatz zu der Rechtslage vor der Reform hat der Gesetzgeber mit § 648a Abs. 2 BGB allerdings zum Ausdruck gebracht, dass er eine solche Möglichkeit grundsätzlich anerkennt. Darüber hinaus kann der Kritik durch eine Konkretisierung hinsichtlich der Begrenzung einer freien Teilkündigung begegnet werden.[917] Dazu wird teilweise die Vorschrift des § 139 BGB herangezogen, weil diese mangels einer Regelung in § 648 BGB systematisch vorrangig sei.[918] Erforderlich wäre demnach ein mutmaßlicher gemeinsamer Parteiwille zugunsten der Teilkündigung.[919] Dagegen spricht, dass sich der Gesetzgeber mit der Zulässigkeit einer Teilkündigung in § 648a Abs. 2 BGB speziell für den Werkvertrag auseinandergesetzt hat und diese angesichts der verschieden gebündelten Leistungen für zweckmäßig erachtet.[920] Der Gesetzgeber hat eine Wertentscheidung dahingehend getroffen, dass dem Unternehmer eine Teilkündigung angesichts bestehender Schnittstellen unter der Voraussetzung eines abgrenzbaren Teils zuzumuten ist. Dies ist auf die freie Teilkündigung nach § 648 S. 1 BGB zu übertragen, sodass sich diese auf einen abgrenzbaren Teil des geschuldeten Werks beziehen muss.[921] Eine in sich abgeschlossene Teilleistung wie bei § 8 Abs. 3 Nr. 1 S. 2 VOB/B ist hingegen nicht erforderlich und widerspräche den Erwägungen des Gesetzgebers im Rahmen von § 648a Abs. 2 BGB.[922] Die Teilkündigung nach der Voraussetzung des § 648a Abs. 2 BGB zu beurteilen, trägt zur Rechtssicherheit bei, da diese rein objektiv bestimmt wird

---

916   Siehe hierzu bereits § 2 B III 1.

917   Leupertz/Preussner/Sienz/*v. Kiedrowski* BauvertrR, § 648 BGB Rn. 17 hält hingegen mangels einer Beschränkung in § 648 BGB eine Teilkündigung hinsichtlich jeder beliebigen Einzelleistung für zulässig, ebenso Leinemann/Kues/*Geheeb,* § 648 BGB Rn. 13.

918   *Abel/Schönfeld,* BauR 2017, 1901 (1909).

919   *Abel/Schönfeld,* BauR 2017, 1901 (1909).

920   BT-Drs. 18/8486, 51.

921   So auch Messerschmidt/Voit/*Oberhauser,* § 648 BGB Rn. 7; B/R/H/P/*Voit,* § 648 BGB Rn. 7; NK-BGB/*Lührmann/Raab,* § 648a BGB Rn. 7, der allerdings daneben auch eine Abgrenzbarkeit im Hinblick auf die Abrechnung des Werklohns für erforderlich hält; krit. BeckOGK/*Kessen,* § 648 BGB Rn. 33 (Stand: 01.04.2023), wonach § 648a Abs. 2 BGB im Rahmen von § 648 BGB keine Leitbildfunktion zukommt.

922   So aber *Pause,* ZfBR 2018, 731.

und einen einheitlichen Maßstab für die Bestimmung der Teilkündigung ansetzt.[923]

Die freie Teilkündigung ist im Ergebnis unter der Voraussetzung eines abgrenzbaren Teils im Sinne von § 648a Abs. 2 BGB zulässig. Es wäre wünschenswert, wenn der Gesetzgeber dies klarstellend in den Gesetzeswortlaut aufnehmen würde, um eine stimmige Dogmatik zu schaffen.

2. Voraussetzungen der Umdeutung

Für eine Umdeutung in eine freie Teilkündigung kommt es maßgeblich darauf an, ob eine solche dem Willen des Erklärenden entspricht und sich nach dem objektiven Empfängerhorizont aus der Kündigungserklärung ergibt, dass der Vertrag unabhängig vom Vorliegen eines wichtigen Grundes in diesem Umfang beendet werden soll.[924] Regelmäßig soll durch eine Teilkündigung aus wichtigem Grund nicht nur die Beendigung des Vertrages in diesem Umfang erfolgen, sondern auch die nachteilige Vergütungspflicht nach § 648 S. 2 BGB hinsichtlich der noch ausstehenden Leistungen vermieden werden.[925] Daher kann bei Fehlen eines wichtigen Grundes das weitere Festhalten am Vertrag gewollt sein. Bei einem Bauvertrag nimmt der BGH bei Unwirksamkeit der Kündigung aus wichtigem Grund regelmäßig eine freie Kündigung an, wenn aus den Umständen des Einzelfalls nichts Anderes folgt.[926] Ein dieser Auslegung entgegenstehender Wille des Bestellers muss sich dabei aus der Erklärung oder den Umständen ergeben.[927] Dafür spricht, dass die Unsicherheit darüber, ob der Vertrag mit dem Unternehmer fortgeführt wird oder nicht, mit dem durch die gegenseitige Kooperation geprägten Bauvertrag nur schwer vereinbar ist.[928] Die regelmäßig zutreffende Umdeutung einer Kündigung aus wichtigem Grund des Bestellers in eine freie Kündigung führt zu der notwendigen Rechtssi-

---

923 Siehe zur Abgrenzung von § 139 BGB und § 648a Abs. 2 BGB bereits § 3 A IV 1.
924 BGH NZBau 2001, 621 (622).
925 Vgl. *Schmidt*, NJW 1995, 1313 (1314); B/R/H/P/*Voit*, § 648 BGB Rn. 5 mit der Begründung, dass die Kosten der Vergütungsregel deutlich über einen Entschädigungsanspruch wegen Stillstands der Werkleistung während des Streits über die Kündigung hinausgehen können und die freie Kündigung zum Verlust des Erfüllungsanspruchs führt.
926 BGH NJW 2003, 3474 (3475) für den Fall der Kündigung des gesamten Vertrages; zustimmend Messerschmidt/Voit/*Oberhauser*, § 648 BGB Rn. 14.
927 BGH NJW 2003, 3474; zustimmend NK-BGB/*Lührmann/Raab*, § 650h BGB Rn. 11.
928 BGH NJW 2003, 3474 (3475).

cherheit für beide Vertragsparteien, da das Vertragsverhältnis in jedem Fall beendet ist.[929] Das gilt insbesondere für den Fall der Teilkündigung, da der Besteller regelmäßig einen anderen Unternehmer für den gekündigten Leistungsteil beauftragt oder die Arbeiten hinsichtlich dieses Teils vollständig einstellen will. Gleichzeitig ergibt sich daraus, dass der Besteller auch ohne Umdeutung in eine freie Teilkündigung regelmäßig zur Entrichtung der großen Kündigungsvergütung im Sinne von § 648 S. 2 BGB verpflichtet ist. Denn wenn der Besteller nach einer unwirksamen Teilkündigung die Fortsetzung des Vertrages für den Unternehmer hinsichtlich des gekündigten Teils durch die Beauftragung eines neuen Unternehmers unmöglich macht, behält dieser gemäß § 326 Abs. 2 S. 1 Alt. 1 BGB seinen Anspruch auf die Gegenleistung in diesem Umfang und müsste sich nach § 326 Abs. 2 S. 2 BGB nur dasjenige anrechnen lassen, was er infolge der Befreiung von der Leistung erspart oder durch anderweitige Verwendung seiner Arbeitskraft erwirbt oder zu erwerben böswillig unterlässt.[930] Im Falle der Unwirksamkeit der Teilkündigung ist ein Rückgriff auf § 326 Abs. 2 BGB nicht durch die speziell angeordnete Vergütungsfolge des § 648a Abs. 5 BGB versperrt.[931] Der Anspruch entspricht inhaltlich damit demjenigen einer freien Teilkündigung gemäß § 648 S. 2 BGB, sodass der Einwand, der negativen Vergütungsfolge entgehen zu wollen, nicht durchgreift.[932] Andernfalls kann der Besteller keinen anderen Drittunternehmer mit der weiteren Ausführung der Arbeiten betrauen, ohne sich selbst vertragsbrüchig zu verhalten.[933] Daher erfolgt bei einem Bauvertrag regelmäßig eine Umdeutung in eine freie Teilkündigung.

Für andere Werkverträge ist aufgrund der unterschiedlichen Interessenlage eine solche Auslegung nicht zwingend.[934] Allerdings kann diese vor dem bisherigen Hintergrund nicht einzig mit der negativen Vergütungsfolge im Falle der freien Teilkündigung begründet werden. Sofern eine Umdeutung nach alledem ausscheidet, besteht der Vertrag vollumfänglich fort.

---

929 BGH NJW 2003, 3474 (3475); Kompendium des Baurechts/*Kniffka*, Teil 8 Rn. 15; so auch für den Architekten- und Ingenieurvertrag Beck HOAI/*Sacher*, § 650q BGB Rn. 689.
930 BGH NJW 2003, 3474 (3475); zustimmend Messerschmidt/Voit/*Oberhauser*, § 648 BGB Rn. 14; MüKoBGB/*Busche*, § 648a BGB Rn. 17; Kompendium des Baurechts/*Kniffka*, Teil 8 Rn. 15.
931 Siehe dazu bereits § 4 A V 2.
932 BGH NJW 2003, 3474 (3475); a.A. wohl B/R/H/P/*Voit*, § 648 BGB Rn. 5.
933 BGH NJW 2003, 3474 (3475).
934 MüKoBGB/*Busche*, § 648a BGB Rn. 17.

3. Folgen bei vertraglichem Ausschluss der freien Kündigung

Probleme hinsichtlich einer Umdeutung können sich dann ergeben, wenn das Recht zur freien Kündigung gemäß § 648 S. 1 BGB vertraglich ausgeschlossen ist. Davon ist in der Regel auch die Möglichkeit der freien Teilkündigung erfasst.[935] Der Ausschluss kann ausdrücklich erfolgen oder durch eine Regelung im Vertrag, wonach der Vertrag ausschließlich aus wichtigem Grund gekündigt werden kann.

Wenn der Ausschluss durch die AGB des Unternehmers erfolgt, ist dieser unwirksam.[936] Denn ein Ausschluss ist mit dem wesentlichen Grundgedanken des Gesetzgebers, wonach dem Besteller, in dessen Interesse das Werk ausgeführt wird, jederzeit ein Kündigungsrecht zustehen soll, während die Interessen des Unternehmers durch den verbleibenden Vergütungsanspruch nach § 648 S. 2 BGB ausreichend geschützt werden, unvereinbar.[937] Somit wäre eine Umdeutung in eine freie Kündigung aufgrund der Unwirksamkeit des Ausschlusses dennoch möglich. Hat hingegen der Besteller selbst in seinen AGB das Recht zur freien Kündigung gemäß § 648 BGB ausgeschlossen, kann er sich auf einen Verstoß gegen § 307 Abs. 1 BGB nicht berufen.[938] Zudem haben die Parteien die Möglichkeit, den Ausschluss des freien Kündigungsrechts individualvertraglich zu vereinbaren.[939] In diesen Fällen ist eine freie Kündigung wirksam ausgeschlossen, sodass eine Umdeutung von einer unwirksamen Teilkündigung aus wichtigem Grund in eine freie Teilkündigung ausscheidet.[940]

4. Kündigungsrecht des Unternehmers nach Umdeutung in eine freie Teilkündigung?

Wenn der Besteller gegenüber dem Unternehmer eine unberechtigte Teilkündigung aus wichtigem Grund erklärt, diese aber in eine freie Teilkündigung umgedeutet wird, stellt sich die Frage, ob der Unternehmer berechtigt ist, den übrigen Vertrag seinerseits aus wichtigem Grund zu kündigen.

---

935 Vgl. auch die Ausführungen unter § 3 D III.
936 BGH NJW 1999, 3261 = BauR 1999, 1294; HK-BGB/*Scheuch,* § 648 BGB Rn. 11; Grüneberg/*Retzlaff,* § 648 BGB Rn. 11.
937 BGH NJW 1999, 3261 (3262).
938 *Hebel,* BauR 2011, 330 (339).
939 Grüneberg/*Retzlaff,* § 648 BGB Rn. 11.
940 So auch *Hebel,* BauR 2011, 330 (339).

Dafür könnte sprechen, dass trotz der Umdeutung in eine freie Teilkündigung das Vertrauensverhältnis der Parteien aus Sicht des Unternehmers durch die unberechtigte Teilkündigung aus wichtigem Grund zerstört sein kann. Denn letztlich hat der Besteller dem Unternehmer ungerechtfertigt die Verursachung eines wichtigen Grundes vorgeworfen. Dagegen spricht allerdings, dass der Besteller von Gesetzes wegen berechtigt ist, jederzeit eine freie Kündigung und abgeleitet aus deren Sinn und Zweck ebenso eine freie Teilkündigung auszusprechen. Die vor diesem Hintergrund angenommene Umdeutung würde konterkariert, wenn dem Unternehmer im Folgenden ein Recht zur Gegenkündigung zustehen würde. Bei einer freien Teilkündigung kommt hinzu, dass die Interessen des Unternehmers auf Vergütungsebene weitgehend berücksichtigt werden, da diesem die große Kündigungsvergütung gemäß § 648 S. 2 BGB zusteht.[941] Daher ist ein Kündigungsrecht des Unternehmers bei einer Umdeutung in eine freie Teilkündigung abzulehnen.

IV. Umdeutung in einen Teilwiderruf bei Verbraucherbauverträgen?

Mit der Reform wurde ein Widerrufsrecht gemäß § 650l S. 1 BGB für den Verbraucherbauvertrag nach § 650i Abs. 1 BGB eingeführt.[942] Danach steht dem Verbraucher ein Widerrufsrecht gemäß § 355 BGB zu, es sei denn, der Vertrag wurde notariell beurkundet. Angesichts der Belehrungspflichten des Notars und die in § 17 Abs. 2a Nr. 2 BeurkG vorgesehene Zeit für die Prüfung des Vertragsentwurfs bedarf es dann keines besonderen Schutzes des Verbrauchers durch das Widerrufsrecht.[943] Es stellt sich die Frage, ob eine Teilkündigung gemäß § 648a Abs. 2 BGB mangels Vorliegens eines wichtigen Grundes bei einem Verbraucherbauvertrag gemäß § 650i Abs. 1 BGB in einen Teilwiderruf statt in eine freie Teilkündigung umgedeutet werden kann. Das gebietet der Verbraucherschutz, wenn der Rechtsbehelf für den Verbraucher vorteilhafter ist.[944]

---

941 BeckOGK/*Kessen*, § 648a BGB Rn. 22 (Stand: 01.04.2023).
942 Andere Widerrufsrechte finden sich beispielsweise in § 312g BGB für außerhalb von Geschäftsräumen geschlossene Verträge und in § 312c BGB für Fernabsatzverträge.
943 BT-Drs. 18/8486, 63.
944 *Retzlaff*, BauR 2017, 1830 (1840); *Seidenberg*, NJW 2019, 1254 (1257).

1. Vorteilhaftere Rechtsfolgen des Widerrufs?

Infolge der Ausübung des Widerrufsrechts wandelt sich das Schuldverhältnis wie beim Rücktritt in ein Rückgewährschuldverhältnis um. Die Parteien
sind nach § 355 Abs. 1 S. 1 BGB nicht mehr an ihre Willenserklärungen
gebunden und haben nach § 355 Abs. 3 S. 1 BGB die bereits erbrachten
Leistungen unverzüglich zurückzugewähren. Ist die Rückgewähr der erbrachten Leistungen des Unternehmers ihrer Natur nach ausgeschlossen,
schuldet der Verbraucher gemäß § 357e S 1 BGB Wertersatz. Die Höhe des
Wertersatzes richtet sich wie bei der Berechnung des Wertersatzes beim
Rücktritt gemäß § 346 Abs. 2 S. 2 BGB nach der vereinbarten Vergütung
gemäß § 357e S. 2 BGB oder wenn die vereinbarte Vergütung unverhältnis-
mäßig hoch ist, ist der Wertersatz gemäß § 357e S. 3 BGB auf der Grundlage
des Marktwertes der erbrachten Leistungen zu ermitteln.

Sofern der Widerruf basierend auf einer ordnungsgemäßen Widerrufs-
belehrung gemäß § 650l S. 2 BGB innerhalb von 14 Tagen nach Vertragsschluss erfolgt, sind die Rechtsfolgen des Widerrufs für den Verbraucher
vorteilhafter als die einer freien Kündigung, da der Unternehmer regelmäßig innerhalb von 14 Tagen noch nicht mit den Bauarbeiten begonnen
hat und der Verbraucher somit keinen Wertersatz schuldet. Demgegenüber
ist er dem Unternehmer bei einer freien Teilkündigung zur großen Kündigungsvergütung gemäß § 648 S. 2 BGB verpflichtet. Wenn eine Widerrufs-
belehrung dagegen fehlt oder nicht den Anforderungen nach § 356e S. 1
BGB genügt, kann der Widerruf gemäß § 356e S. 2 BGB auch noch bis zu
12 Monate und 14 Tage nach Vertragsschluss erklärt werden. Dann wird
das Bauvorhaben zumeist weit fortgeschritten sein. Die wirtschaftlichen
Konsequenzen des Widerrufs können dann erheblich sein.[945]

Durch den Widerruf erlöschen alle gegenseitigen Rechte. Daraus folgt,
dass dem Besteller wie beim Rücktritt keine Mängelrechte für die bereits
erbrachten Leistungen zustehen. Das ist gegenüber den Rechtsfolgen einer
Kündigung nachteilhaft, wenn nennenswerte Mängel hinsichtlich der bereits erbrachten Leistungen bestehen.[946] Wie beim Rücktritt stellt sich
nämlich das Problem, dass die Wertminderung aufgrund der Mängel bei
der Berechnung des Wertersatzanspruchs hinter dem Betrag zurückbleiben
kann, den der Besteller bei einem fortbestehenden Vertrag beispielsweise
als Vorschuss bei der Selbstvornahme gemäß § 637 BGB verlangen könnte,

---

945 Kompendium des Baurechts/*Jurgeleit,* Teil 2 Rn. 100.
946 *Seidenberg,* NJW 2019, 1254 (1257).

um einen Drittunternehmer zu beauftragen.[947] Darüber hinaus hat der Verbraucher auch Wertersatz für eine etwaige Nutzung des Gebäudes zu leisten, sodass die Rückabwicklung sogar zu einem Negativsaldo führen kann.[948] Es ist daher sorgfältig zu prüfen, ob der Widerruf in Fällen bereits begonnener Bauwerke sinnvoll für den Verbraucher ist.[949] Vor diesem Hintergrund gilt: Je später der Zeitpunkt und je größer das Ausmaß der Mängel, desto nachteiliger ist der Widerruf.[950] Im Falle der Umdeutung einer freien Kündigung ist daher entscheidend, ob die voraussichtlichen Mängelbeseitigungskosten die Vergütung nach § 648 S. 2 BGB übersteigen. Das kommt insbesondere dann in Betracht, wenn die Kündigung aus wichtigem Grund auf erhebliche Mängel vor der Abnahme gestützt wurde, aber die Schwelle des wichtigen Grundes nicht erreicht wurde.[951] Im Ergebnis sind die Rechtsfolgen eines Widerrufs daher nicht stets vorteilhaft für den Verbraucher.[952]

2. Kein allgemeines Recht zum Teilwiderruf

Sofern eine Teilkündigung gemäß § 648a Abs. 2 BGB mangels Vorliegens eines wichtigen Grundes unwirksam ist, hat eine etwaige Umdeutung einen Teilwiderruf zum Gegenstand, da der Besteller weiterhin die teilweise Ausführung des Werks wünscht. Dafür müsste der Teilwiderruf zulässig sein und dieselben Rechtsfolgen wie eine Teilkündigung bewirken.

Die Zulässigkeit des teilweisen Widerrufs ist im Gesetz nicht geregelt. Dem Wortlaut von §§ 355, 356e BGB kann die Zulässigkeit eines Teilwiderrufs auch nicht indirekt entnommen werden.[953] Die bisherige Herleitung

---

947 Siehe dazu bereits § 2 A II 2 c bb (1) im Rahmen des Rücktritts; Messerschmidt/Voit/*Lenkeit*, § 650l BGB Rn. 64 will dem Verbraucher daher als Ausgleich einen Anspruch aus §§ 634 Nr. 4, 281 BGB zubilligen. Dies führt allerdings zu einer Fiktion des ursprünglichen Vertrages, da nunmehr ein Rückgewährschuldverhältnis vorliegt und ist somit abzulehnen.

948 *Retzlaff*, BauR 2017, 1830 (1841). Dies wird im Falle einer vermeintlichen Kündigung aus wichtigem Grund allerdings selten der Fall sein, da diese nur bis zur Abnahme statthaft ist.

949 Kompendium des Baurechts/*Kniffka*, Teil 4 Rn. 57a; *Retzlaff*, BauR 2017, 1830 (1841).

950 *Retzlaff*, BauR 2017, 1830 (1841).

951 Siehe dazu bereits § 3 B IV 1 c cc.

952 Ebenso *Pause/Vogel*, NZBau 2015, 667 (669); *Seidenberg*, NJW 2019, 1254 (1257).

953 Messerschmidt/Voit/*Lenkeit*, § 650l BGB Rn. 29.

im Wege des Rücktrittsrechts scheidet ebenfalls aus. Bis zur Novellierung des Widerrufsrechts konnten die Vorschriften über den Teilrücktritt zur Begründung eines Teilwiderrufs herangezogen werden, da § 357 Abs. 1 S. 1 BGB aF eine Rechtsfolgenverweisung auf das Rücktrittsrecht anordnete.[954] Seit der Novellierung sind die Rechtsfolgen des Widerrufs abschließend in den §§ 355 ff. BGB geregelt, sodass ein solcher Rückgriff unzulässig ist.[955] Fraglich ist daher, ob sich ein Teilwiderrufsrecht allgemein begründen lässt.

Ein Teilwiderruf wird überwiegend für zulässig gehalten, wenn der Vertrag nach dem Willen der Parteien zweifelsfrei teilbar[956] beziehungsweise auf eine teilbare Leistung[957] gerichtet ist. Allerdings könnte der Verbraucherbauvertrag stets eine unteilbare Leistung zum Gegenstand haben, sodass ein Teilwiderruf ohnehin nicht in Betracht käme. Der typische Verbraucherbauvertrag hat in der Regel einen Pauschalpreis und eine einheitliche nicht ohne Weiteres aufteilbare Leistung des Unternehmers zum Gegenstand.[958] Auf der anderen Seite muss berücksichtigt werden, dass eine solche Auftrennung wie auch bei einer Kündigung jedenfalls dann stattfindet, wenn die Erklärung des Widerrufs durch den Verbraucher zu einem Zeitpunkt erfolgt, zu welchem der Unternehmer bereits mehr als nur unerhebliche Leistungen erbracht hat.[959] Dies gilt ebenfalls, wenn ein Teil der Leistungen rückgabefähig ist und ein anderer nicht.[960] Damit ist der Verbraucherbauvertrag grundsätzlich einer Teilbarkeit zugänglich. Für die Zulässigkeit des Teilwiderrufs könnte entscheidend der Verbraucherschutz sprechen.[961]

Indes ist mit Blick auf den Sinn und Zweck des Widerrufsrechts die Möglichkeit des Teilwiderrufs nicht erforderlich. Durch die Widerrufsmöglichkeit soll der Verbraucher bei Abschluss des Vertrages vor einer übereilten Entscheidung geschützt werden, da für diesen damit hohe finanzielle Belastungen verbunden sind.[962] Insbesondere soll der Vertrieb von Fertig-

---

954 In der bis zum 12.06.2014 gültigen Fassung.
955 L/B-D-L/*Rückert*, § 650l BGB Rn. 12; Grüneberg/*Grüneberg*, Vorb v § 346 Rn. 10.
956 So BeckOGK/*Mörsdorf*, § 355 BGB Rn. 42 (Stand: 01.06.2022); Kleine-Möller/Merl/Glöckner/*Rehbein*, § 3 Rn. 118.
957 So MüKoBGB/*Fritsche*, § 355 BGB Rn. 33; B/R/H/P/*Martens*, § 312g BGB Rn. 7; MüKoBGB/*Wendehorst*, § 312g BGB Rn. 4; so zur alten Rechtslage auch AG Wittmund, Urt. v. 27.03.2008 – 4 C 661/07 – juris Rn. 4.
958 Messerschmidt/Voit/*Lenkeit*, § 650l BGB Rn. 29.
959 Messerschmidt/Voit/*Lenkeit*, § 650l BGB Rn. 29.
960 Messerschmidt/Voit/*Lenkeit*, § 650l BGB Rn. 29.
961 MüKoBGB/*Fritsche*, § 355 BGB Rn. 33.
962 Siehe BT-Drs. 18/8486, 63.

häusern als ein der Praxis problematisch erwiesener Fall erfasst werden, bei denen Verbraucher mit zeitlich begrenzten Rabattangeboten zu schnellen Vertragsabschlüssen gedrängt werden.[963] Die Auflösung des gesamten Vertrages trägt dem Schutz des Verbrauchers vor unüberlegten Entscheidungen dabei ausreichend Rechnung. Das Recht zum Widerruf stellt einen autonomen Rechtsbehelf gegenüber dem Rücktritt und der Kündigung dar, sodass eine Übertragung des Teilrücktritts beziehungsweise der Teilkündigung nicht möglich ist.[964] Dafür spricht auch, dass anders als bei einem Teilrücktritt gemäß § 323 Abs. 5 S. 1 BGB oder einer Teilkündigung nach § 648a Abs. 2 BGB beim Widerruf kein Ausgleich einer Vertragsstörung erfolgen soll.[965] Zwar setzt auch ein freies Teilkündigungsrecht gemäß § 648 S. 2 BGB keine Vertragsstörung voraus, allerdings werden die Interessen des Unternehmers durch die Vergütungsregel des § 648 S. 2 BGB gewahrt. Außerdem lässt sich ähnlich wie bei der allgemeinen Zulässigkeit der Teilkündigung anführen, dass der Verbraucher bei einem Teilwiderruf ohne Rechtfertigung einseitig in das vertragliche Äquivalenz- und Ordnungsgefüge eingreifen könnte.[966] Dem Unternehmer würde so ein Vertrag aufgezwungen werden, den er mit diesem Inhalt nie abgeschlossen hätte.[967] Dem Verbraucher hingegen darf über das Institut des Widerrufs kein Reuerecht in Bezug auf von ihm nicht mehr gewünschte Vertragsbestandteile verschafft werden.[968] Dies wird durch das Erfordernis der Teilbarkeit des Vertrags zwar entschärft, allerdings soll durch den Widerruf vielmehr eine im Ganzen nicht mehr gewünschte Vertragsbeziehung rückgängig gemacht werden.[969] Daneben bestehen Bedenken gegen die Zulässigkeit eines Teilwiderrufs aufgrund des Grundsatzes der Vollharmonisierung gemäß Art. 4 der Richtlinie 2011/83/EU und dem Umstand, dass die Richtlinie einen Teilwiderruf nicht vorsieht. Auch aus den Ausführungen der Kommission[970],

---

963 BT-Drs. 18/8486, 63.
964 A.A. B/R/H/P/*Martens*, § 312g BGB Rn. 7.
965 MüKoBGB/*Busche*, § 650l BGB Rn. 7.
966 Staudinger/*Kaiser*, § 355 BGB Rn. 27; *Kotowski*, VuR 2016, 291 (292); L/B-D-L/*Rückert*, § 650l BGB Rn. 12.
967 Staudinger/*Kaiser*, § 355 BGB Rn. 27; BeckOGK/*Reiter*, § 650l BGB Rn. 48 (Stand: 01.04.2023).
968 MüKoBGB/*Busche*, § 650l BGB Rn. 7.
969 MüKoBGB/*Busche*, § 650l BGB Rn. 7.
970 Leitfaden der Generaldirektion Justiz der euorpäischen Kommission zur Richtlinie 2011/83/EU des Europäischen Parlaments und des Rates vom 25. Oktober 2011 über die Rechte der Verbraucher, zur Abänderung der Richtlinie 93/13/EWG des Rates und der Richtlinie 1999/44/EG des Europäischen Parlaments und des Rates sowie

wonach zwar in der Richtlinie ein solches Recht nicht vorgesehen, aber der Teilwiderruf einer individualvertraglichen Regelung zugänglich sei, lässt sich folgern, dass die Richtlinie den Teilwiderruf bewusst nicht pauschal gesetzlich zulassen wollte.[971] Vor diesem Hintergrund wäre eine deutsche, den teilweisen Widerruf zulassende Regelung europarechtswidrig und eine solche Auslegung des Widerrufsrechts nicht richtlinienkonform.[972] Denn nach Art. 4 der Richtlinie 2011/83/EU gilt dies auch für strengere Rechtsvorschriften, die zur Anhebung des Verbraucherschutzniveaus führen. Der Verbraucherbauvertrag unterliegt der Richtlinie zwar nicht unmittelbar, da hier eine Bereichsausnahme der Richtlinie gemäß Art. 3 Abs. 3 lit. f vorliegt und die Einführung des Widerrufsrechts insofern eine überschießende Umsetzung des deutschen Gesetzgebers darstellt.[973] Allerdings kann dies nicht dazu verleiten, für den Verbraucherbauvertrag ohne gesetzliche Regelung einen völlig neuen Rechtsbehelf anzunehmen. Der Gesetzgeber wollte mit dem Widerrufsrecht für Verbraucherbauverträge lediglich eine Schutzlücke durch den Ausschluss dieser vom Anwendungsbereich gemäß § 312 Abs. 2 Nr. 3 BGB schließen und nicht weitergehende Rechtsfolgen statuieren.[974] Das Widerrufsrecht kann somit nur einheitlich für den gesamten Verbraucherbauvertrag gemäß § 650i Abs. 1 BGB ausgeübt werden.[975] Ein Teilwiderruf kommt nur dann in Betracht, wenn er vertraglich oder zumindest konkludent vereinbart wurde.[976]

Darüber hinaus stellt sich aber auch bei Annahme der Zulässigkeit des Teilwiderrufs die Frage, ob dadurch dieselben Wirkungen wie bei einer Teilkündigung eintreten würden. Nur dann könnte eine Umdeutung den Interessen des Bestellers genügen. Dagegen könnte sprechen, dass der Widerruf das Vertragsverhältnis in ein Rückgewährschuldverhältnis umwandelt und daher ein Teilwiderruf dem Teilrücktritt gemäß § 323 Abs. 5 S. 1 BGB näherkommt. Da der Teilrücktritt eine teilweise bewirkte Leistung voraussetzt und nur diesen Teil unangetastet lässt, erstreckt sich die Vertragsbeendigung auf alle noch nicht erbrachten Leistungen und

---

zur Aufhebung der Richtlinie 85/577/EWG des Rates und der Richtlinie 97/7/EG des Europäischen Parlaments und des Rates S. 56.

971 *Kotowski*, VuR 2016, 291 (295).

972 *Kotowski*, VuR 2016, 291 (296).

973 D/L/O/P/S/*Stretz* Das neue Bauvertragsrecht, § 6 Rn. 13.

974 BT-Drs. 18/8486, 63.

975 Zutreffend MüKoBGB/*Busche*, § 650l BGB Rn. 7; L/B-D-L/*Rückert*, § 650l BGB Rn. 12.

976 Staudinger/*Kaiser*, § 355 BGB Rn. 27; *Kotowski*, VuR 2016, 291 (296).

unterscheidet sich somit von den Wirkungen der Teilkündigung.[977] Eine solche Auslegung erscheint für den Teilwiderruf mangels Regelung indes nicht zwingend. Zwar ordnet das Gesetz für den Widerruf in § 355 Abs. 3 BGB an, dass die erbrachten Leistungen zurückzugewähren sind, allerdings steht dem nicht zwangsläufig entgegen, dass der Widerruf auf künftige Leistungen erstreckt werden kann.[978] Für den von einem Teilwiderruf nicht erfassten Teil ist es hingegen wertungsmäßig unerheblich, ob die Leistungen bereits erbracht worden sind oder nicht. Übertragen auf den Bauvertrag bedeutet dies, dass der Teilwiderruf grundsätzlich eine Auslegung dahingehend erlaubt, die bereits erbrachten Leistungen beim Besteller zu belassen und einen Teil weiterhin ausführen zu lassen. Auf diese Weise einen Teilwiderruf mit den Wirkungen einer Teilkündigung zu konstruieren, erscheint vor dem Hintergrund der Parallelen zu den Rücktrittsvorschriften aber durchaus fraglich.

3. Zwischenfazit zur Umdeutung in einen Teilwiderruf

Der Widerruf stellt für den Verbraucher meist nur bei einem nicht weit fortgeschrittenen Bauwerk den günstigeren Rechtbehelf dar, sodass nicht ohne Weiteres eine Umdeutung angenommen werden kann. Ein Teilwiderruf ist hingegen grundsätzlich unzulässig. Daher kommt eine Umdeutung einer unwirksamen Teilkündigung gemäß § 648a Abs. 2 BGB regelmäßig nicht in Betracht. Selbst wenn ein Teilwiderruf vertraglich vereinbart wurde, erscheint fraglich, ob diesem dieselben Wirkungen zukommen wie einer Teilkündigung.

V. Einvernehmliche Beendigung des entsprechenden Vertragsteils

Neben einer Teilkündigung kommt stets eine einvernehmliche Beendigung hinsichtlich dieses Vertragsteils in Betracht. Die Beendigung kann in Form einer ausdrücklichen Vereinbarung geschehen oder konkludent erfolgen. Sofern sich vor dem bisherigen Hintergrund eine Teilkündigung aus wichtigem Grund als unwirksam erweisen sollte, ist insbesondere an eine kon-

---

977 Siehe dazu bereits § 3 A IV 2.
978 Ein Widerruf künftiger Leistungen ist dem Gesetz nicht per se fremd, wie § 648f Abs. 1 S. 5 BGB zeigt.

kludente einvernehmliche Beendigung des von der Teilkündigung erfassten Vertragsteils zu denken. Die Parteien müssen dabei beidseitig von der teilweisen Beendigung des Vertrages ausgehen. Wenn es insofern an einem abgrenzbaren Teil des geschuldeten Werks fehlt, kann sich eine teilweise Vertragsaufhebung daraus ergeben, dass der Unternehmer ohne Beanstandung die noch auszuführenden Arbeiten fertigstellt, während der Besteller für die kündigungsbedingt nicht mehr auszuführenden Leistungen einen Ersatzunternehmer beauftragt, nachdem der bisherige Unternehmer seine Arbeiten für diesen Teil beanstandungslos eingestellt hat.[979] Da die konkludente Vertragsaufhebung formfrei erfolgt, führt diese bei nachträglichen Streitigkeiten zu Beweisschwierigkeiten, da demjenigen, der aus der Vertragsaufhebung Rechte herleiten will, die Beweislast für ihr Vorliegen obliegt.[980]

Sofern eine vertragliche Vereinbarung hinsichtlich der Vergütung fehlt, richtet sich diese im Falle einer einvernehmlichen Vertragsaufhebung danach, ob ein wichtiger Grund vorlag oder ob diese grundlos erfolgte.[981] Wenn demnach die Unwirksamkeit der Teilkündigung aus dem Fehlen des wichtigen Grundes resultiert, steht dem Unternehmer die große Kündigungsvergütung nach § 648 S. 2 BGB oder § 8 Abs. 1 Nr. 2 VOB/B zu.[982] Denn es kann ohne gegenteilige Anhaltspunkte nicht davon ausgegangen werden, dass der Unternehmer aufgrund der einvernehmlichen Vertragsaufhebung auf den Werklohn des Gesamtwerks verzichtet.[983] Das gleiche Ergebnis ergibt sich, wenn man die unwirksame Teilkündigung aus wichtigem Grund durch den Besteller in eine freie Teilkündigung umdeutet.

Umgekehrt wird der Besteller bei Vorliegen eines wichtigen Grundes nicht die für ihn nachteilige Vergütungsfolge des § 648 S. 2 BGB hinnehmen. Daran ändert auch die einvernehmliche Beendigung des Vertrages nichts.[984] Wenn die Teilkündigung also mangels abgrenzbaren Teils unwirksam ist und dennoch eine einvernehmliche Beendigung des Vertragsteils

---

979 Vgl. OLG Dresden, Urt. v. 24.10.2018 – 1 U 601/17 – juris Rn. 43; BGH NJW 1973, 1463.

980 Ingenstau/Korbion/*Joussen,* Vor §§ 8 und 9 VOB/B Rn. 78.

981 BGHZ 65, 391 (394); BGH NJW 2018, 2564; KG BauR 2020, 147 (149); Kleine-Möller/Merl/Glöckner/*Siebert,* § 18 Rn. 172; Werner/Pastor/*Rodemann,* Kapitel 5 Rn. 1734.

982 BGH NJW 2018, 2564 Rn. 19; KG BauR 2020, 147 (149); Ingenstau/Korbion/*Joussen,* Vor §§ 8 und 9 VOB/B Rn. 79.

983 B/R/H/P/*Voit,* § 648 BGB Rn. 28.

984 Siehe BGH NJW 1973, 1463 (1464) hinsichtlich einer Kündigung nach § 8 Abs. 3 VOB/B.

erfolgt, steht dem Unternehmer lediglich der Vergütungsanspruch für die bereits erbrachten Leistungen zu. Daneben sind die noch auszuführenden Leistungen zu vergüten. Die Rechte gestalten sich somit insgesamt nach dem Inhalt einer wirksamen Teilkündigung, sofern keine abweichenden Vereinbarungen vorliegen.

VI. Kündigungsgrund für den Kündigungsempfänger bei unberechtigter Teilkündigung aus wichtigem Grund

Bei der Beurteilung, ob eine unberechtigte Teilkündigung aus wichtigem Grund die andere Partei ihrerseits zur Kündigung aus wichtigem Grund berechtigt, ist zunächst zu differenzieren, ob die Unwirksamkeit auf dem Fehlen des wichtigen Grundes oder der mangelnden Abgrenzbarkeit basiert.

Die unberechtigte Kündigung mangels Vorliegens eines wichtigen Grundes stellt einen Verstoß gegen die Leistungstreuepflicht gemäß § 241 Abs. 2 BGB dar und rechtfertigt regelmäßig die Annahme eines wichtigen Grundes.[985] Das gilt insoweit, als der Kündigende damit zum Ausdruck bringt, dass er an dem Vertrag nicht mehr festhalten sowie den sich daraus ergebenden Pflichten nicht mehr nachkommen will und insofern den Vertragszweck beeinträchtigt beziehungsweise gefährdet.[986] Dem anderen Teil ist ein weiteres Festhalten am Vertrag aufgrund der Vertragsuntreue und dem damit einhergehenden Vertrauensverlust regelmäßig nicht mehr zumutbar.[987] Etwas anderes kann aber gelten, wenn der Kündigende nicht auf die Kündigung beharrt.[988] Dies ist insgesamt bei einer Teilkündigung, deren Unwirksamkeit aus dem Fehlen eines wichtigen Grundes folgt, nicht anders zu bewerten. Wenn der Vertrag in dem Umfang des abgrenzbaren

---

985 BGH NJW 1996, 3270 (3271); BGHZ 143, 89 (94); BeckOGK/*Kessen,* § 648a BGB Rn. 22 (Stand: 01.04.2023); Grüneberg/*Grüneberg,* § 280 BGB Rn. 26; Beck HOAI/ *Sacher,* § 650q BGB Rn. 690, 691; i.E. ebenso Leinemann/Kues/*Geheeb,* § 648a BGB Rn. 44, 46; BGHZ 179, 238 allerdings als Verletzung der Rücksichtnahmepflicht.

986 BeckOGK/*Riehm,* § 282 BGB Rn. 50 (Stand: 01.07.2022); *Stickler,* BauR 2011, 364 (365).

987 BGH NJW 2009, 3717 Rn. 26.

988 Grüneberg/*Retzlaff,* § 648a BGB Rn. 4; BGH NJW 2009, 3717 Rn. 26; nach L/B/D-L/*Sonntag,* § 648a BGB Rn. 57 berechtigt eine unberechtigte Kündigung generell zur Kündigung aus wichtigem Grund. Dies wird allerdings den Anforderungen an den wichtigen Grund nicht gerecht, wonach es auf die Umstände des Einzelfalls ankommt.

Teils nicht bereits auf andere Weise nach den bisherigen Ausführungen beendet wurde, steht der anderen Partei somit regelmäßig ein Kündigungsrecht aus wichtigem Grund zu.

Nach Ansicht des BGH ist ein zur Kündigung berechtigender wichtige Grund auch dann anzunehmen, wenn die Teilkündigung in Ermangelung eines in sich abgeschlossenen Teils der vertraglichen Leistung gemäß § 8 Abs. 3 Nr. 1 S. 2 VOB/B unwirksam ist.[989] Würde man dies auf § 648a Abs. 2 BGB übertragen, würde auch eine unberechtigte Teilkündigung, die nicht der Anforderung des abgrenzbaren Teils genügt, regelmäßig einen wichtigen Grund begründen. Dagegen wird angeführt, dass eine solche Sichtweise nicht die praktischen Bedürfnisse des Bauablaufes berücksichtige.[990] Daher solle eine unzulässige Teilkündigung den Unternehmer nur dann zu einer Kündigung aus wichtigem Grund berechtigen, wenn es ihm aufgrund der Teilkündigung unmöglich gemacht werde, ein mangelfreies (Teil-)Werk herzustellen.[991] Dafür könnte sprechen, dass dem Unternehmer im Falle der Unwirksamkeit der Teilkündigung mangels Betroffensein eines abgrenzbaren Teils dennoch die Verursachung eines wichtigen Grundes vorzuwerfen ist. Andererseits stellt auch die Erklärung einer unwirksamen Teilkündigung mitunter eine schwere Vertragspflichtverletzung dar, die geeignet ist, einen Vertrauensverlust herbeizuführen.[992] Die Anforderungen an den abgrenzbaren Teil sind derart weit anzusetzen, dass diese nur dann verfehlt werden, wenn dem Unternehmer dadurch die weitere Ausführung unzumutbar erschwert wird, was nicht ausschließlich aus der Gefahr der Mangelhaftigkeit des Teilwerks folgt.[993] Letztlich verlangt der Besteller vom Unternehmer eine Leistungsausführung, die dem Unternehmer schlichtweg nicht zumutbar ist. Gleichzeitig bringt auch die Erklärung einer Teilkündigung zum Ausdruck, für diesen Teil nicht mehr am Vertrag festhalten und den vertraglichen Pflichten nicht mehr nachkommen zu wollen, obwohl dies in dem gewählten Umfang nicht möglich ist. Daraus ergibt sich regelmäßig, dass der ursprüngliche Kündigungsempfänger zu einer Gegenkün-

---

989 BGH NJW 2009, 3717.
990 L/B/D-L/*Sonntag*, § 648a BGB Rn. 39; ebenfalls krit. *Kirberger*, BauR 2011, 343 (350).
991 L/B/D-L/*Sonntag*, § 648a BGB Rn. 39.
992 Siehe BGH NJW 2009, 3717 Rn. 26.
993 Siehe bereits § 3 A I.

digung aus wichtigem Grund berechtigt ist, wenn der Kündigende nicht bereit ist, sich von seiner unwirksamen Teilkündigung zu distanzieren.[994]

Darüber hinaus kann sich ein neuer Kündigungsgrund aus dem nachfolgenden Verhalten des unberechtigt Kündigenden ergeben.[995] Eine unwirksame Teilkündigung beendet den Werkvertrag zwar nicht, jedoch wird insbesondere der Kündigende regelmäßig von der Wirksamkeit seiner Kündigung ausgehen und infolgedessen seine vertraglichen Pflichten einstellen.[996] In einem solchen Fall kann sich je nach Konstellation ein Kündigungsgrund wegen Verzugs, einer ernsthaften und endgültigen Erfüllungsverweigerung oder aus einer Leistungseinstellung unter Hinzutreten weiterer Umstände ergeben, sofern der Vertrag nicht bereits durch eine einvernehmliche teilweise Vertragsbeendigung oder durch eine Umdeutung in eine freie Teilkündigung beendet wurde.[997] Selbst wenn man daher die Möglichkeit der Gegenkündigung bei einer unberechtigten Teilkündigung ablehnt, würde sich regelmäßig aus dem nachfolgenden vertragswidrigen Verhalten der jeweiligen Vertragspartei ein Kündigungsgrund herleiten lassen.[998]

Eine solche Betrachtungsweise führt letztlich dazu, dass der Kündigende das Risiko einer unberechtigten Teilkündigung alleine tragen muss.[999] Dies ist konsequent, da der Vertrag aufgrund der Unwirksamkeit der Teilkündigung fortbesteht und der ursprüngliche Kündigungsempfänger einen Anspruch auf die vertragliche Leistung hat und gleichzeitig zu der entsprechenden Gegenleistung verpflichtet ist.[1000] Insbesondere der Unternehmer muss das Recht haben, den durch eine unberechtigte Kündigung bedingten Schwebezustand zu beenden, um entsprechende Dispositionen treffen zu können.[1001] Daher ist eine Gegenkündigung im Falle einer unberechtigten Teilkündigung aus wichtigem Grund regelmäßig sachgemäß.

---

994 BGH NJW 2009, 3717 Rn. 26; i.E. ebenso Leinemann/Kues/*Geheeb*, § 648a BGB Rn. 35.

995 *Stickler*, BauR 2011, 364 (366).

996 *Kirberger*, BauR 2011, 343 (351) für den Fall der Unwirksamkeit der Teilkündigung mangels Abgrenzbarkeit; *Stickler*, BauR 2011, 364 (366).

997 Näher unter den bereits dargestellten Kündigungsgründen § 3 B IV.

998 *Stickler*, BauR 2011, 364 (366) sieht für den VOB/B-Vertrag angesichts der geregelten Kündigungstatbestände in § 8 und § 9 VOB/B hierin den eigentlichen Kündigungsgrund.

999 Vgl. *Stickler*, BauR 2011, 364 (367).

1000 Siehe bereits § 4 B I.

1001 Vgl. *Stickler*, BauR 2011, 364 (367).

VII. Schadensersatz bei unberechtigter Teilkündigung aus wichtigem Grund

Wenn die Teilkündigung unwirksam ist und der Unternehmer seine Arbeiten hinsichtlich des vermeintlich gekündigten Teils einstellt, gerät er in Verzug und dem Besteller steht grundsätzlich ein Schadensersatzanspruch gemäß §§ 280 Abs. 1 und 2, 286 BGB zu.

Die unberechtigte Teilkündigung aus wichtigem Grund gemäß § 648a Abs. 2 BGB stellt einen Pflichtverstoß entgegen § 241 Abs. 2 BGB dar, sodass der anderen Partei ebenfalls ein Schadensersatzanspruch zustehen kann.[1002] Sofern bei einer Kündigung durch den Besteller eine Umdeutung in eine freie Teilkündigung gemäß § 648 S. 1 BGB erfolgt, kann ein etwaiger Schaden nur aus der Ungewissheit über die tatsächliche Beendigung des Vertrags während der Schwebezeit resultieren.[1003] Im Übrigen wird der Unternehmer durch den Anspruch auf die gesamte Vergütung gemäß § 648 S. 2 BGB schadlos gehalten.[1004] Ein Schadensersatzanspruch des Unternehmers kann zudem in Betracht kommen, wenn der Unternehmer auf eine unberechtigte Kündigung des Bestellers seinerseits die Kündigung aus wichtigem Grund erklärt.[1005] Regelmäßig wird das nach § 280 Abs. 1 S. 2 BGB erforderliche Vertretenmüssen des unberechtigt Kündigenden vorliegen, da an die Exkulpation eines Rechtsirrtums strenge Anforderungen zu stellen sind.[1006] Dies ist interessengerecht, denn würde man die Anforderungen an das Verschulden bei einer unberechtigten Kündigung zu gering ansetzen, würde dies dazu führen, dass der Vertrag regelmäßig trotz Unwirksamkeit der Kündigung beendet wird und sich für den Kündigenden – abgesehen im Falle einer Umdeutung in eine freie Teilkündigung – keine negativen Folgen daraus ergeben.[1007] Der Unternehmer kann dann die Vergütung auch für die kündigungsbedingt nicht mehr ausgeführten

---

1002 BGHZ 179, 238 Rn. 17; *Haertlein*, MDR 2009, 1 (2).

1003 B/R/H/P/*Voit*, § 648a BGB Rn. 19.

1004 BeckOGK/*Kessen*, § 648a BGB Rn. 22 (Stand: 01.04.2023).

1005 Siehe NJW 2009, 3717.

1006 Siehe NJW 2009, 3717 Rn. 30; BGH NJW 1984, 1028 (1030); siehe zu den strengen Anforderungen hinsichtlich der Exkulpation eines Rechtsirrtums bereits § 4 A VII 1.

1007 *Stickler*, BauR 2011, 364 (369); BGHZ 179, 238 Rn. 20 hält hingegen bei der unberechtigten Geltendmachung außergerichtlicher Ansprüche sowie der unberechtigten Ausübung von Gestaltungsrechten wie im gegebenen Fall in Form des Rücktritts bei einer Sonderrechtsbeziehung eine Plausibilitätskontrolle für ausreichend.

Leistungen im Sinne von § 648 S. 2 BGB im Wege des Schadensersatzes geltend machen.[1008] Dabei kann die Kausalität des Schadens bei Unwirksamkeit einer Teilkündigung mangels Abgrenzbarkeit der Leistung nicht mit der Begründung abgelehnt werden, dass eine Kündigung des gesamten Vertrags möglich gewesen wäre.[1009] Bei der Bemessung des Schadensersatzanspruchs ist ein Mitverschulden des Anspruchsinhabers gemäß § 254 Abs. 1 BGB zu berücksichtigen. Dieses kann beispielsweise darin liegen, dass der Unternehmer durch Überschreitung der Vertragsfristen die unberechtigte Teilkündigung des Bestellers provoziert hat, weshalb der Besteller auch wirksam den gesamten Vertrag hätte kündigen können und die Teilkündigung lediglich aus einem Rechtsirrtum über die Reichweite des abgrenzbaren Teils erklärt hat.[1010] Selbiges gilt, wenn die Unwirksamkeit lediglich aus einem formellen Mangel folgt, während die materiellen Voraussetzungen der Kündigung vorliegen.[1011] Im Vergleich zur Verursachung eines wichtigen Grundes ist das Verschulden des Bestellers geringer anzusehen, sodass der Schadensersatzanspruch des Unternehmers um seinen eigenen Verschuldensanteil zu kürzen ist.[1012] Bei einer Kündigung aus wichtigem Grund durch den Besteller infolge einer unberechtigten Kündigung durch den Unternehmer, kann der Besteller zusätzlich einen Anspruch auf Ersatz der erhöhten Restfertigstellungskosten im Wege des Schadensersatzes haben.[1013]

VIII. Fazit zu den Rechtsfolgen einer unberechtigten Teilkündigung aus wichtigem Grund

Aus den vorstehenden Ausführungen folgt, dass regelmäßig auch eine unberechtigte Teilkündigung aus wichtigem Grund zur Beendigung des entsprechenden Vertragsteils führt, obwohl diese mangels Gestaltungswirkung die Wirksamkeit des Vertrages unangetastet lässt.[1014] Die (teilweise) Beendigung des Vertrages kann bei einer unberechtigten Teilkündigung durch den Besteller auf eine Umdeutung in eine freie Teilkündigung sowie auf eine

---

1008 BGH NJW 2009, 3717 Rn. 30.
1009 BGH NJW 2009, 3717 Rn. 30.
1010 Siehe BGH NJW 2009, 3717 Rn. 30 hinsichtlich § 8 Abs. 3 Nr. 1 S. 2 VOB/B; BGH NJW-RR 2012, 596 Rn. 13.
1011 *Stickler*, BauR 2011, 364 (370).
1012 BGH NJW 2009, 3717 Rn. 30.
1013 *Stickler*, BauR 2011, 364 (370 f.); siehe dazu für den Fall der berechtigten Teilkündigung bereits § 4 A VII 2.
1014 So auch *Stickler*, BauR 2011, 364 (369).

Gegenkündigung zurückzuführen sein oder aus einer einvernehmlichen Vertragsbeendigung resultieren. Eine Umdeutung in einen Teilwiderruf kommt hingegen außer bei vertraglicher Vereinbarung nicht in Betracht. Bei einer unberechtigten Teilkündigung durch den Unternehmer kann die (teilweise) Vertragsbeendigung einvernehmlich erfolgen oder auf einer Gegenkündigung beruhen. Daneben kommen Schadensersatzansprüche infolge einer unberechtigten Teilkündigung in Betracht. Die Rechtsfolgen einer unberechtigten Teilkündigung sind daher ähnlich zu denen einer berechtigten Teilkündigung. Bei Fehlen des wichtigen Grundes führt dies bei einer Bestellerkündigung allerdings im Unterschied zu einer berechtigten Teilkündigung aus wichtigem Grund zu der nachteiligen Vergütungsfolge des § 648 S. 2 BGB. Die Unwirksamkeit einer Teilkündigung birgt damit insbesondere für den Besteller hohe Risiken, welche bei der Erwägung hinsichtlich ihrer Ausübung Berücksichtigung finden sollten.

§ 5. Abgrenzung zu anderen Rechten und Möglichkeit der Teilkündigung

A. Abgrenzung zu anderen Kündigungstatbeständen des Werkvertragsrechts und Möglichkeit der Teilkündigung

Wie bereits angeklungen sind im Werkvertragsrecht des BGB verschiedene Kündigungstatbestände vorgesehen, die spezielle Konstellationen erfassen.[1015] Diese sollen im Folgenden vom Anwendungsbereich des § 648a BGB abgegrenzt werden und sodann daraufhin untersucht werden, ob ebenfalls eine Teilkündigung in Betracht kommt.

I. Kündigung bei unterlassener Mitwirkung gemäß §§ 643, 642 BGB

1. Inhalt des Kündigungsrechts gemäß § 643 BGB

Die Kündigung nach § 643 BGB stellt einen besonderen Fall einer Kündigung aus wichtigem Grund dar.[1016] Gemäß § 643 S. 1 BGB ist der Unternehmer im Falle des § 642 BGB berechtigt, dem Besteller zur Nachholung der Handlung eine angemessene Frist mit der Erklärung zu bestimmen, dass er den Vertrag kündige, wenn die Handlung nicht bis zum Ablauf der Frist vorgenommen werde. Nach § 643 S. 2 BGB gilt der Vertrag als aufgehoben, wenn nicht die Nachholung bis zum Ablauf der Frist erfolgt. Ein Fall des § 642 BGB ist gegeben, wenn bei der Herstellung des Werks eine Handlung des Bestellers erforderlich ist und dieser durch das Unterlassen der Handlung in Verzug der Annahme kommt. Konkrete Mitwirkungshandlungen enthält das BGB nicht. Welche Handlungen erfasst sind, bestimmt sich somit nach den Vereinbarungen der Parteien und der Verkehrssitte.[1017] Bei Vereinbarung der VOB/B findet sich in § 9 Abs. 1 Nr. 1 VOB/B ein dem § 643 BGB entsprechendes Kündigungsrecht, allerdings unter der Prämisse, dass der Auftragnehmer durch das Unterlassen der Mitwirkungshandlung

---

1015 Siehe dazu bereits § 2 A I.
1016 Staudinger/*Peters*, § 643 BGB Rn. 2.
1017 Messerschmidt/Voit/*Stickler*, § 642 BGB Rn. 11.

außerstande ist, die Leistung auszuführen. Nach dem Wortlaut des § 643 BGB ist hingegen unerheblich, welche Schwere die Mitwirkungshandlung aufweist.[1018] Vielmehr ist ausreichend, dass der Unternehmer eine bestimmte Arbeitsleistung nicht erbringen kann und nicht, dass der Unternehmer nicht mehr imstande ist, das Werk insgesamt oder wesentliche Teile davon auszuführen.[1019] Ansonsten müsste der Unternehmer größere Anstrengungen zur Herstellung des Werks aufbringen, zu denen er vertraglich nicht verpflichtet ist.[1020] Die Grenze des Kündigungsrechts ergibt sich damit nur aus § 242 BGB und steht unter dem Vorbehalt des Rechtsmissbrauchs.[1021] Folglich begründet bereits das anhaltende Ausbleiben einer Mitwirkungshandlung einen wichtigen Grund, sodass dem Unternehmer ein weiteres Festhalten am Vertrag nicht zumutbar ist.[1022] Der Gesetzgeber trägt damit dem Umstand Rechnung, dass der Unternehmer auf die Mitwirkung des Bestellers angewiesen ist und ohne diesen seiner Pflicht zur Herstellung des Werks nicht nachkommen kann, gleichzeitig aber seine Arbeitskraft bereithalten muss. Auch kann der Unternehmer bei einer als Obliegenheit ausgestalteten Mitwirkungshandlung diese nicht selbstständig einklagen.[1023] Das Bereithalten von Arbeitskräften und Betriebsmitteln über einen längeren Zeitraum kann ein Ausmaß annehmen, sodass der Entschädigungsanspruch gemäß § 642 Abs. 1 S. 2 BGB für den Ersatz der tatsächlichen Kosten während des Annahmeverzugs nur bedingt Abhilfe schaffen kann.[1024] Durch das Kündigungsrecht wird dem Unternehmer die Möglichkeit gegeben, den Schwebezustand zu beenden und wieder frei über seine Arbeitskraft zu disponieren.[1025] Da der Besteller aufgrund des Fristsetzungserfor-

---

1018 BeckOGK/*Lasch*, § 643 BGB Rn. 12 (Stand: 01.04.2023); NK-BGB/*Jordan/Raab*, § 643 BGB Rn. 3.

1019 *Sienz*, BauR 2021, 1205 (1215); B/R/H/P/*Voit*, § 643 BGB Rn. 2; MüKoBGB/*Busche*, § 643 BGB Rn. 6; BeckOGK/*Lasch*, § 643 BGB Rn. 12 (Stand: 01.04.2023); Messerschmidt/Voit/*Stickler*, § 642 BGB Rn. 14; a.A. Staudinger/*Peters*, § 643 BGB Rn. 6; *v. Kiedrowski*, BauR 2019, 1503 (1504); Grüneberg/*Retzlaff*, § 643 BGB Rn. 2 fordert, dass keine Geringfügigkeit vorliegt.

1020 NK-BGB/*Jordan/Raab*, § 643 BGB Rn. 3.

1021 MüKoBGB/*Busche*, § 643 BGB Rn. 6; NK-BGB/*Jordan/Raab*, § 643 BGB Rn. 3.

1022 BeckOGK/*Lasch*, § 643 BGB Rn. 6 (Stand: 01.04.2023).

1023 MüKoBGB/*Busche*, § 643 BGB Rn. 2; B/R/H/P/*Voit*, § 643 BGB Rn. 2; nach NK-BGB/*Jordan/Raab*, § 643 BGB Rn. 3 ist die Mitwirkungshandlung zwar stets als Vertragspflicht einzuordnen, allerdings darf der Unternehmer auch dann nicht auf die gerichtliche Geltendmachung verwiesen werden.

1024 BGHZ 224, 328 Rn. 51; *Sienz*, BauR 2021, 1205 (1214).

1025 BGHZ 157, 335 (341); BGHZ 216, 319 Rn. 30.

dernisses sein Verhalten korrigieren und eine Kündigung abwenden kann, erscheint das Kündigungsrecht des Unternehmers auch nicht unangemessen.[1026]

Im Unterschied zu den sonstigen Kündigungstatbeständen, die eine Kündigungserklärung erfordern, hat der Unternehmer aufgrund des Automatismus gemäß § 643 S. 2 BGB keine Möglichkeit, Abstand von der Kündigung zu nehmen.[1027] Sofern die Mitwirkungshandlung des Bestellers trotz Fristsetzung unterbleibt, gilt der Vertrag als aufgehoben. Da dies ein hohes Risiko für den Unternehmer birgt und die Kündigung als *ulitma ratio* ausgestaltet ist, sollte bei einer Überarbeitung des Bauvertragsrechts das Erfordernis einer eigenständigen Kündigungserklärung vorgesehen werden.[1028] Dies würde zudem eine einheitliche Dogmatik der Kündigungstatbestände schaffen.

Infolge der Aufhebung des Vertrags steht dem Unternehmer nach § 645 Abs. 1 S. 1 BGB die kleine Kündigungsvergütung zu und er kann darüber hinaus Ersatz der in der Vergütung nicht inbegriffenen Auslagen verlangen. Da die Kündigung bereits unabhängig von der Qualität der Mitwirkungshandlung eingreift, ist diese Vergütungsfolge interessengerecht.

2. Abgrenzung zur Kündigung aus wichtigem Grund gemäß § 648a BGB

Bei einer unterlassenen Mitwirkungshandlung des Bestellers wird teilweise eine Anwendung von § 648a BGB neben § 643 BGB befürwortet.[1029] Dafür könnte sprechen, dass die Kündigungsrechte unterschiedliche Voraussetzungen aufweisen.[1030] Insbesondere ist in § 648a Abs. 2 BGB ausdrücklich die Teilkündigung vorgesehen.[1031] Danach würde sich die Möglichkeit der Teilkündigung ohne Weiteres aus § 648a Abs. 2 BGB ergeben.

Dagegen spricht freilich, dass der wichtige Grund in § 648a Abs. 1 BGB als Generalklausel ausgestaltet und § 643 BGB hingegen als besonderer Kündigungstatbestand im Rahmen des Werkvertragsrechts konzipiert ist.

1026 MüKoBGB/*Busche,* § 643 BGB Rn. 6.
1027 Krit. *Sienz,* BauR 2021, 1205 (1216); BeckOGK/*Lasch,* § 643 BGB Rn. 64 (Stand: 01.04.2023).
1028 Ebenso BeckOGK/*Lasch,* § 643 BGB Rn. 64 (Stand: 01.04.2023).
1029 So Staudinger/*Peters,* § 643 BGB Rn. 2; GF-BGB/*Meindl/Schmid,* § 643 BGB Rn. 8.
1030 Staudinger/*Peters,* § 643 BGB Rn. 2.
1031 GF-BGB/*Meindl/Schmid,* § 643 BGB Rn. 7.

Weiterhin enthält § 643 BGB besondere Vorgaben für die Form, den Erklärungsinhalt und die Fristsetzung.[1032] Diese könnten durch eine parallele Anwendung des § 648a BGB unterlaufen werden, da eine Frist bei einer Kündigung aus wichtigem Grund nach § 648a Abs. 3 BGB entbehrlich sein kann.[1033] Daher kann der Unternehmer den Vertrag bei einer unterlassenen Mitwirkungshandlung nur nach Maßgabe des § 643 BGB kündigen.[1034] Insoweit gehen die spezielleren Regelungen in §§ 642, 643 BGB der Generalklausel der Kündigung aus wichtigem Grund gemäß § 648a Abs. 1 BGB vor. Zudem sind die Anforderungen an den wichtigen Grund höher als an das Kündigungsrecht des § 643 BGB, da hier bereits das Unterlassen einer Mitwirkungshandlung zur Kündigung berechtigt. Daher mangelt es im Falle der Kündigung gemäß § 643 BGB oftmals schon an einem wichtigen Grund gemäß § 648a Abs. 1 BGB.

3. Möglichkeit der Teilkündigung im Rahmen von § 643 BGB

Wenn ein direkter Rückgriff auf § 648a Abs. 2 BGB vor dem bisherigen Hintergrund ausscheidet, stellt sich die Frage, ob eine Teilkündigung auch im Rahmen von § 643 BGB in Betracht kommt. Der Wortlaut des § 643 BGB sieht eine solche Möglichkeit nicht vor. In § 643 S. 2 BGB heißt es vielmehr, dass „der Vertrag" als aufgehoben gilt. Dies spricht dafür, von der Beendigung des gesamten Vertrags auszugehen. Allerdings treffen die Erwägungen des Gesetzgebers für die Zulässigkeit einer Teilkündigung auch auf das Kündigungsrecht nach § 643 BGB zu. Auch dort kann der Unternehmer angesichts der Fülle an Leistungen nicht gezwungen sein, den Vertrag vollständig zu beenden. Vielmehr besteht ein schützenswertes Interesse des Unternehmers, weitgehend am Vertrag festzuhalten. Gerade auch weil der Unternehmer nicht die große Kündigungsvergütung bei einer Kündigung nach § 643 BGB verlangen kann, kann es für diesen aus wirtschaftlichen Erwägungen sinnvoll sein, die Kündigung nur auf einen Teilbereich zu erstrecken. Dafür spricht auch, dass der Kündigungstatbestand des § 643 BGB dem Schutze des Unternehmers dient. Dem Unternehmer

---

1032 L/B/D-L/*Sonntag*, § 648a BGB Rn. 79.
1033 Siehe dazu § 3 C II.
1034 Kuffer/Wirth/*Schwartz*, Kapitel 1 Rn. 372; Erman/*Schwenker/Rodemann*, § 643 BGB Rn. 5; L/B/D-L/*Sonntag*, § 648a BGB Rn. 52; a.A. GF-BGB/*Meindl/Schmid*, § 643 BGB Rn. 6.

steht es jedoch frei, teilweise auf diesen Schutz zu verzichten, wenn er weiterhin ein Interesse an der Werkausführung hat. Daher muss auch bei unterlassener Mitwirkung des Bestellers die Möglichkeit des Unternehmers bestehen, die Beendigung des gesamten Vertrages zu verhindern und nur eine Teilkündigung zu erklären.[1035] Die Teilkündigung wird nur dann dem Interesse des Unternehmers entsprechen, wenn sich die unterlassene Mitwirkungshandlung auf einen abgrenzbaren Teil des Werks beschränkt und der Besteller im Übrigen seinen Mitwirkungspflichten nachkommt oder solche nicht erforderlich sind. Auch die Interessen des Bestellers gebieten eine Unzulässigkeit der Teilkündigung im Rahmen von § 643 BGB nicht. Vielmehr wird das Werk weiterhin teilweise ausgeführt und er hätte die Teilkündigung verhindern können, indem er die Mitwirkungshandlung vorgenommen hätte. Weiterhin ist auch kein entgegenstehender Wille des Gesetzgebers erkennbar.[1036] In Anbetracht dessen ist im Rahmen des § 643 BGB eine Teilkündigung unter der Voraussetzung eines abgrenzbaren Teils zulässig. Allerdings muss der Unternehmer eine solche bereits mit der Fristsetzung zum Ausdruck bringen, da der Vertrag bei fruchtlosem Ablauf dieser nach § 643 S. 2 BGB in diesem Umfang automatisch als aufgehoben gilt.

II. Kündigung bei Überschreitung des Kostenanschlages gemäß § 649 Abs. 1 BGB

In § 649 Abs. 1 BGB ist ein weiteres Kündigungsrecht des Bestellers normiert. Wenn danach dem Vertrag ein Kostenanschlag zugrunde gelegt worden ist, ohne dass der Unternehmer die Gewähr für die Richtigkeit des Anschlags übernommen hat, und ergibt sich, dass das Werk nicht ohne eine wesentliche Überschreitung des Anschlags ausführbar ist, so kann der Besteller den Vertrag aus diesem Grund kündigen und dem Unternehmer steht wie bei einer Kündigung nach § 643 BGB der in § 645 Abs. 1 BGB bestimmte Anspruch zu. Die Vergütungsfolge des § 649 Abs. 1 BGB ist sachgerecht, da der Kündigungsgrund aus der Sphäre des Unternehmers stammt.[1037] Durch das Kündigungsrecht wird dem Umstand Rechnung getragen, dass ein vor Vertragsabschluss eingeholter und daher gemäß

1035 i.E. ebenso GF-BGB/*Meindl/Schmid*, § 643 BGB Rn. 8.
1036 GF-BGB/*Meindl/Schmid*, § 643 BGB Rn. 8.
1037 MüKoBGB/*Busche*, § 649 BGB Rn. 1.

§ 632 Abs. 3 BGB im Zweifel nicht zu vergütender Kostenanschlag für den Besteller häufig Grundlage für die Entscheidung des Vertragsabschlusses mit dem Unternehmer ist.[1038] Die Interessen des Unternehmers werden dadurch gewahrt, dass die Überschreitung des Kostenanschlags wesentlich sein muss.[1039] Die Wesentlichkeit bestimmt sich nach dem Umständen des Einzelfalls, wobei auf den Endpreis abzustellen ist.[1040] Für die Ausübung des Kündigungsrechts ist nicht erforderlich, dass eine wesentliche Überschreitung des Kostenanschlags bereits eingetreten ist, allerdings muss sie hinreichend wahrscheinlich sein.[1041] Der Unternehmer hat gemäß § 649 Abs. 2 BGB dem Besteller unverzüglich Anzeige zu machen, wenn eine solche Überschreitung des Anschlags zu erwarten ist. Die Kündigung wegen Überschreitung des Kostenanschlags verdrängt die Kündigung aus wichtigem Grund gemäß § 648a BGB dabei in ihrem Anwendungsbereich.[1042]

Fraglich ist, ob eine Teilkündigung im Rahmen von § 649 Abs. 1 BGB möglich ist. Dies könnte sich zunächst mit der Rechtsnatur des Kündigungsrechts nach § 649 BGB begründen lassen. Die Rechtsnatur des Kündigungsrechts aus § 649 BGB ist allerdings umstritten. Teilweise wird das Kündigungsrecht nach § 649 BGB als eine Kündigung aus wichtigem Grund mit eigener Rechtsfolgenregelung verstanden.[1043] Wenn das Kündigungsrecht nach § 649 BGB als eine Kündigung aus wichtigem Grund eingeordnet werden kann, könnte sich die Möglichkeit einer Teilkündigung unter Rückgriff auf § 648a Abs. 2 BGB ergeben. Andererseits wird angeführt, dass es sich bei § 649 BGB nicht um ein eigenständiges Kündigungsrecht handelt, sondern sich aus der allgemeinen Kündigungsregelung in § 648 S. 1 BGB ergebe mit entsprechender Modifikation der Rechtsfolge des § 648 S. 2 BGB.[1044] Auch bei einer freien Kündigung ist eine Teilkündigung unter Rückgriff auf § 648a Abs. 2 BGB zulässig. Gegen die Einordnung als ein Fall des § 648 S. 1 BGB spricht jedoch die systematische Stellung von § 649 BGB.[1045] Überwiegend wird § 649 BGB daher für einen Sonderfall

---

1038 Messerschmidt/Voit/*Oberhauser*, § 649 BGB Rn. 2; MüKoBGB/*Busche,* § 649 BGB Rn. 2.
1039 *Schenk*, NZBau 2001, 470.
1040 Messerschmidt/Voit/*Oberhauser*, § 649 BGB Rn. 7, 10.
1041 MüKoBGB/*Busche,* § 649 BGB Rn. 7.
1042 Grüneberg/*Retzlaff,* § 649 BGB Rn. 1.
1043 Kniffka ibrOK BauVertrR/*Bruinier*, § 649 BGB Rn. 27 (Stand: 06.03.2023).
1044 Ingenstau/Korbion/*Joussen*, Vor §§ 8 und 9 VOB/B Rn. 71; Oetker/Maultzsch, Vertragliche Schuldverhältnisse, § 8 Rn. 270.
1045 Kniffka ibrOK BauVertrR/*Bruinier*, § 649 BGB Rn. 27 (Stand: 06.03.2023).

der Störung der Geschäftsgrundlage gehalten, wobei die Geschäftsgrundlage in dem im Kostenanschlag zum Ausdruck gekommenen Verhältnis zwischen Leistung und Gegenleistung, also für die vom Unternehmer zu erbringenden Leistung und seiner für diese Leistung kalkulierten Vergütung, zu sehen ist.[1046] Dagegen spricht jedoch, dass keine Leistungsstörung vorliegt, für welche keine der Parteien das Vertragsrisiko übernommen hat und somit einer Korrektur über das Rechtsinstitut der Störung der Geschäftsgrundlage bedarf.[1047] Dies spricht dafür § 649 BGB als eine Sonderregel des Motivirrtums zu behandeln, welcher ausnahmsweise von Gesetzes wegen als beachtlich anzusehen ist.[1048] Damit lässt sich die Möglichkeit der Teilkündigung nicht ohne Weiteres aus der Rechtsnatur des Kündigungsrechts herleiten.

Die Möglichkeit der Teilkündigung könnte sich allerdings mit dem Sinn und Zweck des Kündigungsrechts begründen lassen. Die Kündigung des gesamten Vertrags gemäß § 649 BGB ist für den Besteller problematisch, weil er ein unvollendetes Bauwerk erhält und somit mit erneuten Kosten für die Fertigstellung belastet wird. Damit lässt sich eine drohende Kostensteigerung kaum vermeiden, da durch den Einsatz eines neuen Unternehmers oftmals sogar höhere Kosten anfallen.[1049] Das führt dazu, dass der Normzweck der Vorschrift konterkariert wird, welcher gerade in dem Schutz vor nicht kalkulierten erhöhten Kosten liegt. Für die Zulässigkeit der Teilkündigung spricht vor diesem Hintergrund daher entscheidend, dass sie dem Besteller die Möglichkeit bietet, das Werk bis zu einem für ihn brauchbaren Stand weiter ausführen zu lassen und er somit die Belastung bei Überschreitung des Kostenanschlags wirksam abfedern kann. Die Interessen des Unternehmers werden dabei durch die Voraussetzung des abgrenzbaren Teils gemäß § 648a Abs. 2 BGB gewahrt. Es ist kein Grund ersichtlich den Unternehmer bei einer Kündigung nach § 649 BGB im Vergleich zu anderen Kündigungstatbeständen vor den Folgen einer Teilkündigung zu schützen. Hingegen kann für den Besteller durch die

---

1046 *Schenk*, NZBau 2001, 470 (471); *Oetker/Maultzsch*, Vertragliche Schuldverhältnisse, § 8 Rn. 269; Erman/*Schwenker/Rodemann,* § 649 BGB Rn. 2; Leupertz/Preussner/Sienz/*v. Kiedrowski* BauvertrR, § 649 BGB Rn. 2; BGH NJW 2011, 989 Rn. 23; BGHZ 59, 339 (342).

1047 MüKoBGB/*Busche*, § 649 BGB Rn. 2; NK-BGB/*Bruinier/Raab*, § 649 BGB Rn. 3.

1048 Zutreffend MüKoBGB/*Busche,* § 649 BGB Rn. 2; siehe auch BGHZ 59, 339 (341); BGH NJW 2011, 989 Rn. 23, wobei jedoch abschließend ein Sonderfall der Störung der Geschäftsgrundlage angenommen wird.

1049 So auch Kniffka ibrOK BauVertrR/*Bruinier*, § 649 BGB Rn. 28 (Stand: 06.03.2023).

Möglichkeit der Teilkündigung das Kündigungsrecht nach § 649 BGB effektiviert werden. Die Teilkündigung ist damit unter der Voraussetzung des abgrenzbaren Teils gemäß § 648a Abs. 2 BGB zulässig und bietet neue Chancen für das Kündigungsrecht gemäß § 649 Abs. 1 BGB.

III. Kündigung bei Nichtstellung einer Bauhandwerksversicherung gemäß § 650f Abs. 5 S. 1 Alt. 2 BGB

Wenn der Besteller es unterlässt bei einem Bauvertrag oder einem Architekten- oder Ingenieurvertrag eine nach § 650f Abs. 1 S. 1 BGB geforderte Sicherheit zu stellen, kann der Unternehmer gemäß § 650f Abs. 5 S. 1 BGB nach einer erfolglos abgelaufenen Frist zur Leistung der Sicherheit, die Leistung verweigern oder den Vertrag kündigen. Die Vorschrift findet zwar im Umkehrschluss zu § 650u Abs. 2 BGB auf den Bauträgervertrag Anwendung, allerdings ist diese bei der Beteiligung von Verbrauchern gemäß § 650f Abs. 6 Nr. 2 BGB ausgeschlossen, was bei einem Bauträgervertrag regelmäßig der Fall ist.[1050] Kündigt der Unternehmer den Vertrag nach § 650f Abs. 5 S. 1 Alt. 2 BGB, steht ihm gemäß § 650f Abs. 5 S. 2 BGB die große Kündigungsvergütung zu, sodass die Rechtsfolgen denen der freien Kündigung durch den Besteller entsprechen. § 650f Abs. 5 S. 1 Alt. 2 BGB stellt einen Sonderfall zu § 648a BGB dar und ist daher dem Wesen nach eine Kündigung aus wichtigem Grund.[1051] Die Kündigung gemäß § 650f Abs. 5 S. 1 Alt. 2 BGB verdrängt die Kündigung aus wichtigem Grund gemäß § 648a Abs. 1 BGB somit in ihrem Anwendungsbereich.[1052] Die Anlehnung an die Vergütungsfolge des § 648 S. 2 BGB basiert auf dem Gedanken, dass der Besteller Anlass zur Kündigung gegeben hat.

Im Falle einer Kündigung nach § 650f Abs. 5 S. 1 Alt. 2 BGB ist auch eine Teilkündigung denkbar.[1053] So beispielsweise, wenn der Besteller es unterlässt, nur für einen Teilbereich des Werks eine Sicherheit zu stellen. Da die Kündigung gemäß § 650f Abs. 5 S. 1 Alt. 2 BGB einen gesetzlich geregelten Fall einer Kündigung aus wichtigem Grund darstellt und diese damit wesensgleich sind, lässt sich eine Teilkündigung unter Rückgriff auf § 648a

---

1050 Siehe bereits § 3 D II 2.
1051 Grüneberg/*Retzlaff*, § 648a BGB Rn. 1.
1052 Grüneberg/*Retzlaff*, § 648a BGB Rn. 14.
1053 MüKoBGB/*Busche*, § 650f BGB Rn. 38; Prozesse in Bausachen/*Seewald*, § 5 Rn. 649.

Abs. 2 BGB begründen. Zwar lässt sich argumentieren, dass der Gesetzgeber die Teilkündigung speziell nur für den Grundtatbestand des § 648a Abs. 1 BGB normiert hat und die Teilkündigung aus wichtigem Grund nach § 648a Abs. 2 BGB die Ausnahme darstellt.[1054] Allerdings ist bereits der Gesetzgeber bei der Einführung des Kündigungstatbestandes in Form von § 648a Abs. 5 BGB aF von der Möglichkeit der Teilkündigung ausgegangen, obwohl diese nicht ausdrücklich vorgesehen war. So sollte die Regelung nach der Gesetzesbegründung nicht nur gelten, wenn der Vertrag insgesamt gekündigt wird, sondern auch für den Fall einer Teilkündigung.[1055] Da im Zuge der Reform des Bauvertragsrechts kein entgegenstehender Wille des Gesetzgebers hinsichtlich der Zulässigkeit der Teilkündigung erkennbar ist, muss eine solche Auslegung auch für § 650f Abs. 5 S. 1 Alt. 2 BGB gelten. Daneben dient § 650f Abs. 1 BGB der finanziellen Absicherung des Unternehmers aufgrund seiner Vorleistungspflicht.[1056] Dieser kann aber auf den Schutz verzichten und die Werkleistung weiterhin teilweise ausführen. Der Unternehmer hat somit wie bei § 648a BGB die Wahl, ob er die Kündigung auf den gesamten Vertrag erstreckt oder nur teilweise kündigt.[1057] Die Teilkündigung muss dabei den Anforderungen eines abgrenzbaren Teils gemäß § 648a Abs. 2 BGB genügen.[1058] Dadurch wird sichergestellt, dass der Besteller einen Drittunternehmer für den gekündigten Teil beauftragen kann, ohne dass es zu unzumutbaren Überschneidungen kommt. Da die Kündigung durch den Unternehmer erfolgt und dieser insbesondere aufgrund von Gewährleistungsschnittstellen ein Interesse daran hat, derartige Abgrenzungsschwierigkeiten zu vermeiden, wird er selbst bestrebt sein, einen entsprechenden Kündigungsabschnitt zu wählen.

Wenn man allein die Vergütungsebene betrachtet, ist eine Teilkündigung im Rahmen von § 650f Abs. 5 S. 1 Alt. 2 BGB nicht vorteilhaft für den Unternehmer. Denn der Unternehmer kann bei einer Kündigung des gesamten Vertrages die gesamte Vergütung wie bei § 648 S. 2 BGB beanspruchen. Allerdings kann der Unternehmer aus Gründen der Reputation geneigt sein, nur einen Teil der Werkleistung zu kündigen. Ebenso ist es denkbar, dass der Unternehmer einen Teil der Arbeiten weiter ausführen will, um gleichzeitig seine künftig frei gewordene Arbeitskraft anderweitig anzubieten, damit kein Leerlauf im Betrieb entsteht.

1054 So BeckOGK/*Mundt*, § 650f BGB Rn. 187 (Stand: 01.04.2023).
1055 BT-Drs. 16/511, 17.
1056 BeckOGK/*Mundt*, § 650f BGB Rn. 2 (Stand: 01.04.2023).
1057 Prozesse in Bausachen/*Seewald*, § 5 Rn. 649.
1058 So auch Leupertz/Preussner/Sienz/*Scharfenberg* BauvertrR § 650f BGB Rn. 41.

IV. Sonderkündigungsrecht gemäß § 650r BGB

1. Sonderkündigungsrecht für den Besteller und den Unternehmer

Bei einem Architekten- und Ingenieurvertrag treffen den Unternehmer erweiterte vertragstypische Pflichten. Nach § 650p Abs. 1 BGB ist der Unternehmer verpflichtet, die Leistungen zu erbringen, die nach dem jeweiligen Stand der Planung und Ausführung des Bauwerks oder der Außenanlage erforderlich sind, um die zwischen den Parteien vereinbarten Planungs- und Überwachungsziele zu erreichen. Soweit wesentliche Planungs- und Überwachungsziele noch nicht vereinbart sind, hat der Unternehmer gemäß § 650p Abs. 2 S. 1 BGB zunächst eine Planungsgrundlage zur Ermittlung dieser Ziele zu erstellen. Nach § 650p Abs. 2 S. 2 BGB legt er die Planungsgrundlage dem Besteller zusammen mit einer Kosteneinschätzung für das Vorhaben zur Zustimmung vor.[1059] Notwendig ist dabei, dass die Unterlagen vollständig sind.[1060] Nach Abschluss dieser Zielfindungsphase steht dem Besteller ein Sonderkündigungsrecht gemäß § 650r Abs. 1 S. 1 BGB zu. Das Kündigungsrecht erlischt gemäß § 650r Abs. 1 S. 2 BGB innerhalb von zwei Wochen. Zum Schutze eines Verbrauchers enthält § 650r Abs. 1 S. 2 BGB zudem eine besondere Belehrungspflicht des Unternehmers. Daneben kann auch der Unternehmer nach § 650r Abs. 2 S. 2 BGB kündigen, wenn der Besteller die Zustimmung nach § 650p Abs. 2 S. 2 BGB verweigert oder innerhalb der nach § 650p Abs. 2 S. 1 BGB vorgesehenen Frist keine Erklärung zu den Unterlagen abgibt. Das beiderseitige Kündigungsrecht dient der effektiven Umsetzung der Pflichten gemäß § 650p Abs. 2 BGB im Rahmen der Zielfindungsphase.[1061] Die Vergütungsfolge wird in § 650r Abs. 3 BGB abschließend geregelt, wonach der Unternehmer berechtigt ist, die Vergütung für die bis zur Kündigung erbrachten Leistungen zu verlangen. Für den Besteller bietet das Sonderkündigungsrecht nach § 650r Abs. 1 S. 1 BGB die Möglichkeit, sich frühzeitig vom Vertrag zu lösen und der Vergütungsfolge des § 648 S. 2 BGB zu entgehen. Der Besteller wird

---

1059 Nach OLG Frankfurt/Main, ZfBR 2022, 671 ist mindestens erforderlich, dass die Kosteneinschätzung erkennen lässt, worauf sie sich bezieht und woraus sie hergeleitet ist.
1060 *Deckers*, ZfBR 2017, 523 (539).
1061 D/L/O/P/S/*Dammert* Das neue Bauvertragsrecht, § 650r BGB Rn. 81.

letztlich so gestellt, als hätte er lediglich einen Vertrag über die Erstellung einer Planungsgrundlage und Kosteneinschätzung geschlossen.[1062]

2. Abgrenzung zur Kündigung aus wichtigem Grund gemäß § 648a BGB

Das Sonderkündigungsrecht gemäß § 650r BGB geht für die dort geregelte Konstellation der Kündigung aus wichtigem Grund nach § 648a BGB gemäß § 650q Abs. 1 Hs. 2 BGB vor.[1063] Das Kündigungsrecht des § 648a Abs. 1 BGB kommt aber vor Erhalt der Unterlagen gemäß § 650p Abs. 2 BGB in Betracht.[1064] So beispielsweise, wenn der Unternehmer sich weigert, die ihm gemäß § 650p Abs. 2 BGB obliegende vertragliche Hauptpflicht zu erfüllen.[1065] Wenn sich die Weigerung nur auf einen Teil bezieht und die Unterlagen damit unvollständig sind, ist zudem eine Teilkündigung gemäß § 648a Abs. 2 BGB denkbar. Daneben kommt eine Kündigung aus wichtigem Grund gemäß § 648a Abs. 1 BGB in Betracht, wenn eine erhebliche Überschreitung der vereinbarten Bausumme vorliegt.[1066] Hierin ist eine bedeutende Pflichtverletzung zu sehen, denn die Planung erfolgt nicht vertragsgemäß, wenn die Baukosten zu hoch sind.[1067] Weiterhin ist ein Recht zur Kündigung aus wichtigem Grund der anderen Partei gegeben, wenn sich die Kündigung nach § 650r BGB als unwirksam erweist.[1068] Die Folgen der Unwirksamkeit der Kündigung nach § 650r BGB werden angesichts des unklaren Endes der Zielfindungsphase und der damit drohenden fehlerhaften Anwendung des § 650r BGB ein Kernproblem in der Praxis darstellen.[1069]

1062 D/L/O/P/S/*Dammert* Das neue Bauvertragsrecht, § 650r BGB Rn. 80.
1063 Leupertz/Preussner/Sienz/*Fuchs* BauvertrR, § 650r BGB Rn. 8.
1064 BGH BauR 2023, 260 (263).
1065 D/L/O/P/S/*Dammert* Das neue Bauvertragsrecht, § 650r BGB Rn. 85.
1066 OLG Celle NJW-RR 2014, 1363 (1367); Leinemann/Kues/*Geheeb,* § 648a BGB Rn. 22.
1067 BGH NJW 2013, 1593 Rn. 9; OLG Celle NJW-RR 2014, 1363 (1367).
1068 Siehe zur Berechtigung einer solchen Gegenkündigung bereits § 4 B VI.
1069 Beck HOAI/*Berger,* § 650r BGB Rn. 2.

3. Möglichkeit der Teilkündigung im Rahmen von § 650r BGB?

Fraglich ist, ob auch eine Teilkündigung im Rahmen von § 650r BGB in Betracht kommt. Diese Möglichkeit ist weder im Rahmen von § 650r Abs. 1 S. 1 BGB für den Besteller noch in § 650r Abs. 2 S. 2 BGB für den Unternehmer ausdrücklich vorgesehen. Für die Zulässigkeit einer Teilkündigung spricht, dass die Konstellationen des Sonderkündigungsrechts nach § 650r BGB bereits von den bestehenden Kündigungsmöglichkeiten erfasst werden und dort eine Teilkündigung möglich ist.[1070] Denn verweigert der Besteller unberechtigt die Zustimmung der ihm vorgelegten Planungsunterlagen hinsichtlich der einzelnen Leistungsphasen oder gibt er keine Erklärung hierzu ab, könnte der Architekt den Vertrag wegen fehlender Mitwirkung des Bestellers nach §§ 650q Abs. 1, 643, 642 BGB kündigen.[1071] Ein Teilkündigungsrecht wurde in Bezug auf § 643 BGB bereits begründet.[1072] Umgekehrt sind insbesondere Verbraucher durch die umfassenden vorvertraglichen Aufklärungspflichten des Unternehmers hinsichtlich der Risiken des Planungsablaufes einer Vollbeauftragung geschützt, welche Schadensersatzansprüche begründen oder bei schwerwiegender Verletzung zu einer Kündigung aus wichtigem Grund gemäß §§ 650q Abs. 1, 648a Abs. 1 BGB berechtigen können.[1073] Es ist daher zunächst nicht einzusehen, warum ein Teilkündigungsrecht bei § 650r BGB ausscheiden soll, wenn der Sachverhalt mit der Regelungsmaterie anderer Kündigungsrechte vergleichbar ist und dort eine Teilkündigung möglich ist. Auch erinnert die Regelungsmaterie an das Kündigungsrecht des § 649 Abs. 1 BGB. Zudem ist auch die Kündigung nach § 650r BGB als eine besondere Kündigung aus wichtigem Grund anzusehen.[1074] Dafür spricht auch die in § 650r Abs. 3 BGB vorgesehene Vergütungsfolge, die der des § 648a Abs. 5 BGB entspricht. Mit der Rechtsnatur und der Zulässigkeit der Teilkündigung bei vergleichbaren Kündigungskonstellationen ließe sich somit ein Recht zur Teilkündigung begründen. Gegen die Zulässigkeit der Teilkündigung spricht allerdings der Sinn und Zweck des beiderseitigen Kündigungsrechts gemäß § 650r

---

1070 Vgl. *Fuchs*, NZBau 2015, 675 (680).
1071 *Fuchs*, NZBau 2015, 675 (680).
1072 Siehe § 5 A I 3.
1073 Beck HOAI/*Berger*, § 650r BGB Rn. 3; *Fuchs*, NZBau 2015, 675 (680); *Kniffka*, BauR 2015, 883 (893).
1074 Leupertz/Preussner/Sienz/*Fuchs* BauvertrR, § 650r BGB Rn. 5; Soergel/*Glöckner*, § 650r BGB Rn. 5; a.A. für ein ordentliches Kündigungsrecht *Deckers*, ZfBR 2017, 523 (538); *Rodemann/Schwenker*, ZfBR 2017, 731 (735).

BGB.[1075] Denn die Zielfindungsphase dient zunächst der Ermittlung von wesentlichen Planungszielen und erst nach dessen Abschluss kommt es zur eigentlichen Entscheidung über die Durchführung des nun konkretisierten Projekts.[1076] Das Kündigungsrecht des Unternehmers gemäß § 650r Abs. 2 S. 2 BGB soll den durch die fehlende Zustimmung des Bestellers bedingten Schwebezustand beseitigen und hat mithin den Zweck, Rechtssicherheit herzustellen.[1077] Bei einer Kündigung durch den Besteller kommt hinzu, dass er durch das Kündigungsrecht vor übereilt abgeschlossenen umfassenden Architekten- und Ingenieurverträgen geschützt werden soll, welche alle neun HOAI-Leistungsphasen gemäß § 3 Abs. 1 HOAI beinhalten.[1078] Dem Besteller sollte durch das Kündigungsrecht die Möglichkeit gegeben werden, sich aufgrund der geänderten Entscheidungsgrundlage ohne die Vergütungsfolge des § 648 S. 2 BGB von dem Vertrag lösen zu können.[1079] Dieser Zweck widerspricht einer teilweisen Kündigung des Vertrages.[1080] Zudem liegt der Teilkündigung das Problem des Spannungsverhältnisses der Erweiterung des Bestandsschutzes und des damit einhergehenden Kontrahierungszwangs zugrunde.[1081] In einem derart frühen Stadium des Vertrags besteht kein schützenswertes Interesse den Vertrag im Wege der Teilkündigung einseitig zu reduzieren und einen Vorrang der Erweiterung des Bestandsschutzes anzunehmen. Dies unterscheidet das Sonderkündigungsrecht von den übrigen Kündigungstatbeständen, die auch bei fortgeschrittenen Projekten in Betracht kommen. Aufgrund dieses Umstandes muss man auch die Konsequenz hinnehmen, dass eine Teilkündigung bei Vorliegen eines wichtigen Grundes bereits während der Zielfindungsphase über § 648a Abs. 2 BGB möglich ist, da die Kündigung aus wichtigem Grund währenddessen anwendbar bleibt. Ohnehin werden die Parteien aber in der Situation des § 650r BGB nicht die auch nur teilweise Beendigung des Vertrags erstreben, sondern über den Inhalt dessen verhandeln wollen.[1082]

1075 MüKoBGB/*Busche,* § 650r BGB Rn. 1; Grüneberg/*Retzlaff,* § 650r BGB Rn. 2.
1076 *Rodemann/Schwenker,* ZfBR 2017, 731 (735); siehe auch OLG Frankfurt/Main, ZfBR 2022, 671 (673).
1077 MüKoBGB/*Busche,* § 650r BGB 1.
1078 BT-Drs. 18/8486, 69; krit. aufgrund fehlender empirischer Befunde *Rodemann/Schwenker,* ZfBR 2017, 731 (735).
1079 BGH BauR 2023, 260 (263).
1080 Dies erinnert an die Konstellation des Teilwiderrufs, siehe bereits § 4 B IV 2.
1081 Siehe bereits § 2 B III 1 sowie im Vergleich zu ähnlichen Erscheinungsformen im BGB § 3 A IV.
1082 *Deckers,* ZfBR 2017, 523 (539); *Rodemann/Schwenker,* ZfBR 2017, 731 (735), die daher das Kündigungsrecht gemäß § 650r BGB insgesamt für sinnlos erachten.

Eine Teilkündigung kommt daher für die in § 650r BGB vorgesehene Konstellation nicht in Betracht. Sollte dies dennoch von den Parteien gewollt sein, empfiehlt sich, eine teilweise einvernehmliche Vertragsaufhebung in diesem Umfang anzustreben.

V. Zwischenfazit – Die Teilkündigung als ein allgemeines Prinzip des Werkvertragsrechts

Aus den vorstehenden Ausführungen folgt, dass die Teilkündigung auch bei anderen im Werkvertragsrecht vorgesehenen Kündigungstatbeständen in Betracht kommt. Die Begründung des Gesetzgebers, dass eine Teilkündigung angesichts des Umfangs der Leistungen im Rahmen eines Werkvertrages und auch der in einem solchen Vertrag oftmals gebündelten unterschiedlichen Leistungen sinnvoll erscheint[1083], trifft ebenso auf die anderen Kündigungsrechte im Werkvertragsrecht zu. Daher erscheint es inkonsequent, dass der Gesetzgeber lediglich die Teilkündigung für die Kündigung aus wichtigem Grund gemäß § 648a Abs. 2 BGB normiert hat. Die Teilkündigung ist damit als ein allgemeines Prinzip des Werkvertragsrechts anzusehen, die ihre gesetzliche Grundlage in § 648a Abs. 2 BGB hat und damit insgesamt einen abgrenzbaren Teil des geschuldeten Werks voraussetzt. Die Teilkündigung scheidet lediglich dann aus, wenn für die jeweilige Partei eine Beendigung des gesamten Vertrags sinnvoller erscheint. Einzig mit dem Sonderkündigungsrecht nach § 650r BGB ist eine Teilkündigung nicht vereinbar. Es wäre wünschenswert, dass der Gesetzgeber die Möglichkeit der Teilkündigung für die übrigen Kündigungstatbestände allgemein anerkennt und gesetzlich inkorporiert. Die Teilkündigung ermöglicht ein weitgehendes Festhalten am Vertrag und trägt damit dem Kooperations- und Langzeitcharakter des Werkvertrags Rechnung. Die Normierung der Teilkündigung könnte durch die Einführung eines neuen Absatzes beim jeweiligen Kündigungstatbestand erfolgen oder als eine eigenständige zentrale Norm, welche die Teilkündigung für die genannten Konstellationen für anwendbar erklärt. Für eine eigenständige zentrale Norm spricht, dass gleichzeitig unterstrichen wird, dass die Teilkündigung neben der Vollkündigung eine stets mögliche Alternative darstellt und nicht als ein Minus anzusehen ist.

1083 BT-Drs. 18/8486, 51.

B. Abgrenzung zur Störung der Geschäftsgrundlage

I. Überblick über die Regelung

In engem Zusammenhang mit der Kündigung aus wichtigem Grund steht die aus einem ähnlichen Grund in Betracht kommende vorzeitige Vertragsbeendigung wegen Störung der Geschäftsgrundlage gemäß § 313 Abs. 3 BGB. Haben sich danach Umstände, die zur Grundlage eines Vertrages geworden sind, nach Vertragsschluss schwerwiegend verändert und hätten die Parteien den Vertrag nicht oder mit anderem Inhalt geschlossen, wenn sie diese Veränderung vorausgesehen hätten, so kann nach § 313 Abs. 1 BGB zunächst eine Anpassung des Vertrags verlangt werden, soweit einem Teil unter Berücksichtigung aller Umstände des Einzelfalls, insbesondere der vertraglichen oder gesetzlichen Risikoverteilung, das Festhalten am unveränderten Vertrag nicht zugemutet werden kann. Wenn eine Anpassung des Vertrags nicht möglich ist oder einem Teil nicht zumutbar ist, kann der benachteiligte Teil gemäß § 313 Abs. 3 BGB vom Vertrag zurücktreten beziehungsweise aufgrund der bereits dargelegten Interessenlage beim Bauvertrag den Vertrag kündigen.[1084] Nach § 313 Abs. 2 BGB steht es einer Veränderung der Umstände gleich, wenn wesentliche Vorstellungen, die zur Grundlage des Vertrags geworden sind, sich als falsch herausstellen.

II. Die Teilkündigung im Rahmen von § 313 BGB

Die Anpassung des Vertrags im Sinne von § 313 Abs. 1 BGB kann auf verschiedene Weise erfolgen, wie etwa durch die Beseitigung von Vertragsteilen.[1085] In diesem Fall ist eine Parallele der Rechtsinstitute von Teilkündigung und Vertragsanpassung gegeben.[1086] Auch die Vertragsanpassung gestaltet das Vertragsverhältnis durch das Herausnehmen einzelner Vertragsbestandteile um und führt damit nicht lediglich zu einer Beendigung des Vertrages wie im Falle einer Vollkündigung.[1087] Daher besteht auch bei dem Rechtsinstitut des Wegfalls der Geschäftsgrundlage die Gefahr, dass

---

1084 Siehe bereits § 2 A II 2 a.
1085 AnwKom-BGB/*Krebs,* § 313 BGB Rn. 55.
1086 *Kießling/Becker,* WM 2002, 578 (588) leitet sogar aus dem Vertragsanpassungsanspruch ein Teilkündigungsrecht ab; siehe bereits § 2 B III 2 b cc.
1087 *Janda,* NJ 2013, 1 (4).

es infolge einer Vertragsanpassung zu einer Vertragsspaltung mit einem einhergehenden Kontrahierungszwang kommen kann.[1088] Allerdings liegt hier im Gegensatz zur Teilkündigung keine Legitimation für eine einseitige Beschränkung der Gestaltungswirkung vor, sondern es besteht lediglich ein Vertragsanpassungsanspruch, welcher in seiner konkreten Gestalt das Ergebnis der Interessenabwägung ist.[1089]

Fraglich ist zudem, ob eine Teilkündigung im Rahmen der Kündigung gemäß § 313 Abs. 3 BGB unter der Voraussetzung des abgrenzbaren Teils gemäß § 648a Abs. 2 BGB möglich ist. Die Regelung des § 313 Abs. 3 BGB geht aufgrund der nicht möglichen oder unzumutbaren vorherigen Vertragsanpassung im Grundsatz von einer Vollbeendigung aus. Eine Teilkündigung kommt im Rahmen von § 313 Abs. 3 BGB aber dann in Betracht, wenn lediglich bezüglich eines Teils des Vertrages keine Anpassung möglich oder einer Partei unzumutbar ist.[1090] Im Unterschied zu § 648a Abs. 1 BGB, wo es im Rahmen der Interessenabwägung des wichtigen Grundes maßgeblich auf die Zerstörung des Vertrauensverhältnisses zwischen den Parteien ankommt, ist bei einer Störung der Geschäftsgrundlage die Beschränkung auf einen Teilbereich möglich und führt insofern nicht zu einem Wertungswiderspruch des Gesetzes.[1091] Eine Beschränkung der Kündigung auf einen Vertragsteil ist auch denkbar, wenn eine irrige Annahme über wesentliche Vorstellungen nur hinsichtlich eines Teils vorliegt und eine Anpassung insofern ausscheidet. Somit ist eine Teilkündigung entsprechend § 648a Abs. 2 BGB bei einem Werkvertrag im Rahmen von § 313 Abs. 3 BGB grundsätzlich möglich.[1092]

III. Abgrenzung zur Regelungsmaterie der Kündigung aus wichtigem Grund gemäß § 648a BGB

Sowohl das Institut der Störung der Geschäftsgrundlage gemäß § 313 Abs. 3 BGB als auch die Kündigung aus wichtigem Grund gemäß § 648a Abs. 1 BGB setzten die Unzumutbarkeit der weiteren Vertragsdurchführung voraus. Allerdings sind an eine Kündigung aus wichtigem Grund nicht not-

---

1088 *Hoffmann*, JuS 2017, 1045 (1050).
1089 Siehe dazu insgesamt bereits § 2 B III 2 b cc.
1090 Vgl. *Belling*, NZA 1996, 906 (911).
1091 Siehe dazu bereits § 3 B III.
1092 Siehe dazu noch § 5 B IV 3.

wendig die strengen Anforderungen zu stellen, die für die Störung der Geschäftsgrundlage gelten.[1093] Die Auflösung des Vertrages gemäß § 313 Abs. 3 BGB muss zur Vermeidung untragbarer, mit Recht und Gerechtigkeit unvereinbarer Folgen unabweislich für die Vertragspartei erscheinen.[1094] Darüber hinaus akzentuiert § 313 BGB aufgrund der vorrangigen Beschränkung der Parteien auf ein Anpassungsrecht des Vertrages stärker als § 648a BGB den Charakter der Kündigung als *ultima ratio*.[1095] Zudem sind bei einer Kündigung aus wichtigem Grund gemäß § 648a Abs. 3 iVm § 314 Abs. 2 und 3 BGB weitere formelle Voraussetzungen zu beachten. Dies macht eine Abgrenzung der Rechtsinstitute erforderlich.[1096]

Das Recht zur Kündigung aus wichtigem Grund stellt im Ausgangspunkt ein vertragsimmanentes Mittel zur Beendigung der Vertragsbeziehung dar und kommt daher vor allem bei der Zerstörung des Vertrauensverhältnisses, insbesondere infolge von Pflichtverletzungen der anderen Seite, in Betracht.[1097] Daneben sind solche Umstände dem Anwendungsbereich des Kündigungsrechts nach § 648a Abs. 1 BGB zuzuordnen, die keine Geschäftsgrundlage darstellen und somit von vornherein zu keiner Überschneidung der Anwendungsbereiche führen können.[1098] Hingegen liegt bei einer Kündigung des Vertrages wegen der Störung der Geschäftsgrundlage gemäß § 313 Abs. 3 BGB eine außerhalb des Vertrags liegende Störung vor und ist eine von vornherein auf besondere Ausnahmefälle beschränkte Möglichkeit, sich von den vertraglichen Verpflichtungen zu lösen.[1099] Der Störung der Geschäftsgrundlage sind mithin insbesondere Äquivalenzstörungen, Fälle der großen Geschäftsgrundlage sowie Änderungen der Rechtslage und Zweckstörungen zuzuordnen.[1100] Kündigt eine Partei daher unter Berufung auf die Störung der Geschäftsgrundlage den

---

1093 BGH NZG 2014, 1036 Rn. 23; BGHZ 133, 316 (320) = NJW 1997, 1702; AnwKom-BGB/*Krebs,* § 313 BGB Rn. 20; B/R/H/P/*Lorenz,* § 314 BGB Rn. 7.

1094 BGH NZG 2014, 1036 Rn. 23; BGH NJW 1991, 1478 (1479); BGHZ 84, 1 (9) = NJW 1982, 2184.

1095 KG BauR 2023, 277 (284).

1096 Vgl. *Hirsch,* Kündigung aus wichtigem Grund und Geschäftsgrundlage S. 165.

1097 BGHZ 133, 316 (320) = NJW 1997, 1702.

1098 NK-BGB/*Jung,* § 313 BGB Rn. 34; zum Begriff der Geschäftsgrundlage siehe noch § 5 B IV 2.

1099 BGHZ 133, 316 (321) = NJW 1997, 1702.

1100 Siehe BT-Drs. 14/6040, 174; NK-BGB/*Jung,* § 313 BGB Rn. 34; zu einer Störung der großen Geschäftsgrundlage siehe noch die aktuelle Fallstudie zum Ukraine-Krieg § 5 B IV 2.

Vertrag, beurteilt sich die Wirksamkeit der Kündigung ausschließlich an den Anforderungen des § 313 BGB.[1101]

Im Einzelfall kann das Kündigungsrecht aus wichtigem Grund gemäß § 648a BGB mit einem Kündigungs- oder Vertragsanpassungsrecht wegen Wegfalls der Geschäftsgrundlage gemäß § 313 BGB konkurrieren.[1102] Dies ist eine Konsequenz, die sich aus der Verwendung unbestimmter Rechtsbegriffe ergibt und damit im Einzelfall bei der Auslegung Schwierigkeiten bereiten kann.[1103] Die Abgrenzungsschwierigkeit resultiert unter anderem daraus, dass eine Kündigung aus wichtigem Grund gemäß § 648a Abs. 1 BGB ausnahmsweise auf neutrale Umstände gestützt werden kann.[1104] Sofern eine Zuordnung zu dem jeweiligen Rechtsinstitut nicht möglich ist, sollten verbleibende Überschneidungen zugunsten der Kündigung aus wichtigem Grund gemäß § 648a Abs. 1 BGB aufgelöst werden, da diese eine spezielle Regelung zur Vertragsbeendigung im Falle eines Werkvertrages darstellt und ansonsten deren Voraussetzungen unterlaufen werden.[1105] Dies inkludiert auch den Vertragsanpassungsanspruch gemäß § 313 Abs. 1 BGB.[1106] Aufgrund des Kooperationscharakters des Bauvertrages besteht ohnehin eine Pflicht der Parteien, Verhandlungen über Änderungen des Vertrags anzustreben, welche bei der Bewertung eines wichtigen Grundes im Einzelfall Berücksichtigung findet.[1107] Darüber hinaus ist in § 648a Abs. 2 BGB speziell das Recht der Parteien zur Teilkündigung gemäß § 648a Abs. 2 BGB geregelt und erlaubt im Gegensatz zum Anpassungsanspruch nach § 313 Abs. 1 BGB die einseitige Durchsetzung und erfordert nicht die Unzumutbarkeit der Vertragsanpassung.[1108]

1101 KG BauR 2023, 277 (284); offenlassend KG NJW-RR 2022, 64 Rn. 21.
1102 Soergel/*Buchwitz*, § 648a BGB Rn. 41.
1103 *Hirsch*, Kündigung aus wichtigem Grund und Geschäftsgrundlage S. 165.
1104 KG BauR 2023, 277 (284); siehe zudem bereits § 3 B I.
1105 MüKoBGB/*Finkenauer*, § 313 BGB Rn. 173; BeckOGK/*Martens*, § 313 BGB Rn. 192 (Stand: 15.04.2023).
1106 MüKoBGB/*Finkenauer*, § 313 BGB Rn. 173, so zu § 626 BGB auch BAG NZA 2010, 465.
1107 Siehe bereits § 2 A II 2 a; vgl. B/R/H/P/*Lorenz*, § 313 BGB Rn. 21.
1108 Siehe bereits § 5 B II.

IV. Aktuelle Fallstudie: Ukraine-Krieg – Anpassung der Preise oder Vertragskündigung?

1. Einführung in die Problematik

In den letzten Monaten kam es insbesondere bei Baustoffen zu Material-knappheit und erheblichen Preissteigerungen. Die Problematik hat nach der Covid-19-Pandemie durch den Ausbruch des Krieges in der Ukraine am 24. Februar 2022 erneuten Zuwachs bekommen. Vor allem durch die international verhängten Sanktionen gegen Russland kam es erneut zu enormen Preissteigerungen im Bereich der Bau- und Treibstoffe. Gleich-zeitig führen die erhöhten Preise für Energie und Kraftstoffe zu einem weiteren Kostenanstieg.[1109] Das führt zu der Frage, ob der Unternehmer die Preissteigerungen bei bereits bestehenden Verträgen allein zu tragen hat und ob diese eine Partei sogar zur Kündigung des Vertrages berechtigen können.

Grundsätzlich ist der vertraglich vereinbarte Baupreis ein Festpreis, der sich bei unverändertem Bausoll während der vorgesehenen Leistungszeit nicht ändert.[1110] Das folgt aus dem Grundsatz *pacta sunt servanda* und gilt unabhängig davon, ob die VOB/B vereinbart wurde oder ob es sich um einen Einheits- oder Pauschalpreisvertrag handelt.[1111] Fallen die tatsächlichen Kosten somit höher aus, sind diese grundsätzlich aufgrund der vertraglichen Risikoverteilung vom Unternehmer zu tragen.[1112] Daraus ergibt sich, dass der Unternehmer bei gleichbleibendem Bausoll grundsätzlich an den vertraglichen Preis gebunden ist, sofern der Vertrag keine entsprechenden Anpassungsmechanismen vorsieht.[1113] Allerdings ist die Baubranche nun mit außergewöhnlich hohen und kaum vorhersehbaren Preiserhöhungen konfrontiert. Aus der Abgrenzung zu § 648a BGB ergibt sich, dass bei einer Störung der großen Geschäftsgrundlage und einer damit einhergehenden Unzumutbarkeit, am unveränderten Vertrag festzuhalten, der Anwendungs-bereich des § 313 Abs. 1 BGB eröffnet ist, welcher eine Anpassung bezie-

---

1109 Dazu insgesamt Erlass Bundesministerium für Wohnen, Stadtentwicklung und Bauwesen vom 25.03.2022 S. 1.

1110 *Reichert*, BauR 2022, 691; bei einer Änderung des Vertrages gemäß § 650b BGB ist hingegen § 650c BGB zu berücksichtigen.

1111 *Lührmann/Egle/Thomas*, NZBau 2022, 251; *Seidenberg*, NZBau 2022, 257.

1112 *Leinemann/Steffen*, NJW-Spezial 2022, 236.

1113 *Lührmann/Egle/Thomas*, NZBau 2022, 251.

hungsweise Kündigung des Vertrages ermöglicht.[1114] Erforderlich ist daher, dass aufgrund der durch den Ukraine-Krieg bedingten Preisexplosionen die große Geschäftsgrundlage betroffen und ein Festhalten am unveränderten Vertrag unzumutbar ist.

2. Schwerwiegende Veränderung der zur Grundlage des Vertrages gewordenen Umstände

Die Geschäftsgrundlage bilden die zwar nicht zum eigentlichen Vertragsinhalt erhobenen, bei Vertragsschluss aber zutage getretenen gemeinsamen Vorstellungen beider Vertragsparteien oder die dem anderen Teil erkennbaren und von ihm nicht gerügten Vorstellungen der anderen Vertragspartei von dem Vorhandensein oder dem Eintritt bestimmter Umstände, auf denen sich der Geschäftswille der Parteien aufbaut.[1115] Dabei wird zwischen der großen und kleinen Geschäftsgrundlage unterschieden. Die Unterscheidung zwischen der großen und der kleinen Geschäftsgrundlage ist relevant für die Schwelle der Unzumutbarkeit, welche bei Störung der großen Geschäftsgrundlage niedriger anzusetzen ist, sowie für die Rechtsfolgenseite, da keine Partei das Risiko alleine tragen soll.[1116] Die große Geschäftsgrundlage betrifft die Erwartung der Vertragsparteien, dass sich die grundlegenden politischen, wirtschaftlichen und sozialen Rahmenbedingungen eines Vertrages nicht ändern, wie etwa durch Revolution, Krieg, Vertreibung, Hyperinflation oder eine Naturkatastrophe, und die Sozialexistenz nicht erschüttert werde.[1117] Im Übrigen ist die kleine Geschäftsgrundlage betroffen, wenn es um die den Vertrag betreffenden Umstände geht.[1118] Der Ukraine-Krieg und seine Auswirkungen unterfallen der großen Geschäftsgrundlage. Denn für beide Parteien gehört erkennbar zur Grundlage eines Bauvertrages, dass Baumaterialien künftig verfügbar sind und nur den gewöhnlichen Preisschwankungen unterliegen.[1119] Diese Vorstellung wurde durch

---

1114 Siehe bereits § 5 B III.
1115 BGHZ 89, 226 (231); BGHZ 84, 1 (8); BGHZ 25, 390 (392).
1116 Dazu *Franz/Langen*, BauR 2023, 845 (848 ff.).
1117 BGHZ 232, 178 Rn. 45 zu Covid-19.
1118 MüKoBGB/*Finkenauer*, § 313 BGB Rn. 17.
1119 So auch *Lührmann/Egle/Thomas*, NZBau 2022, 251 (252); *Leinemann*, UKuR 2022, 53 Rn. 3; *Franz/Langen*, BauR 2023, 845 (848).

den Kriegsbeginn schwerwiegend erschüttert.[1120] Zusätzlich wird durch die immensen Preissteigerungen das Äquivalenzverhältnis von Leistung und Gegenleistung erheblich gestört.[1121] Derart gravierende Auswirkungen auf bestehende Verträge oder laufende Vergabeverfahren im Bausektor waren nicht erwartbar.[1122] Bei Kenntnis dieser Umstände hätten die Parteien die Preissteigerungen und Risiken des Ukraine-Krieges vertraglich berücksichtigt, beispielsweise durch Vereinbarungen von Risikozuschlägen, Risikoverteilungs- oder Preisgleitklauseln.[1123] Damit liegt eine schwerwiegende Veränderung der zur Grundlage des Vertrages gewordenen Umstände vor, die bei Kenntnis der Parteien zu einem anderen Inhalt des Vertrages geführt hätten.

3. Unzumutbarkeit des Festhaltens am unveränderten Vertrag und Rechtsfolgen

Weiterhin müsste dem Unternehmer unter Berücksichtigung aller Umstände des Einzelfalls, insbesondere der vertraglichen oder gesetzlichen Risikoverteilung, ein weiteres Festhalten am unveränderten Vertrag unzumutbar sein. Hierfür ist erforderlich, dass ein Festhalten an den Regelungen für die betroffene Partei zu einem nicht mehr tragbaren Ergebnis führt.[1124] Die Unzumutbarkeit der Gesamtkostensteigerung ist stets im jeweiligen Vertragsverhältnis und nicht in Bezug auf die gesamte Lieferkette zu prüfen und in Bezug zur Schlussrechnungssumme zu bewerten.[1125] Starre Grenzen für die Bestimmung der Unzumutbarkeit infolge der Preiserhöhungen können angesichts des Erfordernisses einer Einzelfallbetrachtung keinen Bestand haben.[1126] Im Rahmen der Gesamtabwägung der Interessen beider Parteien stellt sich insbesondere die Frage, ob eine drohende Insolvenz der jeweiligen Partei Berücksichtigung finden kann.[1127] Dagegen könnte

---

1120 *Leinemann/Steffen,* NJW-Spezial 2022, 236; insgesamt krit. BeckOGK/*Martens,* § 313 BGB Rn. 259 (Stand: 15.04.2023).
1121 *Seidenberg,* NZBau 2022, 257 (258); *Kues/Simlesa,* NZBau 2022, 319 (320).
1122 *Leinemann,* UKuR 2022, 53 Rn. 4.
1123 *Lührmann/Egle/Thomas,* NZBau 2022, 251 (252).
1124 BGHZ 232, 178 Rn. 53; BGH NJW 2012, 1718 Rn. 30.
1125 Ausführlich dazu *Franz/Langen,* BauR 2023, 845 (853).
1126 BGHZ 190, 212; BGHZ 157, 102 (113) in Bezug auf eine starre 20 % Grenze.
1127 Siehe auch die Insolvenz als Kündigungsgrund im Rahmen von § 648a BGB § 3 B IV 1 f für den Besteller sowie § 3 B IV 2 c für den Unternehmer.

angeführt werden, dass der riskant kalkulierende Unternehmer sowie ein Besteller, der seine Finanzierungsmöglichkeiten vollständig ausschöpft, privilegiert werden würden.[1128] Dennoch sind die individuellen finanziellen Umstände bei der Abwägung zu berücksichtigen.[1129] § 313 BGB enthält keinen abschließenden Kriterienkatalog und ist als Billigkeitsvorschrift offen formuliert.[1130] Daneben sprechen auch die Interessen der Parteien für eine solche Berücksichtigung, da dies dem Ablauf des Vorhabens entgegenstehen kann.[1131] Als Anhaltspunkte bei der Abwägung im Einzelfall können daneben die Mehrkosten im Vergleich zum Gesamtauftrag und ein Verlust auf Seiten des Unternehmers im Vergleich zum hypothetisch ohne das Kriegsereignis erzielten Gewinn dienen.[1132] Die Unzumutbarkeit scheidet auf Seiten des Unternehmers allerdings dann aus, wenn diesem noch ein Gewinn verbleibt.[1133] Ebenso reicht ein bloßes Aufzehren des Gewinns angesichts der strengen Unzumutbarkeitsschwelle nicht aus.[1134]

Die Unzumutbarkeit kann nicht nur deshalb negiert werden, weil es sich um einen Festpreis mit entsprechender Preisgarantie handelt.[1135] Die diesbezügliche vollständige Risikozuweisung an den Unternehmer kann nur bis zur Grenze der Zumutbarkeit gelten und muss daher aufgrund der Auswirkungen des Krieges modifiziert werden.[1136] Aufgrund des plötzlichen Kriegseintritts waren die Entwicklungen kaum vorhersehbar und es bestand keine Möglichkeit für den Unternehmer, entsprechende Vorsorgemaßnahmen zu treffen.[1137] Dies gilt umso mehr, als dass sich die

---

1128 *Lührmann/Egle/Thomas,* NZBau 2022, 251 (254).
1129 BGH NZM 2022, 292 Rn. 35; *Römermann,* NJW 2021, 265 (268); BGH NJW-RR 1995, 77.
1130 *Lührmann/Egle/Thomas,* NZBau 2022, 251 (254).
1131 Vgl. Kapellmann/Messerschmidt/*Kapellmann,* § 2 VOB/B Rn. 508.
1132 *Kues/Simlesa,* NZBau 2022, 319 (321); *Franz/Langen,* BauR 2023, 845 (854 ff.).
1133 Vgl. BGHZ 190, 212 (226).
1134 *Franz/Langen,* BauR 2023, 845 (856).
1135 *Reichert,* BauR 2022, 691 (695).
1136 *Kues/Simlesa,* NZBau 2022, 319 (321); siehe auch *Seidenberg,* NZBau 2022, 257 (258); offenlassend BGH Urt. v. 08.07.1978 – VIII ZR 221/76, BeckRS 1978, 31119358 (abrufbar in beck-online).
1137 Ebenso *Leinemann,* UKuR 2022, 53 Rn. 8; *Kues/Simlesa,* NZBau 2022, 319 (321); BGH Urt. v. 08.07.1978 – VIII ZR 221/76, BeckRS 1978, 31119358 (abrufbar in beck-online) betonte diese Aspekte für die Öl-Krise, sodass es dem Lieferanten letztlich zumutbar war, Heizöl einzulagern, weil diesem die wesentlichen die spätere Preisentwicklung auslösenden Faktoren bekannt waren; unter Berufung auf dieses Urteil ebenfalls krit. BeckOGK/*Martens,* § 313 BGB Rn. 260 (Stand: 15.04.2023).

Preiserhöhungen nicht nur auf einen Bereich beschränken. Etwas anderes dürfte lediglich für Verträge gelten, welche nach Kriegsbeginn geschlossen wurden.[1138] Gleiches gilt bezüglich solcher Verträge, die bereits bekannte pandemiebedingte Beschaffungs- und Kostenrisiken berücksichtigt haben oder hätte müssen, sodass es infolge des Ukraine-Krieges nicht mehr zu einer extremen Erhöhung der Preise kam.[1139]

Damit liegt aufgrund der Auswirkungen des Ukraine-Krieges vielmals eine Störung der Geschäftsgrundlage vor, welche bei Unzumutbarkeit des Festhaltens am unveränderten Vertrag im jeweiligen Einzelfall zunächst zu einem Anspruch auf Anpassung des Vertrages gemäß § 313 Abs. 1 BGB führt.[1140] Dabei sind Regelungen zur Kompensation und andere angemessene Mechanismen zum Ausgleich der Preiserhöhungen zu treffen.[1141] Das Ziel der Anpassung ist eine interessengerechte Verteilung der wirtschaftlichen Folgen, wobei dem Unternehmer die Erfüllung des Vertrages wieder zumutbar sein muss.[1142] Maßstab sind dabei die nunmehr tatsächlich erforderlichen Kosten.[1143] Sofern die Anpassung des Vertrages einer Partei unzumutbar ist, kommt eine Kündigung gemäß § 313 Abs. 3 BGB in Betracht. Dabei ist zu berücksichtigen, dass der Besteller regelmäßig auf die Errichtung des Bauwerks angewiesen ist und die Kündigung des gesamten Vertrages bis auf wenige Ausnahmefälle nicht interessengerecht ist.[1144] Vor diesem Hintergrund rückt die Möglichkeit der Teilkündigung in den Fokus, die eine Reduzierung des Bausolls bewirkt und auf diese Weise zu einer Kostensenkung führt.[1145] Eine solche kommt allerdings nur in Betracht, wenn die Anpassung lediglich für einen Teil des Vertrages nicht möglich oder unzumutbar ist. Angesichts der verschiedenen Anpassungsmöglichkei-

---

1138 *Lührmann/Egle/Thomas,* NZBau 2022, 251 (254).

1139 Dazu *Franz/Langen,* BauR 2023, 845 (850).

1140 *Lührmann/Egle/Thomas,* NZBau 2022, 251 (256); *Kues/Simlesa,* NZBau 2022, 319 (323) gehen davon aus, dass die Unzumutbarkeit in den meisten Fällen vorliegt; ebenso *Leinemann/Steffen,* NJW-Spezial 2022, 236 (237); *Reichert,* BauR 2022, 691 (695); zurückhaltender BeckOGK/*Martens,* § 313 BGB Rn. 260 (Stand: 15.04.2023).

1141 *Leinemann,* UKuR 2022, 53 Rn. 21; *Franz/Langen,* BauR 2023, 845 (857 ff.) geben einen umfassenden Überblick über die Rechtsfolgen.

1142 *Lührmann/Egle/Thomas,* NZBau 2022, 251 (254). Vor diesem Hintergrund scheidet eine vollständige Preisanpassung aus.

1143 *Kues/Simlesa,* NZBau 2022, 319 (322); *Leinemann,* UKuR 2022, 53 Rn. 24.

1144 *Franz/Langen,* BauR 2023, 845 (852).

1145 Vgl. dazu bereits die Ausführungen zu § 649 BGB unter § 5 A II.

ten dürfte sich dies allerdings einem praktischen Anwendungsbereich entziehen.[1146]

V. Verlängerung der Ausführungsfristen durch Ukraine-Krieg

Insbesondere bei länger angelegten Werkverträgen wie beim Bauvertrag können aufgrund der kriegsbedingten Lieferengpässe vertragliche Fertigstellungstermine sowie Einzelfristen nicht eingehalten werden. Für den VOB/B-Bauvertrag findet sich eine Regelung in § 6 Abs. 2 Nr. 1 lit. c VOB/B für Verzögerungen durch höhere Gewalt. Danach werden die Ausführungsfristen verlängert, soweit eine Behinderung durch höhere Gewalt oder andere für den Auftragnehmer unabwendbare Umstände verursacht wird. Der Begriff der höheren Gewalt in der VOB/B erfasst insbesondere äußere Ereignisse wie Kriegsereignisse und Lieferungsschwierigkeiten seitens der Lieferanten.[1147] Die Verlängerung der Frist wird gemäß § 6 Abs. 4 VOB/B nach der Dauer der Behinderung für die nicht lieferbaren Stoffe mit einem Zuschlag für die Wiederaufnahme der Arbeiten berechnet. Daraus folgt, dass die durch den Ukraine-Krieg verursachten Verzögerungen keine schuldhafte Überschreitung vereinbarter Ausführungstermine seitens des Auftragnehmers darstellen, da diese Umstände unabwendbar sind.[1148] Dies gilt auch für einen BGB-Werkvertrag und folgt bereits aus allgemeinen Grundsätzen.[1149] Demnach fehlt es dem Verzug an einem Verschulden gemäß § 286 Abs. 4 BGB oder je nach Fallkonstellation kann (zeitweilige) Unmöglichkeit gemäß § 275 Abs. 1 BGB eintreten, welche einen Verzug ausschließt.[1150] Mithin kann ein Vertrag auch aus diesem Grund nicht nach § 648a BGB ganz oder teilweise wegen Verzugs oder sonstiger Überschreitungen der Vertragsfristen gekündigt werden.

1146 NK-BGB/*Jung*, § 313 BGB Rn. 112.
1147 BeckOK VOB/B/*Oberhauser*, § 6 Abs. 2 VOB/B Rn. 10 (Stand: 30.04.2023); Ingenstau/Korbion/*Döring*, § 6 VOB/B Rn. 7.
1148 *Kues/Simlesa*, NZBau 2022, 319 (324); *Leinemann*, UKuR 2022, 53 (57); BeckOK VOB/B/*Oberhauser*, § 6 Abs. 2 VOB/B Rn. 10 (Stand: 30.04.2023).
1149 I.E. ebenso *Leinemann*, UKuR 2022, 53 (57).
1150 Vgl. BGH NJW 1982, 1458 bezüglich des politischen Aufruhres im Iran.

VI. Zwischenfazit

Die Kündigung aus wichtigem Grund gemäß § 648a Abs. 1 BGB kann in Einzelfällen auch nach einer tatbestandlichen Abgrenzung Schnittstellen mit der Störung der Geschäftsgrundlage gemäß § 313 Abs. 1 BGB aufweisen. Diese sind zugunsten des Anwendungsbereichs der Kündigung aus wichtigem Grund gemäß § 648a Abs. 1 BGB aufzulösen. Die Teilkündigung gemäß § 648a Abs. 2 BGB weist Parallelen mit dem Vertragsanpassungsanspruch nach § 313 Abs. 1 BGB auf, kann jedoch im Unterschied dazu einseitig durchgesetzt werden. Auch bei einer Kündigung gemäß § 313 Abs. 3 BGB kommt eine Teilkündigung grundsätzlich in Betracht. Die Möglichkeit der Vertragsanpassung sowie der Vertragsbeendigung im Wege der Störung der Geschäftsgrundlage gemäß § 313 BGB hat durch den Ukraine-Krieg an aktueller Brisanz gewonnen. Daneben werden durch die kriegsbedingten Lieferengpässe die Ausführungsfristen verlängert. Bei neu abzuschließenden Verträgen werden die Auswirkungen des Ukraine-Krieges bei der Risikoallokation zu berücksichtigen sein.

§ 6. Fazit

Die Teilkündigung stellt einen Exoten im Lichte der zivilrechtlichen Dogmatik dar. Anders als die Kündigung des gesamten Vertrages beendet die Teilkündigung einen Vertrag nicht nur, sondern ermöglicht dem Kündigenden, den bereits geschlossenen Vertrag nach eigenem Ermessen im Umfang zu reduzieren und weiterhin teilweise auszuführen. Dies führt zu einer weitergehenden Spaltung des Vertrages. Die Teilkündigung hat daher weitreichendere Folgen als die Vollkündigung. (§ 2 B) Insbesondere durch die Einseitigkeit unterscheidet sie sich von anderen, eine Spaltung des Schuldverhältnisses bewirkenden Rechtsinstituten, wie etwa dem Teilrücktritt gemäß § 323 Abs. 5 S. 1 BGB. (§ 3 A IV) Mit der Kodifizierung der Teilkündigung aus wichtigem Grund gemäß § 648a Abs. 2 BGB besteht nunmehr eine gesetzliche Grundlage für eine solche Teilkündigung. Diese Regelung beseitigt bestehende Rechtsunsicherheiten, wie etwa die Frage, ob und unter welchen Voraussetzungen eine Teilkündigung möglich sein soll. (§ 2 B III, IV) Die Regelung ist auch aus Gründen der innerstaatlichen Gewaltenteilung zunächst begrüßenswert. Angesichts des Umfangs eines Werkvertrages steht dem Kündigenden nunmehr die gesetzlich eingeräumte Möglichkeit zu, den Vertrag nur teilweise zu beenden und im Übrigen fortzuführen und stillt damit ein praktisches Bedürfnis. (§ 2 B II) Damit werden die Handlungsoptionen in der Situation einer Kündigung aus wichtigem Grund erweitert, welche für die Beendigung eines umfangreichen Werkvertrages wie dem Bauvertrag im Vergleich zum Rücktritt der interessengerechtere Rechtsbehelf ist. (§ 2 A II) Insofern ist auch allgemein die Einführung eines werkvertraglichen Kündigungsrechtes aus wichtigem Grund gemäß 648a BGB zunächst positiv hervorzuheben. Allerdings sollte klarstellend in § 650 Abs. 1 S. 3 BGB aufgenommen werden, dass der Werklieferungsvertrag ebenfalls vom Anwendungsbereich der (Teil-)Kündigung aus wichtigem Grund erfasst wird. (§ 2 A III 2) Angesichts der besonderen Interessenlage handelt es sich bei der Kündigung aus wichtigem Grund gemäß § 648a BGB um ein werkvertragsspezifisches Instrument zur Beendigung von Verträgen, weshalb der Vorschrift kein verallgemeinerungsfähiges Prinzip für andere Vertragstypen entnommen werden kann. (§ 2 A III 3)

Mit der Voraussetzung des abgrenzbaren Teils des geschuldeten Werks gemäß § 648a Abs. 2 BGB ermöglicht der Gesetzgeber praxistauglichere

Lösungen im Vergleich zu dem in § 8 Abs. 3 Nr. 1 S. 2 VOB/B geregelten in sich abgeschlossenen Teil der vertraglichen Leistung, welcher überwiegend innerhalb eines Gewerks ausscheidet. (§ 3 A II) Ein abgrenzbarer Teil stellt hingegen einen beliebigen Teil der Gesamtleistung dar, ohne dass der bisherige Unternehmer infolge der Abgrenzung unzumutbar belastet wird. Das Merkmal führt zu einem weiten Anwendungsbereich und sorgt gleichzeitig für klare Verhältnisse, wodurch das Konfliktpotential zwischen den Beteiligten reduziert wird. Zugleich finden die Interessen des Unternehmers Berücksichtigung. Die Tatbestandsvoraussetzung des abgrenzbaren Teils ist daher stimmig. (§ 3 A) Der Gesetzgeber hat durch die Neuregelung ein gesetzliches Leitbild eingeführt. Daher sollte abermals über eine Überarbeitung der VOB/B nachgedacht werden. (§ 3 E) Die Teilkündigung erfährt hingegen durch die Voraussetzung des wichtigen Grundes gemäß § 648a Abs. 1 BGB, welcher einer Einzelfallabwägung unterliegt, eine erhebliche Einschränkung an Rechtssicherheit. Dem Rechtsanwender wird einmal mehr der begrenzte Mehrwert der Kodifizierung von Richterrecht in Form einer Generalklausel vor Augen geführt. Die Ausfüllung der Voraussetzung des wichtigen Grundes gemäß § 648a Abs. 1 BGB obliegt weiterhin der Rechtsprechung. Das dies nicht zielführend ist, zeigt bereits der Begründungsaufwand im Rahmen der einzelnen Kündigungsgründe. (§ 3 B IV) Der angestrebte Zuwachs an Legitimation und Rechtssicherheit wird somit eigens durch den Gesetzgeber torpediert. Bei der Evaluation und einer sich daran anschließenden Überarbeitung des Bauvertragsrechts sollte dies Berücksichtigung finden und eine regelbeispielartige Aufzählung von Kündigungsgründen Eingang in das Gesetz finden. Dabei sollten die Kündigungsgründe speziell für den Bauvertrag geregelt werden, da sich dieser durch den Kooperationscharakter und die besondere Vertrauensbasis von anderen Werkverträgen erheblich unterscheiden kann. (§ 2 A II 2 a) Hier stößt der allgemeine, für das gesamte Werkvertragsrecht geltende Kündigungstatbestand an seine Grenzen. (§ 3 B IV 3) Auch eine Teilkündigung kommt je eher in Betracht, desto größer der Umfang des Projekts ist und ist bei kleineren Werkverträgen regelmäßig nicht von Interesse. (§ 2 B II) Weiterhin könnte der Gesetzgeber im Zuge der Überarbeitung die Chance nutzen, das Verhältnis des wichtigen Grundes gemäß § 648a Abs. 1 BGB zur Voraussetzung des abgrenzbaren Teils gemäß § 648a Abs. 2 BGB klarzustellen. Die Teilkündigung stellt nach hier vertretener Auffassung eine stets mögliche Alternative zur Vollkündigung dar und ist nicht geeignet, die Unzumutbarkeit der weiteren Fortführung des Vertrages zu widerlegen. (§ 3 B III) Die Klarstellung könnte dadurch erfolgen, dass § 648a Abs. 2 BGB durch den Zusatz „Bei Vorliegen eines wichtigen Grundes nach Abs. 1 ist eine Teilkündigung möglich" ergänzt wird. Mit Blick auf den Wortlaut ist die Teilkündigung gegenüber einer Vollkündigung auch nicht vorrangig zu erklären, was aufgrund ihres Charakters, den Vertragsinhalt umzugestalten, folgerichtig ist. (§ 3 B II)

Infolge der Überarbeitung des Bauvertragsrechts sollte außerdem der Ausschluss der (Teil-)Kündigung aus wichtigem Grund für den Bauträger-vertrag gemäß § 650u Abs. 2 BGB aufgehoben werden. Denn auch dies läuft dem vom Gesetzgeber erklärten Ziel der Verbesserung des Verbraucher-schutzes zuwider. (§ 3 D II) Gerade in Bezug auf die Teilkündigung mangelt es an der Erforderlichkeit des Ausschlusses. (§ 3 D III) Auf Rechtsfolgenseite sollte über dies der Vergütungsanspruch gemäß § 648a Abs. 5 BGB bei einer Kündigung durch den Unternehmer aufgrund des auftretenden Wertungswi-derspruchs zu § 648 S. 2 BGB nochmals überdacht werden. (§ 4 A V 2, VII 2) Hingegen ist die Normierung einer gemeinsamen Leistungsstandfeststellung in § 648a Abs. 4 BGB insbesondere im Hinblick auf die Teilkündigung begrüßenswert und trägt erheblich zur Rechtssicherheit bei. (§ 4 A IV)

Die Möglichkeit der Teilkündigung lässt sich mit den Erwägungen des Gesetzgebers auf die anderen im Werkvertragsrecht vorgesehenen Kündi-gungstatbestände mit Ausnahme der des § 650r BGB übertragen und ist daher als ein allgemeines Prinzip des Werkvertragsrechts anzusehen. Es wäre demnach konsequent, die Möglichkeit der Teilkündigung für diese Kündigungstatbestände aufzunehmen und insofern eine stimmige Dogma-tik zu schaffen. Die Möglichkeit der Teilkündigung könnte durch eine Regelung im jeweiligen Kündigungstatbestand ergänzt werden, oder aber als eigenständige Regelung in den Gesetzestext inkorporiert werden, in der die entsprechenden Kündigungstatbestände für anwendbar erklärt werden. (§ 5 A) Letzteres würde die Eigenständigkeit der Teilkündigung unterstrei-chen und verdeutlichen, dass die Teilkündigung kein reines Minus zur Vollkündigung darstellt. (§ 2 B III) Die Teilkündigung bietet im Vergleich zur Vollkündigung die Chance, das einzelne Kündigungsrecht sogar zu effektivieren, wie der Kündigungstatbestand des § 649 Abs. 1 BGB zeigt. (§ 5 A II) In der Rechtsanwendung ist zu beachten, dass die speziellen Kündi-gungstatbestände die Kündigung aus wichtigem Grund gemäß § 648a Abs. 1 BGB in ihrem Anwendungsbereich verdrängen. (§ 5 A) Ein Konkurrenzver-hältnis mit der Störung der Geschäftsgrundlage gemäß § 313 BGB kann durch eine tatbestandliche Abgrenzung hingegen überwiegend vermieden werden und sollte im Übrigen zugunsten der Kündigung aus wichtigem

Grund gemäß § 648a BGB aufgelöst werden. Auch im Rahmen der Störung der Geschäftsgrundlage ist eine Teilkündigung denkbar. (§ 5 B)

Zusammenfassend lässt sich an dieser Stelle sagen, dass die Kodifizierung der Teilkündigung gemäß § 648a Abs. 2 BGB insgesamt begrüßenswert ist, allerdings einiger Nachbesserung bedarf. Ein spürbarer Fortschritt in der Rechtsanwendung wird daher in Bezug auf die Teilkündigung gemäß § 648a Abs. 2 BGB nach geltender Rechtslage ausbleiben. Denn die Teilkündigung birgt insbesondere aufgrund der Voraussetzung des vom Einzelfall abhängigen wichtigen Grundes gemäß § 648a Abs. 1 BGB ein hohes Risiko der Unwirksamkeit und lässt kaum sichere Prognosen zu. Dies hat insbesondere bei einer unberechtigten Teilkündigung mangels Vorliegens eines wichtigen Grundes durch den Besteller zur Folge, dass die Teilkündigung im Wege der Umdeutung als eine freie Teilkündigung mit entsprechender Vergütungsfolge gemäß § 648 S. 2 BGB behandelt wird. (§ 4 B III) Infolgedessen stellt sich die Teilkündigung nicht als wirtschaftlich sinnvoll dar, sodass die Teilkündigung gemäß § 648a Abs. 2 BGB ihre Zweckmäßigkeit verliert. (§ 2 B II) Auch wenn eine Umdeutung in eine freie Teilkündigung ausnahmsweise ausscheidet, ist zu berücksichtigen, dass der Empfänger der unwirksamen Teilkündigung seinerseits regelmäßig zu einer Kündigung aus wichtigem Grund berechtigt ist und darüber hinaus Schadensersatzansprüche in Betracht kommen. (§ 4 B VI, VII) Diese Risiken sind vor der Erklärung einer Teilkündigung unbedingt zu berücksichtigen. Es empfiehlt sich daher bei der Vertragsgestaltung, einzelne Kündigungsgründe festzulegen, um dieses Risiko abzufedern. Die gesetzliche Regelung der werkvertraglichen Teilkündigung gemäß § 648a Abs. 2 BGB bietet damit Chancen und Risiken zugleich.

Literaturverzeichnis

Abel, Wolfgang/Schönfeld, Thomas, Das Anordnungsrecht des Bestellers nach § 650b BGB -Teil 1, Baurecht 48. Jahrgang 2017, 1901–1919 (zitiert: *Abel/Schönfeld,* BauR 2017, 1901).

Althaus, Stefan, Vergütung für erbrachte Leistungen beim gekündigten Pauschalpreisvertrag, Neue Juristische Wochenschrift 68. Jahrgang 2015, 2922–2925 (zitiert: *Althaus,* NJW 2015, 2922).

Andres, Dirk/Leithaus, Rolf/Dahl, Michael (Hrsg.), Insolvenzordnung Kommentar, 4. Aufl., München 2018 (zitiert: Andres/Leithaus/*Bearbeiter*).

Annweiler, Matthias/Graewe, Daniel, Rechtswahlklauseln in beurkundungspflichtigen Verträgen – Gestaltungsalternativen zu kostenerhöhenden Gebührentatbeständen, Neue Zeitschrift für Gesellschaftsrecht 20. Jahrgang 2017, 893–898 (zitiert: *Annweiler/Graewe,* NZG 2017, 893).

Auer-Reinsdorff, Astrid/Conrad, Isabell (Hrsg.), Handbuch IT- und Datenschutzrecht, 3. Aufl., München 2019 (zitiert: Auer-Reinsdorff/Conrad/*Bearbeiter*).

Basty, Gregor, Baurechtsreform 2017 und Bauträgervertrag, Mitteilungen des Bayerischen Notarvereins, der Notarkasse und der Landesnotarkammer Bayern 2017. Jahrgang, 445- 450 (zitiert: *Basty,* MittBayNot 2017, 445).

Beck-online Großkommentar Bürgerliches Gesetzbuch, insgesamt hrsg. v. *Gsell, Beate/Krüger, Wolfgang/Lorenz, Stephan/Reyman, Christoph,* München 2023 (zitiert: BeckOGK/*Bearbeiter*).

Beck'sche Online-Formulare Baurecht, hrsg. v. *Börgers, Michael,* 42. Edition, München 2023 (zitiert: BeckOF Baurecht/*Bearbeiter*).

Beck'scher HOAI- und Architektenrechtskommentar – Honorarordnung für Architekten und Ingenieure mit systematischen Darstellungen zum Architektenrecht, hrsg. v. *Fuchs, Heiko/Berger, Andreas/Seifert, Werner,* 3. Aufl., München 2022 (zitiert: Beck HOAI/*Bearbeiter*).

Beck'scher Vergaberechtskommentar, Bd. I – Gesetz gegen Wettbewerbsbeschränkungen – GWB – 4. Teil, hrsg. v. *Burgi, Martin/Dreher, Meinrad/Opitz, Marc,* 4. Aufl., München 2022 (zitiert: Beck VergabeR/*Bearbeiter*).

Beck'scher VOB-Kommentar – Vergabe- und Vertragsordnung für Bauleistungen Teil B -Allgemeine Vertragsbedingungen für die Ausführung von Bauleistungen, hrsg. v. *Ganten, Hans/Jansen, Günther/Voit, Wolfgang,* 3. Aufl., München 2013 (zitiert: Beck VOB/B/*Bearbeiter*).

Beck'scher Online-Kommentar VOB/B, hrsg. v. *Cramer, Stephan/Kandel, Roland/Preussner, Mathias,* 51. Edition, München 2023 (zitiert: BeckOK VOB/B/*Bearbeiter*).

Belling, Detlev, Die außerordentliche Anpassung von Tarifverträgen an veränderte Umstände, Neue Zeitschrift für Arbeitsrecht 13. Jahrgang 1996, 906–913 (zitiert: *Belling,* NZA 1996, 906).

Bitterich, Klaus, Kündigung vergaberechtswidrig zu Stande gekommener Verträge durch öffentliche Auftraggeber, Neue Juristische Wochenschrift 59. Jahrgang 2006, 1845–1850 (zitiert: *Bitterich,* NJW 2006, 1845).

Blomeyer, Fabian, Das neue Architektenvertragsrecht: Defizite und Wünsche an den Gesetzgeber aus Sicht der Architektenschaft, in: Festschrift für Dieter Kainz, Köln 2019 (zitiert: *Blomeyer,* FS Kainz).

Boldt, Antje, Die Kündigung des Bauvertrags aus wichtigem Grund durch den Auftraggeber nach neuem Recht, Neue Zeitschrift für Baurecht und Vergaberecht 3. Jahrgang 2002, 655–660 (zitiert: *Boldt,* NZBau 2002, 655).

Böttcher, Jens, Die Kündigung aus wichtigem Grund nach dem Schuldrechtsmodernisierungsgesetz, Zeitschrift für deutsches und internationales Bau- und Vergaberecht 26. Jahrgang 2003, 213–220 (zitiert: *Böttcher,* ZfBR 2003, 213).

Bötzkes, Frank, Die Abrechnung eines gekündigten Bauvertrages, Baurecht 47. Jahrgang 2016, 429–443 (zitiert: *Bötzkes,* BauR 2016, 429).

Braun, Eberhard (Hrsg.), Insolvenzordnung Kommentar, 9. Aufl., München 2022 (zitiert: Braun/*Bearbeiter*).

Brox, Hans/Walker, Wolf-Dietrich, Allgemeines Schuldrecht, 47. Aufl., München 2023 (zitiert: *Brox/Walker,* Schuldrecht AT).

Brügmann, Klaus/Kenter, Carolin, Abnahmeanspruch nach Kündigung von Bauverträgen, Neue Juristische Wochenschrift 56. Jahrgang 2003, 2121–2124 (zitiert: *Brügmann/Kenter* NJW 2003, 2121).

Buscher, René, Werklohnfälligkeit nach Kündigung eines Bauvertrags: Grundsätzlich Abnahme erforderlich, Baurecht 37. Jahrgang 2006, 1294–1298 (*Buscher,* BauR 2006, 1294).

Coing, Helmut, Zum Begriff der Teilerfüllung, Süddeutsche Juristen Zeitung 4. Jahrgang 1949, 532–536 (zitiert: *Coing,* JZ 1949, 532).

Dammert, Bernd/Lenkeit, Olaf/Oberhauser, Iris/Pause, Hans-Egon/Stretz, Anna, Das neue Bauvertragsrecht, München 2017 (zitiert: D/L/O/P/S/*Bearbeiter* Das neue Bauvertragsrecht).

Dauner-Lieb, Barbara, Kodifikation von Richterrecht, in: Ernst, Wolfgang/Zimmermann, Reinhard (Hrsg.), Zivilrechtswissenschaft und Schuldrechtsreform, S. 305–328 (zitiert: *Dauner-Lieb,* in Ernst/Zimmermann (Hrsg.), Zivilrechtswissenschaft und Schuldrechtsreform, 305).

Dauner-Lieb, Barbara/Heidel, Thomas/Lepa, Manfred/Ring, Gerhard (Hrsg.), Anwaltskommentar Schuldrecht – Erläuterungen der Neuregelungen zum Verjährungsrecht, Schuldrecht, Schadensersatzrecht und Mietrecht, 2001 Bonn (zitiert: AnwKom-BGB/*Bearbeiter*).

Deckers, Stefan, Das neue Architekten- und Ingenieurvertragsrecht im Bürgerlichen Gesetzbuch, Zeitschrift für deutsches und internationales Bau- und Vergaberecht 40. Jahrgang 2017, 523–545 (zitiert: *Deckers,* ZfBR 2017, 523).

Diehr, Uwe, Der Wartungsvertrag – Einordnung in das Bau- und Vergaberecht, Zeitschrift für deutsches und internationales Bau- und Vergaberecht 37. Jahrgang 2014, 107–118 (zitiert: *Diehr,* ZfBR 2014, 107).

Enneccerus, Ludwig/Kipp, Theodor/Wolff, Martin (Begr.), Lehrbuch des Bürgerlichen Rechts, Bd. II, 15. Bearbeitung, Tübingen 1958 (zitiert: Enneccerus/*Lehmann*).

Erman, Bürgerliches Gesetzbuch, Kommentar, hrsg. v. *Grunewald, Barbara/Maier-Reimer, Georg/Westermann, Harm Peter*, Bd. II – §§ 1–758 BGB, 16. Auflage, Köln 2020 (zitiert: Erman/*Bearbeiter*).

Feser, Andreas, Schadensersatz vs. Restlohn nach außerordentlicher Auftraggeberkündigung des Bauvertrags, Baurecht 39. Jahrgang 2008, 1043–1052 (zitiert: *Feser*, BauR 2008, 1043).

Franke, Horst, Spannungsverhältnis InsO und § 8 Nr. 2 VOB/B neu – Ende der Kündigungsmöglichkeit bei Vermögensverfall des Auftragnehmers?, Baurecht 38. Jahrgang 2007, 774–784 (zitiert: *Franke*, BauR 2007, 774).

Franz, Birgit/Langen, Werner, Störung der Geschäftsgrundlage am Bau, Baurecht 54. Jahrgang 2023, 845–860 (zitiert: *Franz/Langen*, BauR 2023, 845).

Fuchs, Heiko, Kooperationspflichten der Bauvertragsparteien, Düsseldorf 2004 (zugl. Diss. Köln 2003) (zitiert: *Fuchs*, Kooperationspflichten der Bauvertragsparteien);
- Der Referentenentwurf des Bundesjustizministeriums, Neue Zeitschrift für Baurecht und Vergaberecht, 16. Jahrgang 2015, 675–684 (zitiert: *Fuchs*, NZBau 2015, 675);
- Keine Mängelrechte vor Abnahme! Und nun?, Neue Zeitschrift für Baurecht und Vergaberecht, 22. Jahrgang 2021, 217–218 (zitiert: *Fuchs*, NZBau 2021, 217).

Gabriel, Marc/Krohn, Wolfram/Neun, Andreas (Hrsg.), Handbuch Vergaberecht, 3. Aufl., München 2021 (zitiert: Gabriel/Krohn/Neun VergabeR-HdB/*Bearbeiter*).

Gartz, Benjamin, Keine Mängelrechte vor Abnahme auch bei Insolvenz des Unternehmers, Neue Zeitschrift für Baurecht und Vergaberecht 19. Jahrgang 2018, 404–406 (zitiert: *Gartz*, NZBau 2018, 404).

Gernhuber, Joachim (Hrsg.), Handbuch des Schuldrechts, Bd. II – Die Folgen des Schuldnerverzugs – Die Erfüllungsverweigerung und die vom Schuldner zu vertretende Unmöglichkeit, Tübingen 1999 (zitiert: *Bearbeiter* in Gernhuber, Leistungsstörungen).

Gernhuber, Joachim (Hrsg.), Handbuch des Schuldrechts, Bd. III – Die Erfüllung und ihre Surrogate sowie das Erlöschen der Schuldverhältnisse aus anderen Gründen, 2. Aufl., Tübingen 1995 (zitiert: *Gernhuber*, Erfüllung).

Grüneberg, Kommentar zum Bürgerlichen Gesetzbuch, bearb. v. *Ellenberger, Jürgen/ Götz, Isabell/ Grüneberg, Christian* ua, 82. Aufl., München 2023 (zitiert: Grüneberg/ *Bearbeiter*).

Grziwotz, Herbert, Der Bauträgervertrag – Finanzierungsinstrument für Banken mit immer weniger Verbraucherschutz?, Neue Zeitschrift für Baurecht und Vergaberecht 20. Jahrgang 2019, 218–225 (zitiert: *Grziwotz*, NZBau 2018, 218).

Haertlein, Lutz, Haftung bei unbegründeter Geltendmachung vertraglicher Ansprüche, Monatsschrift für Deutsches Recht 63. Jahrgang 2009, 1–5 (zitiert: *Haertlein*, MDR 2009, 1).

Hase, Karl von, Fristlose Kündigung und Abmahnung nach neuem Recht, Neue Juristische Wochenschrift 55. Jahrgang 2002, 2278–2283 (zitiert: *v. Hase*, NJW 2002, 2278).

Hau, Wolfgang/Poseck, Roman (Hrsg.), Bürgerliches Gesetzbuch Kommentar,

Bd. I – §§ 1–480 BGB, 5. Aufl., München 2023;

Bd. II – §§ 481–704 BGB, AGG, 5. Aufl., München 2022;

(zitiert: B/R/H/P/*Bearbeiter*).

Hebel, Johann Peter, Kündigung des Bauvertrags aus wichtigem Grund, Baurecht 42. Jahrgang 2011, 330–342 (zitiert: *Hebel,* BauR 2011, 330).

Heiderhoff, Bettina/Skamel, Frank, Teilleistung im Kaufrecht, Juristen Zeitung 61. Jahrgang 2006, 383–392 (zitiert: *Heiderhoff/Skamel,* JZ 2006, 383).

Herschel, Wilhelm, Zur Frage der Teilkündigung, Der Betriebs-Berater, 13. Jahrgang 1958, 160–162 (zitiert: *Herschel,* BB 1958, 160).

Hille, Christian Peter, Abrechnung des gekündigten Pauschalpreisvertrags, Neue Juristische Wochenschrift 68. Jahrgang 2015, 2455–2460 (zitiert: *Hille,* NJW 2015, 2455).

Hirsch, Christian, Kündigung aus wichtigem Grund und Geschäftsgrundlage: Eine Untersuchung am Schnittpunkt von Miet- und Schuldrechtsreform, 2005 Berlin (zugl. Diss. Mannheim 2004) (zitiert: *Hirsch,* Kündigung aus wichtigem Grund und Geschäftsgrundlage).

Hoffmann, Jan Felix, Die Teilbarkeit von Schuldverträgen, Juristische Schulung 57. Jahrgang 2017, 1045–1052 (zitiert: *Hoffmann,* JuS 2017, 1045);

- Vertragsbindung kraft Insolvenz? – Lösungsklauseln und Vertragsspaltungen im Kontext der §§ 103 ff. InsO –, KTS – Zeitschrift für Insolvenzrecht 79. Jahrgang 2018, 343–380 (zitiert: *Hoffmann,* KTS 2018, 343).

Hromadka, Wolfgang, Das Leistungsbestimmungsrecht des Arbeitgebers, Der Betrieb 48. Jahrgang 1995, 1609–1615 (zitiert: *Hromadka,* DB 1995, 1609).

Huber, Michael, Schicksal des bauvertraglichen Kündigungsrechts nach § 8 II Nr. 1 VOB/B als insolvenzbedingte Lösungsklausel, Neue Zeitschrift für Insolvenz- und Sanierungsrecht 17. Jahrgang 2014, 49–54 (zitiert: *Huber,* NZI 2014, 49).

Hueck, Götz, Die Teilkündigung im Arbeitsrecht, Recht der Arbeit 21. Jahrgang 1968, 201–208 (zitiert: *Hueck,* RdA 1968, 201).

Immenga/Mestmäcker, Kommentar zum Europäischen und Deutschen Kartellrecht, Wettbewerbsrecht, hrsg. v. *Körber, Thorsten/Schweitzer, Heike/Zimmer, Daniel,* Bd. IV – §§ 97–184 GWB – Vergaberecht, 6. Aufl., München 2021 (zitiert: Immenga/Mestmäcker/*Bearbeiter*).

Ingenstau/Korbion, VOB Teile A und B Kommentar, hrsg. v. *Leupertz, Stefan/Wietersheim, Mark von,* 22. Aufl., Hürth 2023 (zitiert: Ingenstau/Korbion/*Bearbeiter*).

Janda, Constanze, Störung der Geschäftsgrundlage und Anpassung des Vertrags, Neue Justiz 67. Jahrgang 2013, 1–10 (zitiert: *Janda,* NJ 2013, 1).

Jauernig, Bürgerliches Gesetzbuch, Kommentar, hrsg. v. *Stürner, Rolf,* 19. Aufl., München 2023 (zitiert: Jauernig/*Bearbeiter*).

Joachim, Hans, Kann die Änderung des Arbeitsvertrages auch durch eine Teilkündigung erfolgen?, Recht der Arbeit 10. Jahrgang 1957, 326–329 (zitiert: *Joachim,* RdA 1957, 326).

Jötten, Söre, „Der untätige Bauträger", Baurecht 52. Jahrgang 2021, 1–12 (zitiert: *Jötten,* BauR 2021, 1).

Joussen, Edgar, Mängelansprüche vor der Abnahme, Baurecht 40. Jahrgang 2009, 319–332 (zitiert: *Joussen*, BauR 2009, 319);

- Fiktive Abnahme und Zustandsfeststellung nach neuem Recht, Baurecht 49. Jahrgang 2018, 328–350 (zitiert: *Joussen*, BauR 2018, 328).

Jürgens, Horst, Teilschuld – Gesamtschuld – Kumulation, Diss. Köln 1987;

- Das Abrechnungsverhältnis, Baurecht 53. Jahrgang 2022, 1695–1712 (zitiert: *Jürgens*, BauR 2022, 1695).

Kapellmann, Klaus/Langen, Werner/Berger, Andreas, Einführung in die VOB/B – Basiswissen für die Praxis, 29. Aufl., Köln 2023 (zitiert: *Kapellmann/Langen/Berger*, Einführung in die VOB/B).

Kapellmann, Klaus/Messerschmidt, Burkhard/ Markus, Jochen (Hrsg.), Kommentar VOB Teile A und B: Vergabe- und Vertragsordnung für Bauleistungen mit Vergabeverordnung (VgV), 8. Aufl., München 2022 (zitiert: Kapellmann/Messerschmidt/*Bearbeiter*).

Kapellmann, Klaus/Schiffers, Karl-Heinz/ Markus, Jochen, Vergütung, Nachträge und Behinderungsfolgen beim Bauvertrag – Rechtliche und baubetriebliche Darstellung der geschuldeten Leistung und Vergütung sowie der Ansprüche des Auftragnehmers aus unklarer Ausschreibung, Mengenänderung, geänderter oder zusätzlicher Leistung und aus Behinderung gemäß VOB/B – Bd. 2 – Pauschalvertrag, 6. Aufl., Düsseldorf 2017 (zitiert: *Kapellmann/Schiffers/Markus,* Vergütung, Nachträge und Behinderungsfolgen beim Bauvertrag).

Karczewski, Thomas, Der neue alte Bauträgervertrag, Neue Zeitschrift für Baurecht und Vergaberecht 19. Jahrgang 2018, 328–338 (zitiert: *Karczewski*, NZBau 2018, 328).

Karge, Marcus, Insolvenzabhängige Lösungsklauseln können in Bauverträgen wirksam vereinbart werden, Baurecht 47. Jahrgang 2016, 420–425 (zitiert: *Karge*, BauR 2016, 420).

Kayser, Godehard/Thole, Christoph (Hrsg.), Heidelberger Kommentar zur Insolvenzordnung, 11. Aufl., Heidelberg 2023 (zitiert: Kayser/Thole/*Bearbeiter*).

Keim, Christopher, Keine Anwendung des § 139 BGB bei Kenntnis der Parteien von der Teilnichtigkeit, Neue Juristische Wochenschrift 52. Jahrgang 1999, 2866–2868 (zitiert: *Keim*, NJW 1999, 2866).

Kiedrowski, Berhard von, Rechtfertigt jeder Mitwirkungsverzug des Bestellers eine Kündigung des Unternehmers nach §§ 643, 642 BGB?; Baurecht 50 Jahrgang 2019, 1503–1504 (zitiert: *v. Kiedrowski*, BauR 2019, 1503).

Kießling, Erik/Becker, Thorsten, Die Teilkündigung von Dauerschuldverhältnissen, Wertpapiermitteilungen – Zeitschrift für Wirtschafts- und Bankrecht, 56. Jahrgang 2002, 578–588 (zitiert: *Kießling/Becker*, WM 2002, 578).

Kirberger, Petra, Die Kündigung, Baurecht 42. Jahrgang 2011, 311–313 (zitiert: *Kirberger*, BauR 2011, 311);

- Teilkündigung, Baurecht 42. Jahrgang 2011, 343–352 (zitiert: *Kirberger*, BauR 2011, 343).

Klein, Walter, Nacherfüllung als Mangelanspruch gegen den Architekten, insbesondere vor Abnahme, Baurecht 46. Jahrgang 2015, 358–371 (zitiert: *Klein*, BauR 2015, 358).

Kleine-Möller, Nils (Begr.)/*Merl, Heinrich/Glöckner, Jochen* (Hrsg.), Handbuch des privaten Baurechts, 6. Aufl., München 2019 (zitiert: Kleine-Möller/Merl/Glöckner/*Bearbeiter*).

Kniffka, Rolf, Vergütung für nicht erbrachte Grundleistungen? – Teil 1, Baurecht 46. Jahrgang 2015, 883–896 (zitiert: *Kniffka*, BauR 2015, 883);

- Das neue Recht nach dem Gesetz zur Reform des Bauvertragsrechts, zur Änderung der kaufrechtlichen Mängelhaftung und zur Stärkung des zivilprozessualen Rechtsschutzes (BauVG) – II. Untertitel 1 Kapitel 1 Werkvertragsrecht, Baurecht 48. Jahrgang 2017, 1759–1780 (zitiert: *Kniffka*, BauR 2017, 1759).

Kniffka, Rolf (Begr.)/*Jurgeleit, Andreas* (Hrsg.), ibr-online-Kommentar Bauvertragsrecht, 25. Edition, Mannheim 2023 (zitiert: Kniffka ibrOK BauVertrR/*Bearbeiter*).

Kniffka, Rolf/Koeble, Wolfgang/Jurgeleit, Andres/Sacher, Dagmar (Hrsg.), Kompendium des Baurechts – Privates Baurecht und Bauprozess, 5. Aufl., München 2020 (zitiert: Kompendium des Baurechts/*Bearbeiter*).

Koeble, Wolfgang, Webfehler im neuen Baurecht 2018, Baurecht 48. Jahrgang 2017, Heft 9 Editorial, I-II (zitiert: *Koeble*, BauR 2017, I).

Korth, Ulrich, Minderung beim Kauf, 2011 Tübingen (zugl. Diss. Heidelberg 2010).

Kotowski, Markus, Gibt es ein Recht auf teilweisen Widerruf?, Verbraucher und Recht 31. Jahrgang 2016, 291–297 (zitiert: *Kotowski*, VuR 2016, 291).

Köpcke, Günther, Die Typen der positiven Vertragsverletzung, Stuttgart 1965, (zitiert: *Köpcke*, Positive Vertragsverletzung).

Kraus, Steffen, Da wird sich noch mancher die Augen reiben … – die 6 auffälligsten Negativauswirkungen der Schuldrechtsreform auf das private Baurecht, Baurecht 33. Jahrgang 2002, 524–529 (zitiert: *Kraus*, BauR 2002, 524).

Kübler, Bruno/Prütting, Hanns/Bork, Reinhard/Jacoby, Florian (Hrsg.), Kommentar zur Insolvenzordnung, Bd. I, Losebl. (Stand: März 2023), Köln (zitiert: KPB/*Bearbeiter*).

Kues, Jarl-Hendrik/Simlesa, Gabriela, Schwierige Zeiten für Bauverträge aufgrund von Sanktionen und Krieg, Neue Zeitschrift für Baurecht und Vergaberecht 23. Jahrgang 2022, 319–325 (zitiert: *Kues/Simlesa*, NZBau 2022, 319).

Kuffer, Johann/Wirth, Axel (Hrsg.), Handbuch Bau- und Architektenrecht, 7. Aufl., Hürth 2023 (zitiert: Kuffer/Wirth/*Bearbeiter*).

Lang, Arno, „Die Teilkündigung", Baurecht 37. Jahrgang 2006, 1956–1961 (zitiert: *Lang*, BauR 2006, 1956).

Langen, Werner, Änderung des Werkvertragsrechts und die Einführung eines Bauvertragsrechts, Neue Zeitschrift für Baurecht und Vergaberecht 16. Jahrgang 2015, 658–667 (zitiert: *Langen*, NZBau 2015, 658);

- Die Rechtsfolgen der unberechtigten Leistungsverweigerung am Bau, Baurecht 53. Jahrgang 2022, 320–338 (zitiert: *Langen*, BauR 2022, 320).

Langen, Werner/Berger, Andreas/Dauner-Lieb, Barbara (Hrsg.), Kommentar zum Bauvertragsrecht, 2. Aufl., Köln 2022 (zitiert: L/B/D-L/*Bearbeiter*).

Langjahr, Grete, Bedenkhinweispflicht und Mitverschulden, Baurecht 53. Jahrgang 2022, 387–394 (zitiert: *Langjahr*, BauR 2022, 387).

Larenz, Karl, Lehrbuch des Schuldrechts, Bd. I – Allgemeiner Teil, 13. Auflage, München 1982 (zitiert: *Larenz,* Schuldrecht I).

Leinemann, Ralf (Hrsg.), VOB/B Kommentar, 7. Auflage, Köln 2019 (zitiert: Leinemann/*Bearbeiter*);

- Das neue Bauvertragsrecht und seine praktischen Folgen, Neue Juristische Wochenschrift 70. Jahrgang 2017, 3113–3119 (zitiert: *Leinemann,* NJW 2017, 3113);

- Der Ukraine-Krieg als ein auf (Bau-)Verträge einwirkendes Ereignis höherer Gewalt im Vertrags- und Vergaberecht, Ukraine-Krieg und Recht 1. Jahrgang 2022, 53–57 (zitiert: *Leinemann,* UKuR 2022, 53).

Leinemann, Ralf/Kues, Jarl-Hendrik (Hrsg.), BGB-Bauvertragsrecht Kommentar, 2. Aufl., München 2023 (Leinemann/Kues/*Bearbeiter*).

Leinemann, Ralf/Steffen, Marc, Ukraine-Krieg: Vertragsanpassung bei Materialpreiserhöhung?, Neue Juristische Wochenschrift Spezial 19. Jahrgang 2022, 236–237 (zitiert: *Leinemann/Steffen,* NJW-Spezial 2022, 236).

Leineweber, Anke, Handbuch des Bauvertragsrechts – Eine systematische Darstellung des Rechts der Bauverträge, Baden-Baden 2000 (zitiert: *Leineweber,* Handbuch des Bauvertragsrechts).

Lenkeit, Olaf, Das neue Widerrufsrecht für Verbraucher bei Verträgen am Bau – Teil 2, Baurecht 48. Jahrgang 2017, 615–629 (zitiert: *Lenkeit,* BauR 2017, 615).

Leupertz, Stefan/Preussner, Mathias/Sienz, Christian (Hrsg.), Bauvertragsrecht Kommentar, 2. Aufl., München 2021 (zitiert: Leupertz/Preussner/Sienz/*Bearbeiter* BauvertrR).

Linck, Rüdiger/Preis, Ulrich/Schmidt, Ingrid (Hrsg.), Großkommentar zum gesamten Recht der Beendigung von Arbeitsverhältnissen, Kündigungsrecht, 6. Aufl., München 2021 (zitiert: APS/*Bearbeiter*).

Locher Horst/Locher, Ulrich, Das Private Baurecht, 8. Aufl., München 2012 (zitiert: Locher/*Locher,* das Private Baurecht).

Lorenz, Stephan, Zur Abgrenzung von Teilleistung, teilweiser Unmöglichkeit und teilweiser Schlechtleistung im neuen Schuldrecht, Neue Juristische Wochenschrift 56. Jahrgang 2003, 3097–3099 (zitiert: *Lorenz,* NJW 2003, 3097);

- Recht des Käufers zur Zurückweisung einer mangelhaften Sache – Voraussetzungen und Grenzen, Neue Juristische Wochenschrift 66. Jahrgang 2013, 1341–1344 (zitiert: *Lorenz,* NJW 2013, 1341).

Lührmann, Christian/Egle, Philip/Thomas, Heider, Störung der Geschäftsgrundlage: Preisanpassung durch Ukraine-Krieg?, Neue Zeitschrift für Baurecht und Vergaberecht 23. Jahrgang 2022, 251–256 (zitiert: *Lührmann/Egle/Thomas,* NZBau 2022, 251).

Manteufel, Thomas, Wechselseitige Kündigungen aus wichtigem Grund – welche hat Vorrang?, Neue Juristische Wochenschrift 71. Jahrgang 2018, 3683–3685 (zitiert: *Manteufel,* NJW 2018, 3683).

Martinek, Michael, Die Wichtigkeit des Grundes für die Kündigung von Vertriebsverträgen – Zur Konkretisierung des § 314 BGB, Zeitschrift für Vertriebsrecht 4. Jahrgang 2015, 107–214 (zitiert: *Martinek,* ZVertriebsR 2015, 207).

Matthies, Stefan, Die insolvenzbedingte Kündigung eines Bauvertrags, Neue Zeitschrift für Baurecht und Vergaberecht 17. Jahrgang 2016, 481–484 (zitiert: *Matthies*, NZBau 2016, 481).

Medicus, Dieter/Petersen, Jens, Allgemeiner Teil des BGB, 11. Aufl. 2016.

Messerschmidt, Burkhard/Voit, Wolfgang (Hrsg.), Privates Baurecht – Kommentar zu §§ 631 ff. BGB samt systematischen Darstellungen sowie Kurzkommentierungen zu VOB/B, HOAI und BauFordSiG, 4. Aufl. München 2022 (zitiert: Messerschmidt/Voit/*Bearbeiter*).

Molitor, Erich, Die Kündigung unter besonderer Berücksichtigung der Kündigung des Arbeitsvertrages, 2. Aufl., Mannheim 1951 (zitiert: *Molitor*, Die Kündigung).

Motzke, Gerd/Bauer, Günter/Seewald, Thomas (Hrsg.), Prozesse in Bausachen – Privates Baurecht|Architektenrecht, 3. Aufl., Baden-Baden 2018 (zitiert: Prozesse in Bausachen/*Bearbeiter*).

Moufang, Oliver, „Mängel"rechte vor bzw. ohne Abnahme – rechtliche Möglichkeiten des Bestellers, Baurecht 52. Jahrgang 2021, 876–883 (zitiert: *Moufang*, BauR 2021, 876).

Mugdan, Benno, Die gesammelten Materialien zum Bürgerlichen Gesetzbuch für das Deutsche Reich, Bd. II. – Recht der Schuldverhältnisse, Berlin 1899 (zitiert: *Mugdan*, Motive II).

Musielak, Hans-Joachim/Voit, Wolfgang (Hrsg.), Kommentar Zivilprozessordnung, 20. Aufl., München 2023 (zitiert: Musielak/Voit/*Bearbeiter*).

Münchener Kommentar zum Bürgerlichen Gesetzbuch, hrsg. v. *Säcker, Franz Jürgen/Rixecker, Roland/Oetker, Hartmut/Limpberg, Bettina*,

Bd. I – Allgemeiner Teil, §§ 1–240 BGB, 9. Auflage 2021;

Bd. II – Schuldrecht – Allgemeiner Teil I, §§ 241–310 BGB, 9. Aufl., München 2022;

Bd. III – Schuldrecht – Allgemeiner Teil II, §§ 311–432 BGB, 9. Aufl., München 2022;

Bd. VI – Schuldrecht – Besonderer Teil III, §§ 631–704 BGB, 9. Aufl., München 2023;

(zitiert: MüKoBGB/*Bearbeiter*).

Münchener Kommentar zum Wettbewerbsrecht, Bd III – VergabeR I, hrsg. v. *Säcker, Franz Jürgen, Ganske, Matthias/Knauff, Matthias*, 4. Aufl., München 2022 (zitiert: MüKoEuWettbR/*Bearbeiter*).

Nacken, Gert, Teilleistung und teilbare Leistung, Diss. Köln 1976.

Neuner, Jörg, Allgemeiner Teil des Bürgerlichen Rechts, 13. Aufl., München 2023 (zitiert: *Neuner*, BGB AT).

Nicklisch, Fritz, Empfiehlt sich eine Neukonzeption des Werkvertragsrechts? – unter besonderer Berücksichtigung komplexer Langzeitverträge –, Juristen Zeitung 39. Jahrgang 1984, 757–771 (zitiert: *Nicklisch*, JZ 1984, 757);

- Rechtsfragen des Subunternehmervertrags bei Bau- und Anlagenprojekten im In- und Auslandsgeschäft, Neue Juristische Wochenschrift 38. Jahrgang 1985, 2361–2370 (zitiert: *Nicklisch*, NJW 1985, 2361).

Nicklisch, Fritz/Weick, Günter (Begr.)/*Jansen, Günther/Seibel, Arnold* (Hrsg.), VOB Teil B – Vergabe- und Vertragsordnung für Bauleistungen Kommentar, 5. Aufl., München 2019 (zitiert: NWJS/*Bearbeiter*).

Niemöller, Christian, Vergütungsansprüche nach Kündigung des Bauvertrags, Baurecht 28. Jahrgang 1997, 539–551 (zitiert: *Niemöller*, BauR 1997, 539).

Nomos Kommentar zum Bürgerlichen Gesetzbuch, hrsg. v. *Dauner-Lieb, Barbara/Langen, Werner*, Schuldrecht, Bd. II – §§ 241–853 BGB, 4. Aufl., Baden-Baden 2021 (zitiert: NK-BGB/*Bearbeiter*).

Nomos Kommentar Bürgerliches Gesetzbuch Handkommentar, hrsg. v. *Schulze, Reiner*, 11. Aufl., Baden-Baden 2022 (zitiert: HK-BGB/*Bearbeiter*).

Nomos Kommentar Vergaberecht Handkommentar, hrsg. v. *Pünder, Hermann/Schellenberg, Martin*, 3. Aufl., Baden-Baden 2019 (zitiert: NK-Vergaberecht/*Bearbeiter*).

Nomos Kommentar Werk- und Bauvertragsrecht – Spezialkommentar zu den §§ 631–650v BGB, hrsg. v. *Langen, Werner*, Baden-Baden 2020 (zitiert: NK Werk- und Bauvertragsrecht/*Bearbeiter*).

Oberhauser, Iris, § 650b I BGB – Änderungen des Vertrags durch Einvernehmen der Parteien, Neue Zeitschrift für Baurecht und Vergaberecht 20. Jahrgang 2019, 3–10 (zitiert: *Oberhauser*, NZBau 2019, 3).

Oechsler, Jürgen, Vertragliche Schuldverhältnisse, 2. Aufl., Tübingen 2017.

Oetker, Hartmut, Das Dauerschuldverhältnis und seine Beendigung: Bestandsaufnahme und kritische Würdigung einer tradierten Figur der Schuldrechtsdogmatik, Tübingen 1994 (zugl. Habil. Kiel 1993/1994) (zitiert: *Oetker*, Das Dauerschuldverhältnis und seine Beendigung).

Oetker, Hartmut/Maultzsch, Felix, Vertragliche Schuldverhältnisse, 5. Aufl., Berlin, Heidelberg 2018.

Pause, Felix, Der Wegfall von vereinbarten Teilleistungen nach dem neuen Bauvertragsrecht: Teilkündigung oder Änderungsanordnung, Zeitschrift für deutsches und internationales Bau- und Vergaberecht 41. Jahrgang 2018, 731–735 (zitiert: *Pause*, ZfBR 2018, 731).

Pause, Hans-Egon/Vogel, Olrik, Vorschläge zum Verbraucherbau- und zum Bauträgervertrag – Der Referentenentwurf des Bundesjustizministeriums, Neue Zeitschrift für Baurecht und Vergaberecht 16. Jahrgang 2015, 667–675 (zitiert: *Pause/Vogel*, NZBau 2015, 667);

- Bauträgerkauf und Baumodelle, 7. Aufl., München 2022 (zitiert: *Pause/Vogel*, Bauträgerkauf).

Petersen, Jens, Die Teilnichtigkeit, Juristische Ausbildung 32. Jahrgang 2010, 419–421 (zitiert: *Petersen*, JURA 2010, 419).

Peters, Frank, Das Baurecht im modernisierten Schuldrecht – Überblick, kritische Anmerkungen, Ausblick, Neue Zeitschrift für Baurecht und Vergaberecht 3. Jahrgang 2002, 113–122 (zitiert: *Peters*, NZBau 2002, 113);

- Die Schuldrechtsmodernisierung und das private Baurecht – Regierungsentwurf und weiterer Regelungsbedarf aus der Sicht der Wissenschaft, Zeitschrift für deutsches und internationales Bau- und Vergaberecht 25. Jahrgang 2002, 108–112 (zitiert: *Peters*, ZfBR 2002, 108);

- Die Fälligkeit des Werklohns bei einem gekündigten Bauvertrag, Neue Zeitschrift für Baurecht und Vergaberecht 7. Jahrgang 2006, 559–562 (zitiert: *Peters*, NZBau 2006, 559).

Peukert, Alexander, § 326 Abs. 1 S. 2 BGB und die Minderung als allgemeiner Rechtsbehelf, Archiv für die civilistische Praxis 205 (2005), 430–486 (zitiert: *Peukert,* AcP 205 (2005), 430).

Pioch, Christian, Die Kündigung im Werkvertragsrecht, Juristische Arbeitsblätter 48. Jahrgang 2016, 414–417 (zitiert: *Pioch,* JA 2016, 414).

Popescu, Paul, Verlust schriftlich nicht miterwähnter Kündigungsgründe?, Baurecht 47. Jahrgang 2016, 577–585 (zitiert: *Popescu,* BauR 2016, 577).

Preussner, Matthias, Das neue Werkvertragsrecht im BGB 2002, Baurecht 33. Jahrgang 2002, 231–242 (zitiert: *Preussner,* BauR 2002, 231).

Prückner, Micha Philipp, Auftraggeber und Auftragnehmer kündigen: Welche Kündigung ist wirksam?, IBR Immobilien & Baurecht 29. Jahrgang 2018, 317 (zitiert: *Prückner,* IBR 2018, 317).

Prütting, Hanns/Wegen, Gerhard/Weinreich, Gerd (Hrsg.), Bürgerliches Gesetzbuch Kommentar, 17. Aufl., Hürth 2022 (zitiert: PWW/*Bearbeiter*).

Püstow, Moritz/Meiners, Johannes, Vorrang des Unionsrechts bei vergaberechtswidrigen Verträgen, Europäische Zeitschrift für Wirtschaftsrecht 27. Jahrgang 2016, 325–330 (zitiert: *Püstow/Meiners,* EuZW 2016, 325).

Reichert, Stefan, Preissteigerungen bei Baustoffen und ihre Auswirkungen auf die Bauverträge, Baurecht 53. Jahrgang 2022, 691–697 (zitiert: *Reichert,* BauR 2022, 691).

Reichsgerichtsrätekommentar, Das Bürgerliche Gesetzbuch mit besonderer Berücksichtigung der Rechtsprechung des Reichsgerichts und des Bundesgerichtshofes Kommentar, hrsg. v. *den Mitgliedern des Bundesgerichtshofes,* Bd. II, 4. Teil – §§ 631–811 BGB, 12. Aufl., Berlin, New York 1978 (zitiert: BGB-RGRK/*Bearbeiter*).

Reiter, Harald, Das neue Bauvertragsrecht – Teil II: Verbraucherbauvertrag, Architekten- und Ingenieurvertrag, Bauträgervertrag, Juristische Arbeitsblätter 50. Jahrgang 2018, 241–249 (zitiert: *Reiter,* JA 2018, 241).

Retzlaff, Björn, Gesetz zur Reform des Bauvertragsrechts, zur Änderung der kaufrechtlichen Mängelhaftung und zur Stärkung des zivilprozessualen Rechtsschutzes (BauVG) – IV. Kapitel 3 Verbraucherbauvertrag, Baurecht 48. Jahrgang 2017, 1830–1845 (zitiert: *Retzlaff,* BauR 2017, 1830).

Rodemann, Tobias, Kein „Wettlauf" der Kündigungsrechte!, IBR Immobilien und Baurecht 25. Jahrgang 2014, 594 (zitiert: *Rodemann,* IBR 2014, 594).

Rodemann, Tobias/Schwenker, Hans Christian, Zielfindungsphase und Architekten- und Ingenieurvertrag nach dem Bauvertragsgesetz, Zeitschrift für deutsches und internationales Bau- und Vergaberecht 40. Jahrgang 2017, 731–737 (zitiert: *Rodemann/Schwenker,* ZfBR 2017, 731).

Römermann, Volker, Mietrechtliche „Blitzgesetzgebung" in Pandemiezeiten, Neue Juristische Wochenschrift 74. Jahrgang 2021, 265–269 (zitiert: *Römermann,* NJW 2021, 265).

Röwekamp, Hendrik/Kues, Alexander/Portz, Norbert/Prieß, Hans-Joachim (Hrsg.), Kommentar zum GWB – Vergaberecht, 5. Aufl., Hürth 2020 (zitiert: Röwekamp ua, GWB/*Bearbeiter*).

Schenk, Simon, Der Kostenvoranschlag nach § 650 BGB und seine Folgen, Neue Zeitschrift für Bau und Vergaberecht 2. Jahrgang 2001, 470–475 (zitiert: *Schenk,* NZBau 2001, 470).

Schmidt, Burkhard, Zur unberechtigten Kündigung aus wichtigem Grunde beim Werkvertrag, Neue Juristische Wochenschrift 48. Jahrgang 1995, 1313–1316 (zitiert: *Schmidt,* NJW 1995, 1313).

Schmidt, Volker, Das neue Bauvertragsrecht: Kaufrecht, Kündigung, Abnahme, Neue Juristische Wochenschrift Spezial 14. Jahrgang 2017, 684–685 (zitiert: *Schmidt,* NJW-Spezial 2017, 684).

Schellhammer, Kurt, Schuldrecht nach Anspruchsgrundlagen – samt BGB Allgemeiner Teil, 11. Aufl., Heidelberg 2021 (zitiert: *Schellhammer,* Schuldrecht nach Anspruchsgrundlagen).

Schneider, Angie, Vertragsanpassung im bipolaren Dauerschuldverhältnis, Tübingen 2016 (zugl. Habil. Köln 2014) (zitiert: *Schneider,* Dauerschuldverhältnis).

Scholz, Stephan, Gestaltungsrechte im Leistungsstörungsrecht, 2010 Berlin (zugl. Diss. Potsdam 2008).

Schrooten, Klaus, Die Teilkündigung als Gestaltungsrecht im Bereich der Dauerschuldverhältnisse, Diss. Köln 1965.

Schulze, Reiner/Grziwotz, Herbert/Lauda, Rudolf (Hrsg.), Gesetzesformulare Bürgerliches Gesetzbuch – Kommentiertes Vertrags- und Prozessformularbuch, 4. Aufl., Baden-Baden 2020 (zitiert: GF-BGB/*Bearbeiter*).

Seckel, Emil, Die Gestaltungsrechte des Bürgerlichen Rechts, Wissenschaftliche Buchgemeinschaft Darmstadt Band XX, 1954 (zitiert: *Seckel,* Die Gestaltungsrechte des Bürgerlichen Rechts).

Seidenberg, Alexander, Senkrechtlift und andere Schnäppchen: Der Widerruf bei Bauverträgen, Neue Juristische Wochenschrift 72. Jahrgang 2019, 1254–1257 (zitiert: *Seidenberg,* NJW 2019, 1254);

- Preisexplosionen und Preisanpassungen nach BGB, Neue Zeitschrift für Baurecht und Vergaberecht 23. Jahrgang 2022, 257–261 (zitiert: *Seidenberg,* NZBau 2022, 257).

Sienz, Christian, Die Neuregelungen im Werkvertragsrecht nach dem Schuldrechtsmodernisierungsgesetz, Baurecht 33. Jahrgang 2002, 181–196 (zitiert: *Sienz,* BauR 2002, 181);

- Die mangelhafte Mangelrüge, Baurecht 49. Jahrgang 2018, 376–389 (zitiert: *Sienz,* BauR 2018, 376);

- Einzelfragen zum Annahmeverzug nach § 642 BGB, Baurecht 52. Jahrgang 2021, 1205–1217 (zitiert: *Sienz,* BauR 2021, 1205).

Soergel, Kommentar zum Bürgerlichen Gesetzbuch mit Einführungsgesetz und Nebengesetz, hrsg. v. *Siebert, Wolfgang,*

Bd. 3/2 – Schuldrecht 1/2, §§ 243–304 BGB, 13. Aufl., Stuttgart 2014;

Bd. 5/1a – Schuldrecht 3/1a, §§ 311, 311a-c, 313, 314, 13. Aufl., Stuttgart 2014;

Bd. 5/2 – Schuldrecht 3/2, §§ 320–327 BGB, 13. Aufl., Stuttgart 2005;

Bd. 5/3 – Schuldrecht 3/3, §§ 328–432 BGB, 13. Aufl., Stuttgart 2010;

Bd. 9/2 – Schuldrecht 7/2, §§ 631–651y BGB, 13. Aufl. Stuttgart 2022;

(zitiert: Soergel/*Bearbeiter*).

Staudinger, Kommentar zum Bürgerlichen Gesetzbuch,

Buch 2 – Recht der Schuldverhältnisse: §§ 315–326, bearb. v. *Schwarze, Roland*, Neubearb., Berlin 2020;

Buch 2 – Recht der Schuldverhältnisse: §§ 346–361, bearb. v. *Kaiser, Dagmar*, Neubearb., Berlin 2012;

Buch 2 – Recht der Schuldverhältnisse: §§ 631–651 BGB, bearb. v. *Peters, Frank*, Neubearb., Berlin 2000;

Buch 2 – Recht der Schuldverhältnisse: §§ 631–651, bearb. v. *Peters, Frank*, Neubearb., Berlin 2019;

(zitiert: Staudinger/*Bearbeiter*).

Stickler, Thomas, Rechtsfolgen der unberechtigten Kündigung des Bauvertrags, Baurecht 42. Jahrgang 2011, 364–371 (zitiert: *Stickler*, BauR 2011, 364).

Theuersbacher, Philipp, Der Bauträgervertrag und die Reform des Bauvertragsrechts Teil 2, Zeitschrift für die Notarpraxis 25. Jahrgang 2022, 173–185 (zitiert: *Theuersbacher*, ZNotP 2022, 173).

Thode, Reinhold, Werkleistung und Erfüllung im Bau- und Architektenvertrag, Zeitschrift für deutsches und internationales Bau- und Vergaberecht 22. Jahrgang 1999, 116–124 (zitiert: *Thode*, ZfBR 1999, 116).

Timmermans, Peter, Kündigung des VOB/B-Vertrages bei Insolvenz des Auftragnehmers, Baurecht 32. Jahrgang 2001, 321–323 (zitiert: *Timmermans*, BauR 2001, 321).

Tugendreich, Bettina, Kündigung europaweit ausgeschriebener Verträge und Konzessionen nach neuem Vergaberecht, Energie- und Wettbewerbsrecht in der Kommunalen Wirtschaft 16. Jahrgang 2016, 235–237 (zitiert: *Tugendreich*, EWeRK 2016, 235).

Valerius, Mark/Gstöttner, Jörg, Die Kündigung des BGB-Bauvertrags aus wichtigem Grund unter Rückgriff auf die Gedanken des § 8 Nrn. 2 und 3 VOB/B, Neue Zeitschrift für Baurecht und Vergaberecht 9. Jahrgang 2008, 486–489 (zitiert: *Valerius/Gstöttner*, NZBau 2008, 489).

Virneburg, Herwart, Wann kann der Auftragnehmer die Arbeit wegen verweigerter Nachträge einstellen? – Risiken einer Verweigerungsstrategie –, Zeitschrift für deutsches und internationales Bau-und Vergaberecht 27. Jahrgang 2004, 419–423 (zitiert: *Virneburg*, ZfBR 2004, 419).

Vogel, Olrik, Die gesetzlichen Kündigungstatbestände, Baurecht 42. Jahrgang 2011, 313–324 (zitiert: *Vogel*, BauR 2011, 313);

- Der ungewollte Tod, Baurecht 49. Jahrgang 2018, 717–720 (zitiert: *Vogel*, BauR 2018, 717).

Voit, Wolfgang, Die Änderungen des allgemeinen Teils des Schuldrechts durch das Schuldrechtsmodernisierungsgesetz und ihre Auswirkungen auf das Werkvertragsrecht, Baurecht 33. Jahrgang 2002, 145–230 (zitiert: *Voit*, BauR 2002, 145);

- Die außerordentliche Kündigung des Werkvertrages durch den Besteller, Baurecht 33. Jahrgang 2002, 1776–1788 (zitiert: *Voit*, BauR 2002, 1776);

- Mängelrechte vor der Abnahme nach den Grundsatzentscheidungen des BGH, Neue Zeitschrift für Baurecht und Vergaberecht 18. Jahrgang 2017, 521–525 (zitiert: *Voit,* NZBau 2017, 521);

- Keine Mängelrechte vor der Abnahme – Die Bedeutung des Erfüllungsanspruchs des Bestellers und des werkvertraglichen Abrechnungsverhältnisses vor der Abnahme, Baurecht 53. Jahrgang 2022, 339–349 (zitiert: *Voit,* BauR 2022, 339).

Vygen, Klaus/Joussen, Edgar, Bauvertragsrecht nach VOB und BGB – Handbuch des privaten Baurechts, 5. Aufl., Köln 2013 (zitiert: *Vygen/Joussen,* Bauvertragsrecht nach VOB und BGB).

Weber, Ralph, Hauptforderung und Verzugszinsen: eine einheitliche Forderung oder selbständig i.S.v. § 266 BGB?, Monatsschrift für Deutsches Recht, 46. Jahrgang 1992, 828–829 (zitiert: *Weber,* MDR 1992, 828).

Weller, Wolfgang, Die strikte Alternativität zwischen Erfüllung und Mängelrechten als Verjährungsfalle für den Besteller, Neue Zeitschrift für Baurecht und Vergaberecht 19. Jahrgang 2018, 398–403 (zitiert: *Weller,* NZBau 2018, 398).

Wellensiek, Tobias/ Kurtz, Martin, Kündigung bei Insolvenz des Unternehmers?, Deutsche Zeitschrift für Wirtschafts- und Insolvenzrecht 28. Jahrgang 2018, 26–30 (zitiert: *Wellensiek/Kurtz,* DZWir 2018, 26).

Werner, Ulrich/Pastor, Walter (Hrsg.), Der Bauprozess – Prozessuale und materielle Probleme des zivilen Bauprozesses, 18. Aufl., Köln 2023 (zitiert: Werner/Pastor/*Bearbeiter).*

Weyers, Hans-Leo, Typendifferenzierung im Werkvertragsrecht, Archiv für die civilistische Praxis 182 (1982), 60–79 (zitiert: *Weyers,* AcP 182 (1982), 60).

Wiegreffe, Andreas, Die Kündigung eines Werkvertrages aus wichtigem Grund, Hamburg 2007 (zugl. Diss. Hamburg 2007).

Willenbruch, Klaus/Wieddekind, Kristina/Hübner, Alexander (Hrsg.), Vergaberecht Kompaktkommentar, 5. Aufl., Köln 2023
(zitiert: Willenbruch/Wieddekind/Hübner/*Bearbeiter).*

Wietersheim, Mark von/Korbion, Claus-Jürgen, Basiswissen Privates Baurecht, München 2003 (zitiert: *v. Wietersheim/Korbion,* Basiswissen Privates Baurecht).

Wolf, Ernst, Lehrbuch des Schuldrechts, Bd. I – Allgemeiner Teil, Berlin 1978 (zitiert: *Wolf,* Lehrbuch des Schuldrechts).

Ziekow, Jan/Völlink, Uwe-Carsten (Hrsg.), Vergaberecht Kommentar, 4. Aufl., München 2020 (zitiert: Ziekow/Völlink/*Bearbeiter).*

Gebraucht werden die üblichen Abkürzungen,

vgl. *Kirchner,Hildebrandt,* Abkürzungsverzeichnis der Rechtssprache,

10. Auflage, Berlin, Bosten 2021.